すべては フロントランナーの 成功のために

～新しいビジネスモデルへの戦略とヒント～

保立浩一
Hotate Koichi

税務経理協会

序

二〇一一年

二〇一一年という年は、日本が戦後最大の国難に直面した年として、人々の記憶に永くそして深く刻まれることは間違いない。

マグニチュード九．〇という日本観測史上最大の地震。海面上昇が一五メートル以上にも達した巨大津波。未だかつて経験したことのないような巨大地震によって、一万五千人を超える尊い命が奪われた。津波による被害で全電源を喪失した福島原発は、「レベル7」という最悪の放射能漏れ事故を引き起こした。唯一の被爆国である日本が、再び死の灰の恐怖におびえることになろうとは、誰が予測し得たであろうか。

復興財源法が成立し、徐々に復旧から復興への動きが本格化しつつある。

しかし、湾岸地域のインフラ整備はまだ始まったばかりで、大量のがれき処理という難題も残されている。仮置き場に運び込まれた大量のがれきの処理にいったいどれだけの費用と時間がかかるのか。原発事故の処理費用も尋常ではなく、廃炉までに最大二〇兆円がかかるという試算もある。除染の費用も莫大であり、一兆円以上はかかるといわれている。

復興予算の財源の多くは増税であり国債発行（借金）である。復興は、国民一人ひとりの肩に重くのしかかる。消費税の増税もかなり現実味を増してきた。しかし、景気悪化が深刻な状況下で増税を行うことについては、反対意見が根強い。

さらにタイミングが悪いことに、欧州危機や米国の財政悪化の影響で超円高となり、産業空洞化の加速はかつてないほどである。下がるのではなく逆に上がる法人税、ますます上がるであろう電力料金、進まない貿易協定交渉。トヨタ自動車の豊田章男社長によれば、これら「六重苦」により、国内生産は理屈の上では成り立たないという。

デフレスパイラルも現実味を帯びてきている。景気悪化で賃下げし、所得が下がるため、値下げしないとモノが売れない。値下げはさらに企業の利益率を低下させ、賃下げ、値下げが加速する。一〇〇円ショップ、格安航空券業界、ユニクロ、ニトリ。最近ヒットしているビジネスは、ほとんどが低価格路線である。このことをもってデフレスパイラルということはできないだろうが、大幅な賃金上昇が見込めない状況であることに変わりはない。

私たち日本人は、デフレスパイラルの影におびえながら、増税に耐え、高い電力料金に耐え、産業空洞化に耐えていかねばならないのである。日本企業は、韓国や中国の追い上げでそれでなくとも国際競争力が低下してきている中で、超円高に耐え、高い法人税に耐えて国際競争を勝ち抜いていかなければならないのである。

まさに、敗戦に次ぐ未曾有の国難というべきであろう。

知恵と創造性、そして汗

この国難をどうしたら乗り越えられるのか。

日本人の優秀性は何なのか。

日本人の優秀性について、これまで、組織力、団結力、勤勉さ、美意識といった言葉で語られてきた。

しかし、日本人の本当の優秀性は、知恵と創造性、そして汗。ここにある。汗を流し、知恵を絞って、新しいビジネスモデルを創造する。新しいビジネスモデルを携えて試練に立ち向かうフロントランナーの精神にこそ、日本人の優秀性がある。

松下幸之助、本田宗一郎、井深大。戦後の日本の復興をリードしたのは、イノベーションを志した多くの偉大なフロントランナーたちであった。

このたびの国難も、汗を流し、知恵を絞り、新しいビジネスモデルを打ち立てることでしか、乗り越える術はない。イノベーションを実践する多くのフロントランナーの出現なしには、この難局を乗り越えることはできない。

私は、そこに発想の柔軟性というひとさじの調味料を加えたい。

この本は、特許の本ではあるが、そこに貫かれているもの、最も訴えたいものは、発想の柔軟性がいかに大切かということである。

私たち日本人には、柔軟な発想で新しいビジネスモデルを打ち立てたイノベーターの先達が多くいる。彼らに学び、頭を柔らかくして汗を流す。その先に、日本の復興と、さらなる成長が待っている。そう信じたい。

フロントランナー

タイトルが示すように、この本はフロントランナーの成功を願って書かれたものである。

フロントランナーとは、新しいことを最初にやる人、企業のことである。

フロントランナーは大変である。

フロントランナーにとって、自分たちの前に道はない。自分たちの後に道ができる。

フロントランナーにとって、参考にすべき成功モデルはない。自分たちがやって成功すれば、それが成功モデルになる。

フロントランナーは、参考にすべき事例がない中で、試行錯誤を繰り返す。そして何とか成功する。しかし、成功したとたん、あっという間にフォロワーが出てくる。フロントランナーの成功モデルは、フォロワーたちによって模倣され、フロントランナーは無数のフォロワーたちの中に埋没してしまう。誰がフロントランナーだったのかわからなくなってしまうことさえある。フロントランナーが成功モデルを作り出すのに費やした膨大なエネルギーと時間が報いられることは少ない。

なぜこうなってしまうのか。

フロントランナーが、フォロワーの模倣に無頓着だからである。成功モデルを作り出すことだけに熱心で、成功モデルをプロテクトすることに無関心すぎるからである。さらにいえば、視野が狭く、発想の柔軟性に欠けるため、特許制度を利用しようとしないからである。

わかりやすい例を一つ示そう。

先日、バレーボールのワールドカップ大会が日本で開催された。女子は、ロンドン五輪出場決定まであと一歩というところまでいったものの、男子は序盤戦の不調が響き、出場一二カ国中一〇位という惨憺たる結果に終わった。

しかし、日本の男子バレーにも栄光の時代があった。そう、ミュンヘンオリンピックでの金メダルである。私のようなオールド世代の方は、「ミュンヘンへの道」というテレビ番組で覚えている方も多いであろう。

ミュンヘンオリンピックで日本の男子バレーが金メダルを獲得できた理由は何だったのか。松平監督の手腕。選手たちの努力。勿論、これらが理由であることは間違いない。しかし、金メダルをもたらした最大の理由は、コンビバレーという成功モデルを打ち立てたからである。Aクイック、Bクイック、時間差攻撃。身長で劣る日本が何とか世界で勝つために知恵と汗を絞った結晶が、コンビバレーという成功モデルであった。これなくして日本の金メダルはあり得なかった。

しかし、今やどうであろうか。先日のワールドカップを見てもわかるように、Aクイック、Bクイックといったコンビバレーは、世界のどの国でもやっている。コンビバレーというだけでは、全く優位に立つことができない。結局は、身長差がものをいう世界になってしまっている。日本のバレー界が苦戦している理由はここにある。

つまり、日本の男子バレーがミュンヘンで打ち立てた成功モデルは、完全にフォロワーたちによって模倣されてしまったということだ。

なぜ模倣を防ごうとしなかったのであろうか。日本バレーボール協会は、なぜコンビバレーについて特許を取ろうとしなかったのであろうか。

「えっ、バレーの技術で特許が取れるの」と驚かれる方も多いであろう。

確かに、日本の特許審査には、スポーツの技能は熟練によって到達し得るものであって客観的な知識として伝達し得るものではないから、「発明」ではないとする基準がある。しかし、コンビバレーは人の動きであり、客観的な知識として伝達可能なものである。特許を出していたら認められる可能性もあったであろう。ちなみに、米国はこのあたりの考えは非常に柔軟で、ゴルフのパッティング方法といったものも特許になっている（米国特許第五六一六〇八九号）。仮に、日本バレーボール協会がコンビバレーについて米国で特許を取っていれば、一九八四年のロス五輪の結果（男子は七位）もかなり違ったものとなっていたであろう。

問題なのは、コンビバレーについて特許を取ろうという発想がなかったこと、そういったチャレンジをしなかったことである。

仮にコンビバレーは「発明」ではないとして特許が認められなかったら、そのような分野についても特許を認めるべきだと特許庁に要請すれば良いのである。つまり、日本が優位性を発揮できる分野であれば、どんどん特許制度の土俵に入れていくべきだ、との要望を出せば良いのである。事実、コンピュータプログラムは以前は「発明」ではないとして特許を認められなかったが、ソフトウェア業界の要望により現在は「発明」であるとされ、多くの特許が認められている。日本のスポーツ界は、ソフトウェア業界となぜ同じことをしないのか。

発想の柔軟性、視野の広さがいかに大切か、ここに端的に現れている。

◆本書のテーマ

フロントランナーは、ビジネスの世界では、新しいビジネスモデルを世に問う起業家、斬新な発想で新しい市場を次々に開拓していく企業の中に多く見いだすことができる。起業であれ、大企業の新規事業開発であれ、新しいビジネスモデルを携えてチャレンジしていくことに変わりはない。したがって、そこには共通の成功モデルがある。

そういったフロントランナーがどうすれば先行者としての優位性を確保し、事業を成功に導くことができるのか。これが本書のテーマである。

どういったビジネスモデルを打ち立て、それをフォロワーの模倣からどう守るのか。そこには、当然、特許的な検討も含まれる。つまり、起業や新規事業開発において、特許的に何を考えるべきか、何を特許にしておけば起業や新規事業開発を成功に導けるか、これが本書のテーマである。

したがって、この本の主なターゲットは、起業を志している方々、会社に新規事業の提案をしようとしている方々、新規事業開発の企画や実行を担当されている方々、大学で起業、新規事業開発、MOTなどについて学んでいる方々である。

◆本書の内容

第一章では、起業や新規事業開発に共通した課題が取り扱われている。新しいビジネスモデルがなぜ必要なのか。経営戦略における特許の位置づけはどのようなものなのか。特許は他の競争戦略をどう補完でき、また特許の弱みはどう克服されるべきなのか。そういった点が論じられている。

第二章は、企業における新規事業開発と特許との関わりが論じられている。新規事業開発におけるテーマ選定と特許との関わり、企画部門の特許出願ノルマ、特許出願という仮説の管理の重要性などが解説されている。

第三章は、起業家のために特許について解説したセクションである。起業とは何かという基本的な問いから始まり、成功する起業と特許との関わりについて、具体的事例を多く交えながら詳細に説明されている。

第四章では、公的サービスにおける特許の問題が論じられている。公的サービスの特許問題を論じたものなど、これまで皆無であると思われるが、昨今の状況、そして発想の柔軟性を重視する観点から内容に追加した。このセクションは、公的サービスに関わる方々、即ち公務員が主なターゲットであるが、ＰＦＩのように国や地方公共団体との間で事業に行うセクターも取り上げられている。公的サービスに関わるすべての方々に読んで頂きたい。

第五章は、具体的事例編である。具体的事例といっても、過去にあった事例ではなく、将来に向けた事例、即ち、将来どのような新しいビジネスモデルがあり得るかについて、業界別の事例として述べたものである。

ここで提示されるのは、発想のフレームワークであり、具体的ビジネスモデルそのものではない。具体的ビジネスモデルそのものを書いてしまうと、本の出版によって新規性が失われてしまう。同様のことを考えていて特許出願をしようとしている方がいた場合、特許化の障害になってしまうことがあり得る。それは私の本意ではない。したがって、具体的ビジネスモデルの提示は意図的に避けている。新しいビジネスモデルを具体的に考えるヒントとして、是非参照して頂きたい。

第五章に端的に表れているが、理解をより深くするために、本書では、できる限り多くの事例、具体例が挙げられている。弁理士法上、ないしはクライアントとの契約上の守秘義務があるため、これらの事例、具体例のほとんどは、私の弁理士としての直接的な経験に基づくものではない。それだけに、例としては突飛であったり、実情にそぐわない面があるかもしれない。特許の出し方、取り方を考える上でのフレームワークとして捉えて頂ければ幸いである。

また、将来に向けた事例や具体例も、私のクライアントとは関係の薄い業界や市場が意図的に取り上げられている。したがって、ビジネスとして成立するかどうかについて、実情にそぐわない面があるかもしれない。何卒ご容赦頂きたい。

起業や新規事業開発がフロントランナーの主戦場であることはいうまでもないが、本書は、起業や新規事業開発における種々の課題を網羅的に解説したものではない。

起業や新規事業開発については、テーマ選定のあり方や事業化プロセスの管理など、多くの重要な課題が存在している。本書は、それらの課題を網羅的に取り扱うのではなく、あくまで特許との関わり合いの観点で取り上げており、特許面で重要となる点を説明するための前提として取り上げている。起業や新規事業開発における諸課題を網羅的に詳しく知りたい方には、最後の資料編に参考文献のセクションを設けておいた。そちらを参照して欲しい。

また、起業や新規事業開発をいかにして成功に導くかというという観点から、法律的な説明や実務的な説明も、必要最小限にとどめられている。

企業の知的財産部や特許事務所で仕事をされている方にとっては、説明が物足りなかったり不十分であると感じたりする点が多々あるかもしれない。本書のテーマをご理解頂き、ご容赦頂ければ幸いである。

◆本書の読み方

機会があって本書を手に取られた方には、できれば全編に目を通して頂きたい。しかし、時間がないので拾い読みをしたいとか、自分にとってどのあたりを吟味して読むべきを知りたいというようなこともあるので、本書の読み方について多少解説したい。

まず、起業を志している方は、第一章（総論編）と第三章（起業編）を重点的に読み、第五章（事例編）については、少なくとも自分が属する業界についての部分のみ読むという読み方があろう。

企業に勤務していて新規事業開発の担当をしている方や、会社に対して新規事業の企画を提案しようとしている方は、第一章（総論編）と第二章（新規事業開発編）を重点的に読めば良い。第五章（事例編）については、やはり少なくとも自分が属する業界の部分は読んで頂きたい。

なお、コラム欄は、本編の流れから多少外れてしまう点について掘り下げて解説したものである。法律的な解説であったり、実務的な内容であったりすので、時間を省きたい方は読み飛ばしてしまって構わない。

マクドナルドの創業者レイ・クロック氏は、「Be darling（勇気を持って）、Be first（誰よりも先に）、Be different（人と違ったことをする）」といった。人と同じことをやっていては、成功など到底おぼつかない。特許は、いかにBe differentであり続けるか、Be differentを守るためのものである。

幸いにもこの本を手に取って下さった方々は、フロントランナーたることを使命と考え、新しいビジネスモデルを世に送り出そうとしている方々であり、そのことによって社会に貢献しようとしている方々であると信ずる。

本書の内容が、幾ばくかでも役に立ち、社会貢献の一助となることを願うのみである。

目次

第2節　競争戦略における特許の位置づけ……28

第3節　競争優位の各源泉における特許……38

第3章　起業編　197

第4章 公的サービス編 275

第1章

総論編

総論編では、起業及び新規事業開発の双方に共通した基本的課題を取り上げる。

新しいビジネスモデルがなぜ必要なのか。新しいビジネスモデルにおいて特許に無関心だとどうなるのか。逆に関心が高すぎるとどうなるのか。

そもそも特許とは何か。経営戦略上、特許をどう捉えれば良いのか。

こういった基本的課題を検討していく。

第1節 新しいビジネスモデルの必要性

1 変化への対応

起業であれ、事業開発であれ、成功するには新しいビジネスモデルが必要である。

それはなぜか。

答えは簡単である。事業を取り巻く状況は必ず変化するからである。変化に対応しなければ事業は生き残れないからである。状況とは、顧客、市場、競合他社、供給業者など、事業を取り巻くあらゆる要素である。変化への対応こそが、事業の成否を分けるポイントである。

世の中が全く変化しない状態、つまり人口構成や人々の嗜好、考え方などが全く変化せず、新しい技術が全く開発されず、経済的規制や為替といった社会的要因も全く変化せず、気象や風土といった自然的要因も全く変化しない社会にあっては、商品やサービスに要求されるニーズは全く変化しない。したがって、ビジネスに新しさは不要であり、いまあるビジネスをそのまま続けていけば良い。

しかし、ひとたび人口構成や人々の嗜好や考え方などに変化が生じたり、新しい技術が開発されたり、経済的または自然的要因に変化が生じたりすると、商品やサービスに要求されるニーズに変化が生じる。そして、その変化にうまく対応できた事業は生き残り、対応できなかった事業は消え去るのである。

江戸時代のような停滞した社会であっても、変化に対応した者は大きな成功を収めた。その典型的な例は、三井グループの創始者、三井高利である。

彼は、五二歳の時、江戸本町一丁目に呉服屋「越後屋」を開く。当時、呉服商といえば、大名屋敷に行って反物を掛け売りする屋敷売りが一般的であった。しかし、彼は、店先売り、現金売りという全く新しい売り方を始める。しかも、一反売りだけではなく、要望に応じた長さで反物を切って売る端切れ売りも行った。

大名などを相手にした掛け売りでは、支払いは盆暮れにまとめて行われるので、長期間資金が寝てしまう問題があり、しかも取りっぱぐれが多かった。だから、その分、掛け売りの値段は高いものであった。高利は、現金売りをして資金の回転を速くすることで、大幅な安値売りに成功した。高利の新しいビジネスモデルはまたたく間に大ヒットし、同業者の嫌がらせにも屈せず、「一日に千両の商いをする」と称えられた日本一の大商人となったのである。

高利は、戦国時代の記憶が遠ざかり、町人文化の隆盛の兆しが見え始めた元禄初期の時代の変化に鋭く対応した。彼は、貨幣経済が全国津々浦々に浸透し始めた変化を捉え、諸国商人売りという卸売りをまず始める。そして、都市部における新興商人などの中産階級が徐々に経済力を付け、高級な絹物を着てみたいという欲望がもたげているのを敏感に感じ取ったのである。

このような時代の変化、人々の意識の変化に対応し、最適な新ビジネスモデルを提起したからこそ、彼の成功があり、三井グループの礎が築かれたのである。

ましてや現代は、断絶の時代とか不確実性の時代とか呼ばれる時代である。

新しい技術もあっという間に陳腐化し、人々の意識や環境はめまぐるしく変化する。インターネットのパワーは、中東の独裁国家を次々に打倒していっているし、ついこないだまで外国人観光客を自由に受け入れて来なかった中国が、いまやアメリカで不動産を買い漁る時代である。大震災の影響とはいえ、一度はお蔵入りした筈の石油ストーブや扇風機が超人気で生産が追いつかないという。特許の世界でも、本書の執筆中に、米国が先願主義に移行する法案を可決するという大きなニュースが飛び込んできた。変化の激しさに、目がくらむ思いである。

ドラッカーは、名著「イノベーションと企業家精神」の中で、イノベーションの七つの源泉について述べている。「予期せざるもの」、「調和せざるもの」、「プロセス・ニーズ」、「産業と市場の構造変化」、「人口構成の変化」、「認識の変化」、「新しい知識」、「素晴らしいアイデア」。これら七つの源泉は、否定的に述べられている最後の二つを除き、すべて「変化への対応」ということであり、社会にどういう変化が生じているかを見ることとの重要性が指摘されている。生じた変化にいち早く対応できた者だけが生き残るのである。

ドラッカーは、「変化」が具体的に何であるか特定できなくても良いとさえいっている。変化に対応することが重要なのである。

変化には、高齢化社会の到来のように十分に予測できてゆっくりとやってくる変化もあれば、インターネットの出現や今回の大震災後の状況のように、急速で予測困難な変化もある。いずれにしても、そのような変化にうまく対応できれば事業は成長を続け、対応できなければ事業は消え去るのである。

そして、そのような変化の結果、市場が地殻変動を起こしたように変化し、既存の企業が対応できていない隙間（ニッチ）が生まれる。そこにこそ、起業のチャンスがある。つまり、起業であれ新規事業開発であれ、変化への対応にこそ成功の鍵がある。

2 特許との関連性

事業の成功ということをこのように捉えることは、本書が特許の本であることに密接に関連している。

特許というのは、どんな発明に対しても与えられるわけではなく、基本的に次の二つの要件を満たす発明だけに与えられる。

・新規性（発明が出願された時点で新しいものであること）
・進歩性（従来のものから進歩した発明であること）

図1－1

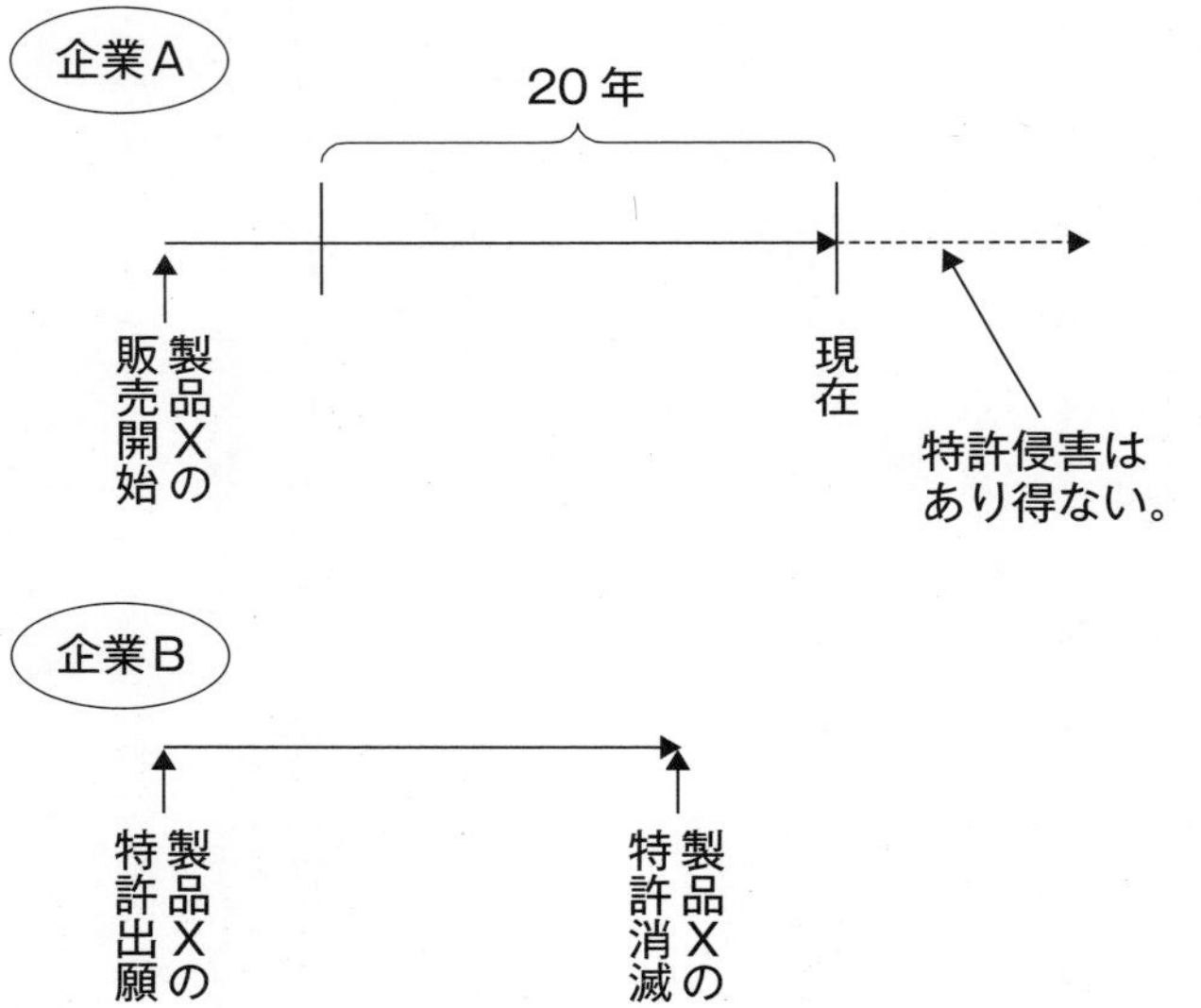

つまり、発明が客観的に新しくて従来のものから進歩している場合に限り、特許は与えられる。特許出願人がどんなにその発明が新しいと主張しても、特許庁が客観的に見て新しくないと判断すれば、特許は与えられない。逆に、客観的に見て新しいと判断されれば、進歩性があることを条件に特許が与えられる。

このことは何を意味するか。図1－1で説明する。

ある企業Aは、二〇年以上も前からXという同じ製品を同種の顧客に提供しており、現在もまた将来も変わらないとする。この場合、企業A

は、新しい製品を開発して提供するわけではないから特許を取得することはできないし、またその必要はない。必要がないというのは、製品Xを初めて世に送り出した時点で製品Xの新規性はなくなるから、その後に第三者が製品Xについて特許出願しても、特許は与えられないからである。商品Xの販売が開始された二〇年前より以前に第三者（企業B）が特許出願していれば、特許は付与される可能性があるが、特許権は出願日から起算して二〇年で満了する。特許権存続期間中の過去の行為に遡ったとしても、消滅時効があるため、多くの場合、特許権侵害とされることはない。

一方、図1－2に示すように、企業Aがあるタイミングで製品Xの仕様を変更し、製品X'を世に送り始めたとする、この際、企業Aは、製品のマイナーチェンジであり、特許になるような内容ではないと考え、特許出願しなかったとする。この場合は、非常に危険である。B社が製品X'の発売開始の前に製品X'について特許出願していた場合、特許庁の審査官がA社の判断とは異なり特許になり得るものであると判断すると、特許権がB社に与えられてしまう。こうなると、A社はB社から特許権侵害で訴えられるかもしれないというリスクを抱えつつ製品X'を販売しなければならないのである。

前述した「変化への対応」ということに関連して考えてみよう。

A社もB社も、ドラッカーの教示に忠実であり、製品Xから製品X'への変更は、現在生じているある変化、または将来生じると予想される変化への対応であるとする。A社もB社も、変化に対応

図1－2

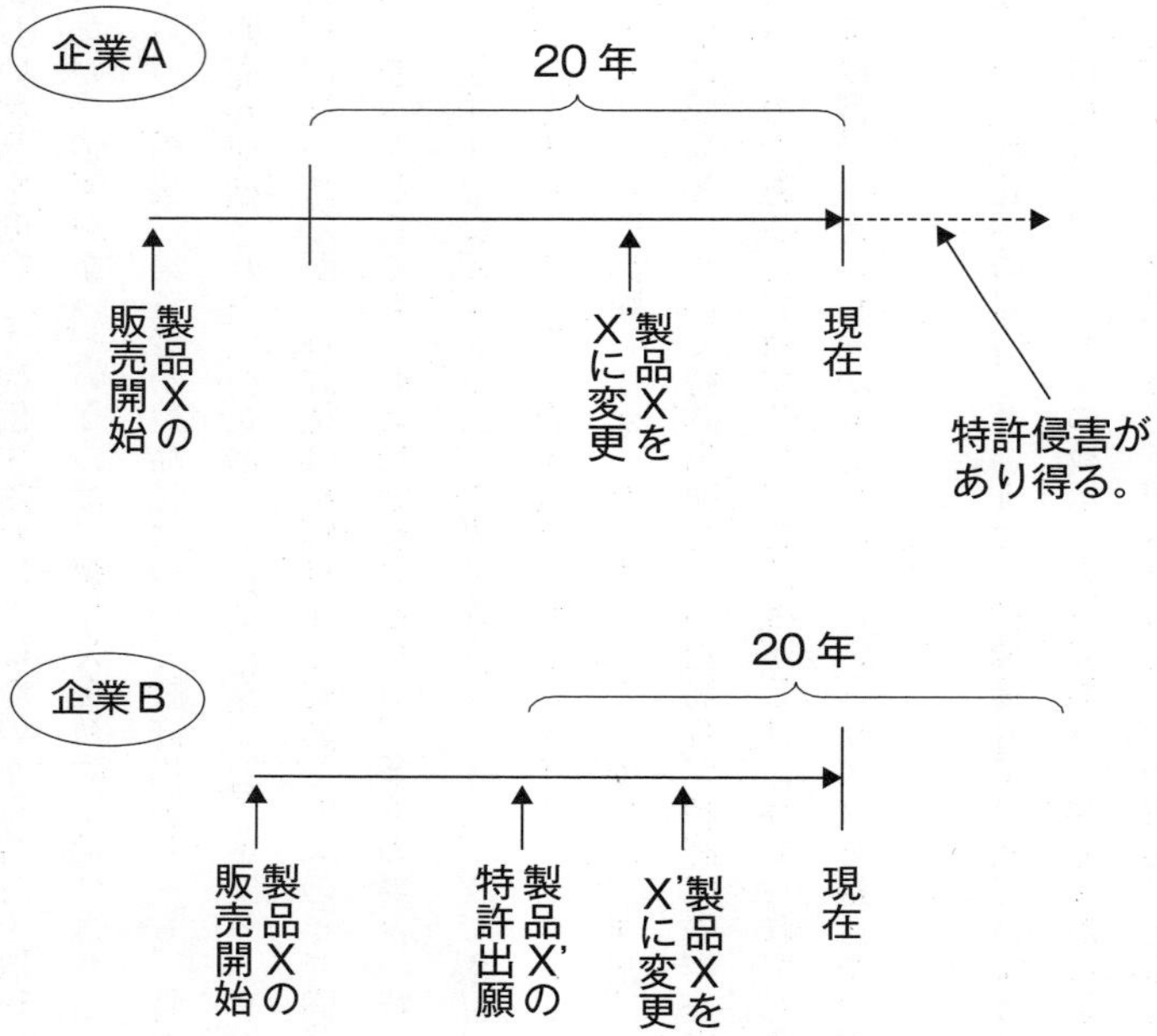

するため、製品X'への変更が必要であるとしたわけであるが、A社は製品の変更のみを行ったのに対し、B社はいち早く特許出願を行ったのである。

A社は、B社から特許権侵害であると訴えられることを恐れつつ事業を行っていかなければならないが、単なる製品X'へのマイナーチェンジがなぜ特許になるのか、具体的に述べてみよう。

よくあるのは、買い手が異なるケースである。A社の営業マンは、新たな買い手から引き合いがあったことを技術部門に報告し、その買い手用に仕様を変更してくれとの要請を技術部門にする。Ａ社の技術者は、製品自体の変更としてはマイナーなものなので、こんなものでは特許にならないと考え、会社に特許申請の提案はしなかった。しかし、買い手の用途まで含めて考えると、特許になり得る内容である場合がある。

例えば、製品Ｘのこれまでの買い手は産業機械のメーカーであったとする。そうしたところ、今回、一般消費者向けの新しいＹというサービスに製品Ｘを用いることを考えた会社があり、この会社が新しい買い手であったとする。その新しいサービスＹのために製品ＸはＸでなければならないとする。この場合、製品Ｘという内容だけでは特許にはならないとしても、製品Ｘを使用したサービスＹの提供方法であるとか、製品Ｘを組み込んだサービスＹの提供装置ということであれば、特許になる可能性がある。サービスＹ自体が全く新しいとか、サービスＹに製品Ｘが使われたことが全くなかったとかの場合、その可能性が高い。

Ａ社は、製品単体を見る視野しか持たなかったため特許出願はしなかったが、Ｂ社は製品の買い手における用途まで見る視野があったため、製品Ｘを使用したサービスＹの提供方法のような内容で特許を出願し、特許を取得した。こうなると、買い手は、Ａ社から製品Ｘを購入するとＢ社から特許権侵害だと訴えられるので、Ｂ社から購入せざるを得ないし、Ａ社も間接侵害であるとしてＢ社から訴えられる可能性がある（注１－１）。

（注1－1）　特許法一〇一条五号の規定により、製品Xが一般的なものではなく製品Xがサービスに不可欠なものであり、A社がサービスYに使用されることを知りながら販売した場合、B社の特許権の侵害となる。

このようなケースは、A社が非常に保守的な会社で、いわゆる老舗的な会社であり、同種の製品を同種の顧客に提供することで長く経営を維持してきた会社である一方、B社は革新的な会社で、常に新たな顧客や市場を開拓することで成長してきたような会社である場合、往々にして生じる。

ちょっと説明が長くなってしまったが、いいたかったのは、「変化への対応」が大事であるとともに、変化に対応した新しいビジネスモデルを特許にすることもまた非常に大事ということである。

そして、特許が先願主義（早い者勝ち）であることを考慮すれば、「変化」というものをいち早く捉え、変化に対応した新しいビジネスモデルはどのようなものであるか、いち早く検討を行い、特許出願をしていかなければならない。

つまり、「変化」の予測が大事ということである。

3 何をやるか

変化への対応が大事であるとしても、変化に対応していればすべて成功するわけではない。無論、変化の結果生じた新たなニーズに対応した会社が一社だけであれば、労せずして成功するかもしれない。しかし、他の会社も変化をチャンスと捉えて参入してくるのであり、殆どの場合、競争が生じる。そのような競争に打ち勝って事業を成功させるには、競合他社に対して優位性を持って事業が展開できなければならない。

優位性の源泉は何か。一つには、変化の状況を良く把握し、最適なタイミングで参入することであろう。

しかし、最も重要なのは、変化に対応した新たなビジネスモデルと、自社（自分）が既に持っている知識、スキル、経験などとの関連性である。起業の場合であれば、サラリーマンとしてそれまで行ってきた仕事との関連性である。企業の新規事業開発の場合であれば、既存事業との関連性である。既存事業との関連性については、シナジーとか価値連鎖の共通性といった言葉でいい表されてきたし、最近では「自社のコアコンピタンスを利用する」といったいい方がされる。

この問題は、いい換えれば、どの変化に対応するかということである。

世の中に生じる変化にすべて対応し、いちいち新規事業を興していては失敗の山を築くだけである。対応する変化を選択し、自社（自己）の能力にフィットする新ビジネスモデルを確立することが重要なのである。つまり、何をやるかということである。何をやるかということの先に、どうやって特許で守るかということがある。

4 特許に対する関心の高さ

特許に関する関心の高さというのは、実は業界や業種によって大きく異なる。

図1－3は、特許に関する関心の高さと経営に対する特許の影響力について業界別に推測的にまとめたものである。「特許に関する関心の高さ」とは、一言でいえば、特許を取得することにどの程度熱心かということである。「経営に対する特許の影響力」とは、ある事業を推進するに際して特許を持っていることがどの程度考慮に入れられるかということである。

図１－３

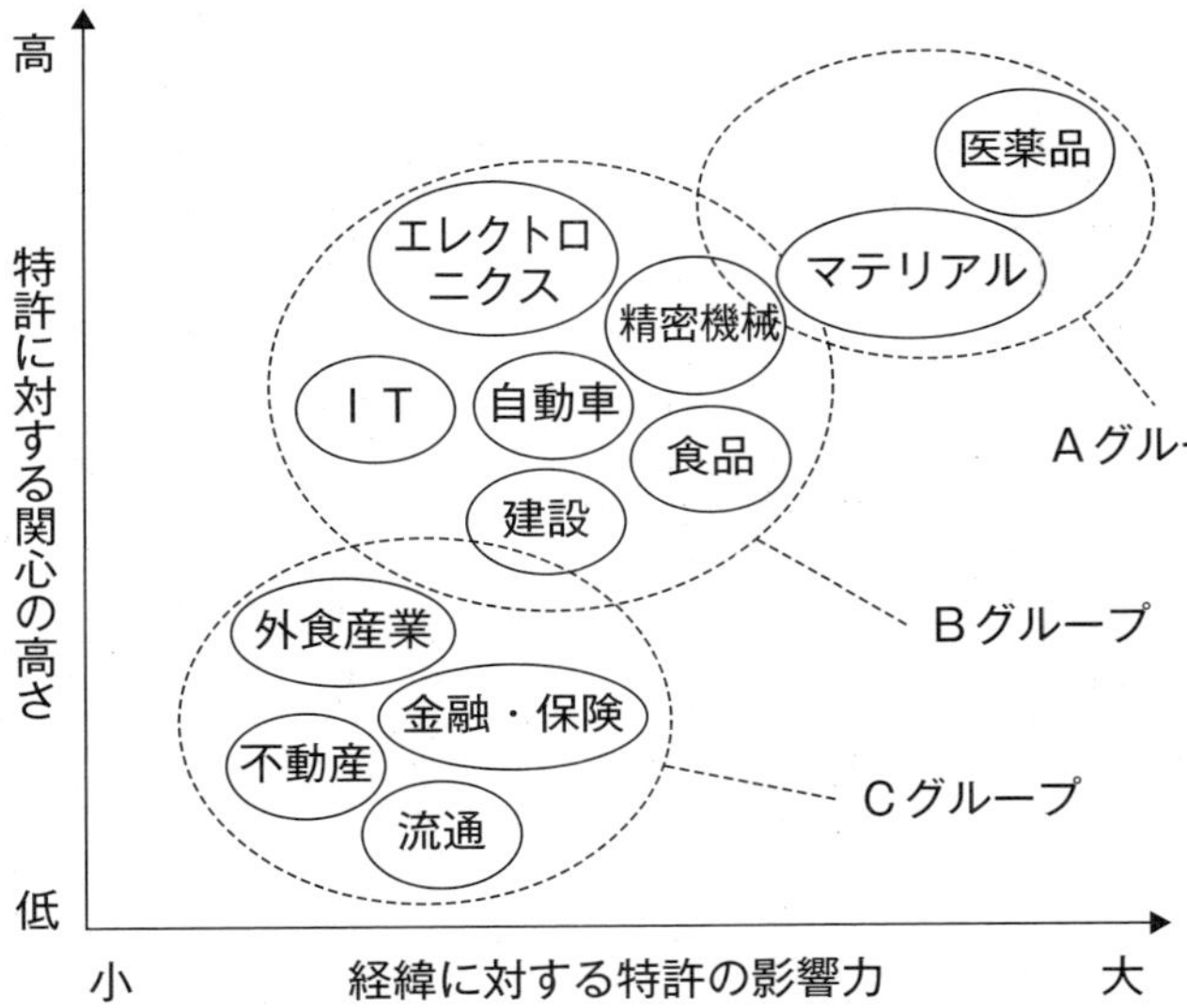

まず、特許に関する関心が高く、経営に対する特許の影響力も高い業界グループがある。これをＡグループとする。医薬品やマテリアルの業界がこれに該当する。

医薬品の場合、一社で全世界の需要をカバーすることが容易であり、一つの特許を取得するだけで基本的に一つの医薬品を独占できる。即ち、特許を持っているかいないかが事業の成否に決定的な影響を与える。ジェネリック医薬品の会社を除き、特許が取れない新薬の開発はやらないというのが製薬会社の基本的スタンスである。化学などの材料メーカーにも同様の傾向がある。したがって、これらの業界では、特許に関する関心は非常に高く、特許出願も盛んに行われている。

次に、特許に関する関心は高いものの、経営に対する影響力という点で見るとAグループほどではないグループがある。自動車、エレクトロニクス、精密機械などの業界である。これをBグループとする。Bグループでも特許出願は盛んに行われているが、特許が経営にどの程度影響力を与えているかという評価については、医薬品やマテリアル業界ほどではない。

Bグループの業界では、一社で全世界の需要をカバーすることは困難であり、数社から数十社の競合会社がひしめき合う。そして、一つの製品を一つの特許だけでカバーすることはできず、一つの製品について数多くの特許が成立する。医薬品であれば、先発メーカーが特許を取れば、それで後発はギブアップであって撤退ということになるが、Bグループの業界では、基本的な内容で特許を取ったと思ったとしても、基本特許を回避した設計というのが比較的容易にできてしまう。

このような業界では、一つの製品について幾つかの会社が多くの特許を持つということになり、数対数の勝負になる。ある競合他社が自社の特許を侵害しているということになっても、自社もその競合他社の保有特許を侵害していることがわかり、相手を訴えても訴え返されるだけであるから、やめておこうということになる。最近の例でいえば、ソニーと韓国のLG電子が特許問題で訴訟合戦になったが、結局は、クロスライセンスで和解という結果に終わった。

Bグループの業界では、特許が事業に与える影響力は決して小さくはないのであるが、かといって決定的な要素ではなくなっている。例えば、半導体事業でサムソンの勝因は、需要増を見越して他を凌駕する投資を行うという経営の機動性であった。このように、特許以外の要素が競争優位性に決定的な影響を与えることが多くなってきている。したがって、Bグループでは、特許に関する関心は高いものの、残念ながら事業の成否について特許が決定的な影響力を持っているわけではない。

特許に対する関心が低く、特許が経営に与える影響力というものも低くなっている業界グループがある。これをCグループとする。外食産業、不動産、金融、流通といったサービス業が主に該当する。

サービス業は、一般的に特許に関する関心が非常に低い。この理由は、特許というのは発明に関するものであって発明というのはハイテク企業のような製造業での話であり、サービス業では関係がないという固定観念を持っているからである。しかし、固定観念を取り払い、めざとく特許を取ってしまうと、他社は何の警戒もしていないだけに大きな効果がある。つまり、自動車やエレクトロニクス業界のように競合各社がお互いに多くの特許を保有し合っているわけではないので、たった一件でも特許を取ると、それだけでも経営に対して大きなインパクトを与えてしまう。

このように見てくると、本書の価値は、Cグループに属する企業にあると見て差し支えない。特許的な視野が狭く、特許のポテンシャルを活かしていない業界、企業にこそ、本書の提言は最も価値がある。

なお、ＩＴ業界については、ＢグループとＣグループの境界線上にあると見て良いであろう。ハードウェアベンダーは、多くの場合、Ｂグループに属しており、依然として特許出願意欲は旺盛である。その一方、経営に対しては決定的な影響力を与えられずにいる。ソリューションプロバイダのようなシステム系の会社やネットビジネスを展開している会社は、二〇〇〇年頃のビジネスモデル特許ブームの頃は盛んに特許を出したが、ビジネスモデル特許の極端に低い特許率などもあって、熱が冷めてしまっている。Ｃグループに属すると見て良いであろう。

5　特許に対する無関心が招く危険性

特許の過信、過剰な信奉は有害であるが、逆に特許に対して無関心すぎるのも問題が多く、かつ非常に危険である。

特許に関する視野が狭く、新たな買い手の用途に合わせて仕様を変更したにも関わらず特許を出願しないことの危険性は前述した通りだが、優れたイノベーションを行いながら特許を出願しなかったため優位性を確保する大きなチャンスを失ってしまう事例も多々ある。よく知られた例は、ヨドバシカメラのキャッシュバックサービス（ポイントカード）である。

特許に無関心な会社が問題なのは、端的には、前述した例のように新製品について特許出願しないままとしてしまって他社から訴えられるケースである。競合他社がすべて特許に無関心であれば良いが、めざとい競合他社が現れて特許を取るようなことになると、たちまち問題になってしまう。

多少状況は異なるが、無関心さが招く危険として共通しているのは、中国の新幹線特許の問題である。日本が供与した技術に基づいて中国が開発した新幹線について、最近、中国が国際特許出願をしたことが話題になった。

中国側の行為について疑問視する声もあるが、新聞報道によれば、日本の車両メーカーは海外では特許を取ってこなかったという。やはり、この点が問題視されてしまうだろう。ＪＲも、「知財立国に恥じない対応を」と日本の車両メーカーに対して懸念を示している。

なぜこのようなことになったのか。

日本の車両メーカーは、新幹線技術を開発して旧国鉄やＪＲに提供してきたわけであるが、競争相手は国内の車両メーカーのみであり、海外には存在しなかった。仮に存在したとしても、購入するのは旧国鉄やＪＲという国内の事業主体である。車両が国内に入ってきた段階で特許権侵害となるから、日本国内の特許で足りる。こういう考えである。

日本の車両メーカーは、ＪＲが新幹線技術を海外に輸出することまでは想定してこなかったのかもしれない。いや、あったのかもしれないが、仮にＪＲが新幹線技術を輸出するとしても、新幹線技術を保有しているのは日本のＪＲだけであり、海外に新幹線技術を保有する別のセクターは存在しないから、海外で特許を取る必要はないと判断したのかもしれない。

しかし、外に出た技術は次々に伝搬し、改良されていく。日本という閉鎖社会の中なら、契約とか暗黙のルールといったもので縛ることはできるかもしれないが、海外に出た技術が改良され、拡散していくことをコントロールすることは難しい。

ドラッカーは、事業とは顧客の創造であるといった。ＪＲが新幹線技術を輸出するということは、それまで何ら存在しなかった顧客をＪＲが創造したのである。

本編第５節で詳しく述べるが、特許的な視野の広さの一つに「買い手の買い手を考える」というのがある。ＪＲが新幹線技術を輸出するという方針を出した時点で、それまで何ら存在しなかった顧客をＪＲが創造しようとしている。そういう風に車両メーカーは考えるべきであった。そう考えれば、自社が属する競争市場（国内の新幹線車両市場）とは別に顧客が属する競争市場（海外の新幹線技術市場）が予測できたかもしれないし、そのように広い視野で予測していれば、海外での特許出願をもっと早い段階で行うという選択もあったであろう。無論、これは結果論であり、今だからいえるという面もあるが。

６ 特許に対する関心が高すぎて問題になる場合

特許に関する関心が低いと、前述したように、確保できる競争優位性をみすみす逃してしまう失敗を犯しやすい。

しかし、逆に、特許に対する関心が高すぎて問題になってしまうこともある。

一つは、特許が取れない限り優位性が確保できないと考え、他の競争優位の源泉に目がいかなくなってしまうケースである。

もう一つは、逆に、特許さえ取れるようであれば、他の要素を考慮せずに事業の開始を決断してしまうケースである。これについては、第三章（起業編）第３節で詳しく解説されているので、そちらを参照して欲しい。

さらにもう一つ、特許に対する投資と他の投資とのバランスを失ってしまうケースもある。

特許に関する関心が高く研究成果について次々に特許を出していったが、実用化や量産化についてはなかなか進展せず、製品を世に出す前に資金が底をついてしまうようなケースである。いわゆるベンチャーの死の谷といったものも、特許に対する投資を過剰に行ってしまった結果、生じることも多い。特許に対する投資をどの程度やっておけば良いかも、第三章（起業編）第3節で解説されているので、そちらを参照して欲しい。

特許に対する投資を過剰に行って会社が立ち行かなくなってしまったケースでは、赤字会社に取得した特許や出願中の特許が数多く残された状態となる。このようなケースでは、それら大量の取得特許や出願特許に大きな価値が認められ、事業が高額で買収されることもある。最近の例では、カナダの通信会社であるノーテル社は二〇〇九年に破産保護申請を行ったが、競売にかかった保有特許が四五億ドルもの価格で落札されたと報じられている。日本でも、経営破綻したバイオ企業の林原が、保有技術や保有特許に大きな価値が認められ、公的整理ではなく私的整理（事業再生ＡＤＲ）により再生を図ることになった。

特許に対する過剰な関心の結果、特許だけが残り、特許をライセンスすることのみを事業として行う状態で存続する場合もある。この場合の問題は、良い特許というのは、実際に製品を作り、顧客に販売していなければ生まれにくいということである。製品化する際の問題、量産化する際の問題、顧客サイドでの使い勝手の良さ。そのようなものは、実際に製品を作って売らなければわからないから、それらを解決する特許も生まれにくいのである。

このように、特許に対する過剰な関心が原因で投資のバランスを失すると、会社は幾つかの異なった経緯を辿るが、いずれにしても事業としては失敗であったことに変わりはない。

7 本書の守備範囲

ここでちょっと本書の守備範囲について触れておこう。

ビジネスにおける新しさがすべてビジネスモデルとして新しいわけではない。無論、この問題は、何をもってビジネスモデルというかによる。

ビジネスモデルというと、収益構造といったいい方がされる場合もあるが、広い意味では、ビジネスの形態、やり方といったところであろう。どこから仕入れてどのように付加価値を付けてどこにどのように売るのか、これがビジネスモデルである。

ただ、本書においては、「新ビジネスモデル＝変化への対応」と位置づける。そして、変化とは、市場を巡る変化である。したがって、ビジネスモデルというのは、市場との関わりにおけるビジネスのやり方と位置づけられよう。

企業は、市場の動向に合わせて商品やサービスを新しくしていく。それらすべてがビジネスモデルとして新しいわけではない。どのようなものが新ビジネスモデルといい得るのか。

新商品を新しい市場に投入して新市場に参入するのは、その会社にとっては新ビジネスモデルである。しかし、既存の市場に対して新商品を投入する場合にも、新ビジネスモデルといい得る場合がある。これを考えるヒントは、市場セグメント、いわゆる市場細分化である。

市場細分化は、マーケティング戦略の一つではあるが、市場における一つの現象でもある。市場が形成された当初は、各社同じような商品を同じようなやり方で提供しており、セグメントと呼べるようなものは存在しない。しかし、図1－4に示すように、市場が成長し、成熟していくに従って、各社は、市場における顧客層の違いに応じて異なった機能や価格の商品を投入するようになってくる。こうなると、一つの市場ではあっても、市場は幾つかのセグメントに分かれ、各セグメントで参入企業に優劣が出てくる。例えば、携帯電話市場は、当初は、通話やメールができるといった基本的な機能を持つものだけの一つのセグメントだけであったが、おさいふケータイのような決済機能を充実させたものやスマートフォンのようなモバイル端末としての性格を前面に出したもの、逆に高齢者が子供向け用に機能を絞って使いやすくしたものなどに分かれてきている。

図１－４

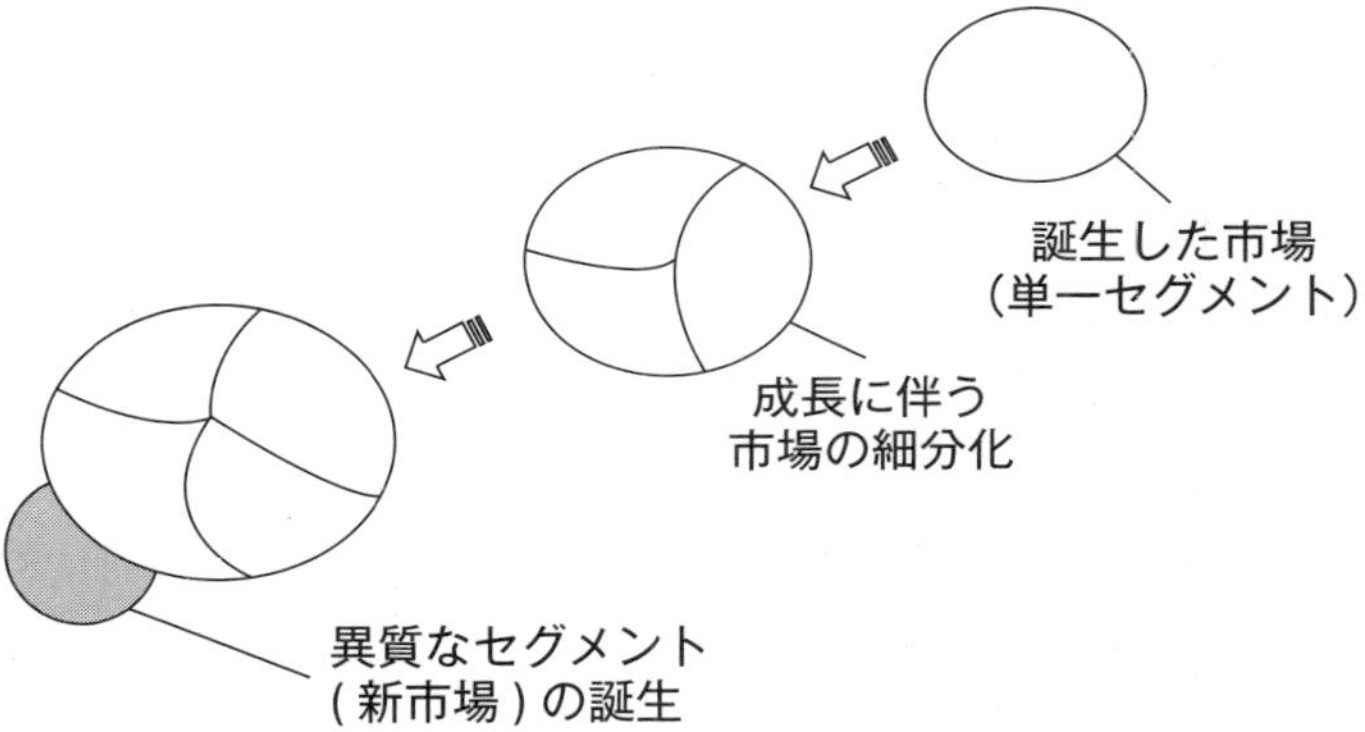

このように市場は成長するに従って幾つかのセグメントに分かれてくるが、新たに成立したセグメントが既存のセグメントとは異質で、もはや一つの市場とはいえなくなってくるケースもある。即ち、成立した新しいセグメントでは、商品やサービスの特性が根本的に異なり、提供する側も根本的に異なるやり方でやらなければならないというような場合がある。

一例を示すと、中国系や韓国系の航空会社を中心にして格安航空業界が非常に伸びている。これら格安航空会社は、機内の座席の間隔が狭かったり、機内サービスが極端に省かれていたり、チケットの売り方がネット中心でディスカウントの仕方が既存の航空会社とは根本的に異なっていたりする。もっといえば、運行のオペレーションや社員教育などの社内的な要素も、格安で提供するために徹底的に合理化がされている。ここまでくると、既存の航空会社とは異なる市場といっても良いかもしれない。この格安航空業界に見られるように、成立した新しいセグメントが既存のセグメントとはあまりにも異質であるため、一つの別の市場が成立したと見るべき場合が多々ある。

新しいセグメントが既存の市場の範疇なのかそれとも新市場と見るべきなのかは、単なる見方、概念の問題ではあり、意味はない。意味があるのは、新しいビジネスモデルが妥当する世界としてそのセグメントが成立したということなのである。つまり、市場細分化が進展していくと、いつしか既存のビジネスモデルが通用せず、新しいビジネスモデルしか通用しないセグメントが形成されることがあるということなのである。

このように捉えると、新しいビジネスモデルが成立し得るのは、全く新しい市場が形成された時か、既存の市場に異質なセグメントが形成された時ということになる。そして、そのような新しい市場や新しいセグメントの誕生は、いうまでもなく変化への対応の結果である。前述した格安航空業界の例でいえば、新興国における中間層の所得の伸び、そのような中間層における旅行熱や、新興国企業のグローバルな経済活動の増加などの変化を背景にしていることは間違いない。中間層の所得の伸びを変化として捉えるという点では、三井高利と同じである。

このように変化に対応して新市場や新セグメントが誕生し、そこに新しいビジネスモデルが確立されるとすれば、特許の役割は何か。特許的には何をすれば良いのか。

それは、将来生じる変化はどのようなもので、変化に対応してどのような新市場や新セグメントが形成されるのかを予想することであり、そのような新市場、新セグメントにおいて競争を左右するポイントは何か（何が競争優位性をもたらすものになるか）を予想することである。そして、そのような競争優位性を守るにはどのような内容の特許を取っておけば良いかを考えることである。

したがって、本書では、将来成立すると予想される新市場、新セグメントでの特許活動が専ら解説されており、既存市場の既存セグメントについての解説は、必要最小限にとどめられている。

第2節　競争戦略における特許の位置づけ

1　特許の本質

特許とは何か。特許の本質について、意外と一般の方は知らない場合が多い。

よく「特許を取って独占する」というような言われ方がされる。しかし、これは正しくはない。

特許を取ったからといって独占できるとは限らない。

「独占する」ということは、自社だけがその発明を実施できるということである。しかし、特許を取ったからといってその会社がその発明を実施できるわけではない。

発明というのは抽象的なアイデア（コンセプト）であり、製品そのものではない。発明を実施するには、その製品を量産する技術が必要であり、何よりも顧客の存在が必要である。即ち、顧客が買っても良いと思える値段で製造する技術が必要であり、顧客に対して製品を提供する流通やマーケティングの能力が必要である。つまり、ある製品について特許が取れたということは、その特許製品を実施する（顧客に売って収益を上げる）ということを何ら意味しない。

よく技術移転ということがいわれる。例えば、産学連携で大学発の技術を移転するといった具合である。技術移転には、無論、特許のライセンス許諾が含まれる。

しかし、実験室段階の技術について、特許が取れているからといって、その特許のライセンスをもらっても発明が実施できるわけではない。発明を実施するとは、対象となっている製品を実際に製造し、販売し、利益を上げることである。特許ライセンスだけもらっても、量産技術がなければ製品はできないし、コストに見合う価格で購入する顧客がいなければ、事業は成立しない。特許ライセンスだけもらっても仕方がないのである。

特許ライセンスだけをもらうことに意味があるのは、その特許だけが事業化の障害になっているケースである。量産技術もあり、顧客も存在しており、特許ライセンスさえもらえれば事業化ができるケースに限られるのである。

自分で実施できることが何ら保証されていない権利であるとしたら、いったい特許とは何なのか。端的にいえば、他人に何かをさせない権利ということである。

他人が何かしたらそれに対してＮＯといえる。では自分はできるのかといえば、それは諸般の事情による。それが特許なのである。

このように、特許というのは他人に何かをさせない権利であり、自分が何かをする権利ではない。この点に本質がある。このことを良く理解しなければならない。

経営戦略において「他人」が問題になる局面は、競争戦略である。

特許は、競争戦略の一形態に過ぎない。無論、競争戦略において「他人」とは、いわゆる競合他社だけをいうのではなく、顧客や供給業者、代替品業者なども含まれる。いずれにしても、このような他人の行為を規制して競争上の優位性を確保することが特許の本質である。したがって、競争のない世界においては、特許は全く無用である。

ポーターが指摘したように、競争戦略の基本は「差別化」と「コストリーダーシップ」である。即ち、他社にはないユニークな特徴点を持つ製品を提供するか、より安く製品を提供するかである。無論、ユニクロのようにその双方を達成している素晴らしい会社もあるし、製造工程におけるある差別化がコストリーダーシップをもたらしているというように二つの要素が関連している場合もあり、状況は単純ではない。そして、「選択と集中」という言葉に表されているように、差別化やコストリーダーシップを可能にするため、事業を絞ったり、市場のあるセグメントに集中的に投資を行ったりすることもしばしば行われる。

しかし、競争戦略の基本が、差別化とコストリーダーシップであることに変わりはない。したがって、特許の面でいえば、差別化を守る特許かコストリーダーシップを守る特許しかない。つまり、他人に何かをさせないことで自社の差別化が守られるか、他人に何かをさせないことで自社のコストリーダーシップが守られるか、そのいずれかである。そのどちらでもないということであれば、その特許は競争戦略上意味のない特許ということになる。

2　起業・新規事業開発における競争戦略

このように、特許＝競争戦略の一形態ということを頭に入れた上で、起業や事業開発について考えてみる。

起業や事業開発は、前述したように市場との関係で三つのパターンに分かれる。
Ａ：将来成立すると予想される新市場に参入する起業・事業開発のパターン
Ｂ：既存の市場において将来成立すると予想される新セグメントに参入する起業・事業開発のパターン
Ｃ：既存の市場における既存のセグメントに参入する起業・事業開発のパターン
前述したように、Ｃのパターンは、新しいビジネスモデルを確立しようとするものではないので、本書では対象外とされる。

さて、このような起業・事業開発において、特許＝競争戦略の使われ方というのを考えてみると、基本的に二つの使われ方があることがわかる。一つは、参入障壁であり、もう一つは、参入した他社に対する優位性の確保である。

参入障壁は、典型的には、将来成立すると予想される新市場に対して参入障壁となる特許を取得し、自社が参入した後の後発参入を抑える戦略である。先発参入した会社が特許を取り、それによって後発参入がないか、または非常に少ない状況にできれば、先発参入した会社にとって非常に有利に事業展開できることは明らかである。ただし、排除の論理は市場の成長をかえって妨げてしまうことがあり、競合他社の存在を適度に許容することも競争戦略上必要である。また、起業の場合には大企業との連携戦略を考えていかなければならない（この点について第三章（起業編）第4節で述べている）。

参入障壁は、Ｂのパターンでも行われ得る戦略である。将来成立すると予測されるセグメントに自社が参入した後は他社がそのセグメントでは事業展開できないようにする戦略である。成立した新セグメントについて特許でうまく参入障壁が構築できれば、その新セグメントが膨張する過程で大きな利益を上げることができる。無論、ここでも新セグメントの成長を阻害することがないよう、逆に参入を誘引する戦略もあり得る。

Ａのパターンにおいて、うまく参入障壁が築けずに後発参入を許してしまった場合、次に考えるべきは、後発参入組に対して競争優位を獲得することである。競争優位は、差別化かコストリーダーシップであるから、後発参入組のビジネスモデルと差別化できる自社のビジネスモデルの特徴点を特許にするか、後発参入組に対するコスト優位を可能にする内容について特許を取るということになる。

勿論、Ｂのパターンにおいても、成立する新セグメントにおいて他社と差別化したりコスト優位を確保したりするための特許の取得が有効であることはいうまでもない。新セグメントの特性に合わせた自社のビジネスモデルの特徴点について特許を取って他社が真似できないようにする。新セグメントの特性を考慮して低コストで商品やサービスを提供できるようにした「仕掛け」について特許を取り、他社が真似できないようにする。このような特許の取り方をするので、新セグメントの膨張によってもたらされる果実の多くを自社が得ることができる。

3 特許は数ある競争優位の源泉の一つ

特許というのが競争戦略に他ならず、起業・新規事業開発においては、参入障壁の構築、参入企業に対する優位性確保という点において戦略的な意味を持つことを述べた。

さらに理解をしなければいけないのは、参入障壁を構築したり、優位性を確保したりする手段は他にもあり、特許というのは、数ある競争優位の源泉のうちの一つに過ぎないということである。

例えば、ユニクロを見てみよう。ユニクロの優位性は何からもたらされるのか。シンプルで着易いデザイン、清潔感が溢れる店内、選びやすく美しくグラディエーションされた商品レイアウト等々。多くの特徴点があるが、ユニクロの強さは何といってもあの価格であろう。他社を圧倒する低価格であるにもかかわらず、カッコいい。そして、商品を買っていて気持ちがいい。これがユニクロの最大の強みである。この強みをもたらしているのは何か。

一つには、たびたび指摘されることであるが、低価格を実現する海外の生産工場の技術力の高さ、そして徹底した品質管理であろう。工程管理なども含め、生産現場のオペレーション能力にこそ、ユニクロの優位性の大きな源泉がある。それに加え、テレビＣＭなどの広告に合わせて最適なタイミングで大量の商品を提供して規模の利益を確保する、流通、店舗網の存在、マーケティング力。さらには、店舗における陳列商品の乱れなどを徹底的になくす従業員教育など、単なる低価格路線の会社にはない多くの優位性を内部的にも持っている。

このようなオペレーションの優位性について、ユニクロ（ファーストリテイリング社）は何一つ特許は取っていない。即ち、ユニクロのオペレーションの優位性は、何ら特許によってもたらされたものではなく、特許によって守られたものではないのである。

読者は、ユニクロはハイテク企業のようなメーカーではなく、アパレル業界だからそれは当然だ、と考えるかもしれない。しかし、ハイテク企業のようなメーカーでも、特許以外の面で競争優位性を確保している例が多々ある。

例えば、コピー機の業界を考えてみよう。ゼロックスやリコーを始めとしたコピー機メーカーは、指摘するまでもなく優れた精密機械技術や光学技術を有するハイテク企業である。そして、自社製品の優れた機能に関して多くの特許出願をし、特許を取得している。

しかし、コピー機の購入に際しては、コピースピードとか立ち上がり時間の短さといった製品の機能面だけではなく、アフターサービスという非技術的な要素も観点に入れてメーカーが選定される。つまり、故障になったときにどれだけ早く対応してくれるか、ということである。このため、コピー機メーカーは、訓練され、豊富な知識を持つメンテナンス要員を大量に育成し、アフターサービスの拠点を多く確保し、常駐させている。そして、故障の際に駆けつける時間の短さという点で大きな顧客満足を勝ち取り、他社への変更を思いとどまらせることに成功している。コピー機メーカーは、このアフターサービスという非特許的な優位性（注1－2）のために、莫大な投資をしていることは間違いない。

（注1－2）　間接的独占戦略（本章第4節参照）を採用し、アフターサービスに必須不可欠な技術的要素について特許取得している可能性はある。

このように、特許は競争優位性を確保する非常に有効な手段の一つではあるが、他の多くの手段の一つに過ぎないことを肝に銘じなければならない。

独立・起業したいということで私のところに相談に来られる方の中には、特許が取れないとわかると、「特許が取れないんだった起業してもすぐに真似されてしまうから、止めます。」という方が意外と多い。一種の特許の過剰信奉者である。しかし、特許が取れないとしても、自分が持つ他の要素によって優位性が確保できるならば、起業にゴーサインを出すべきである。

企業の中にも特許過剰信奉者の例がまれに見られる。

例えば、特許戦略を解説した本によくあるのが、特許マップと呼ばれる代物である。他社の特許出願状況を戦略マップにまとめるもので、ある種の情報分析手法である。特許マップの活用手法として、穴（特許が出願されていない部分）を見つけ、そこに事業進出するべきだというような解説がしばしばされる。

しかし、これは止めた方が良い。どの会社も特許を出していない部分というのは、確かに特許を出願したら取れる可能性は比較的高い。しかし、前述したように、医薬品業界のような特殊な例外を除き、特許が取れるということが事業進出決定の最優先事項になることはめったにないのである。特許が取れるかどうかよりも、そこに市場性はあるのか、そこに進出することに自社にどのようなメリット（シナジーなど）があるのか、その事業は自社にフィットするのかなど、他の多くの事項が優先的に検討されるのである。特許が取れるかどうかは、相対的に下位の検討項目にならざるを得ないのである。

第3節 競争優位の各源泉における特許

1 特許以外の競争優位の各源泉

特許がもたらす優位性の特性について比較するため、特許以外の競争優位の源泉について、少し詳しく説明してみよう。

以下は、特許による優位性と比較するための例示であり、詳しく知りたい方は、巻末に紹介した文献を参照されたい。

■規模の経済性

競争優位の例として、しばしば挙げられるのが規模の経済性である。これは、多くの場合、コストリーダーシップ戦略を取る場合に妥当するのであるが、大規模に事業を展開する結果、コスト面で優位に立つ戦略である。前述したユニクロも、規模の経済性を競争優位の一つとしている企業である。

規模の経済性を確立するものとして、例えば市場が形成されてから早々に参入し、他社が参入してくる前に大規模な販売網を構築してしまうとか、効率的で集約された大規模な物流システムを作り上げ、他社に比べてコスト面で優位に立つとかいった手法が取られる。

■技　術　力

「あの会社には技術力がある」という言い方がよくされるが、この「技術力」という言葉は多義的であり、色々な要素が複雑に絡み合っている。

多くの場合、「あの会社には技術力がある」というと、技術的な観点で他社がそのような性能や品質の商品を提供できないとか、技術的な観点でそのように安価に商品を提供できないとかいう意味である。このような優位性は、製造ノウハウといった技術上の知識や優秀な熟練工の存在によってもたらされている場合が多い。技術上の知識や技能は、その分野に参入してからの時間に依存する場合が多い。

早期に参入した企業は、経験曲線において長い時間が経過しており、多くの知識、ノウハウ、技能が蓄積されている。後発企業が追いつこうとしてもなかなか追いつけない。時間（経験曲線）に裏打ちされた知識、ノウハウ、技能の量の差が技術力の差となって現れる場合が多い。

■販売網ないし販売力

販売における優位性というのは、販売網とか販売力とかいった言葉で表現される。

生命保険会社における大量の女性営業員（生保レディー）の存在もこの一例であるし、ヤクルトのユニークで強力な販売網も販売における競争優位性の好例である。

■ブランド

ブランドもまた多大な競争優位性をもたらす源泉である。良質な商品を長期間顧客に提供し続けることで得られる高い信頼性は、その商品に付けられたブランドにグッドウイル（訴求力）という形で蓄積する。また、莫大な費用をかけてテレビＣＭなどにおいて盛んに露出されたブランドは、それだけで大きな資産価値を持つに至る。ある推計では、著名企業の主要ブランドの価値は、数兆円から数十兆円にも上るといわれている。ソフトバンクや楽天による球団買収に端的に見られるように、ブランド価値を高めるため、企業は、赤字会社の買収さえ躊躇なく行うのである。

商品やサービスを選択する顧客は、何となく選んでいるようではあっても、ブランドを通した商品の信頼性や企業イメージなどで選んでいる。このようなグッドウイルの獲得に成功した企業は、それに成功していない競合他社に対して大きな優位性を保持している。

■製造、流通などにおけるオペレーション

技術力と多少重複するが、製造や流通などにおけるオペレーションが競争優位の源泉になることも多々ある。典型的なのは、トヨタのかんばん方式である。ＰＯＳシステムを利用して売れ筋を見極め、売れ筋商品を切れ目なく提供していくことで優位性を確保するのも、オペレーションによる優位性に属する。ツタヤのＴポイントカードに見られるような顧客に対する特典付与のオペレーションが優位性の源泉になることも多い。いずれにしても、このようなオペレーションが行えない企業は、行える企業に対して競争上不利な地位に甘んじることが避けられない。

■供給業者に対する交渉力

何らかの事情で供給業者に対して大きな交渉力を持っている場合、それが優位性の源泉となることがある。

例えば、供給業者の製品の大部分を買い取っているとか、ある資材を供給できるのは一社しかなく、その会社は自社の子会社であるとかいった場合が挙げられる。このような場合、他社に比べて安い価格で資材を調達して製品の価格を他社よりも下げるとか、他社が使用できない資材を使用することで他社よりも性能を向上させるといった優位性確保があり得る。

■買い手に対する交渉力

何らの事情で買い手に対して大きな交渉力を持っている場合、それが競争優位の源泉となることがある。

例えば、自社の製品は競合他社の製品より品質が良く、買い手のニーズを満たす品質を持った製品は自社しか存在しない場合、買い手は自社からしか買うことができない。この場合、買い手との関係では、自社は、価格決定などの面で大きな交渉力を持つことになる。このような交渉力を持たない競合他社は、競争上、不利な地位に甘んじる。

■地理的な優位性（いわゆるクラスター）

地理的な要素が優位性をもたらすこともある。いわゆるクラスターがもたらす優位性である。クラスターとは、ポーターが一九九二年の著書「国の競争優位（上）（下）」（ダイヤモンド社）で解説した競争優位の捉え方であり、資材の供給業者や買い手、研究機関などの事業にまつわる関連セクターがある近い場所に集まっていることが優位性の源泉になるというものである。

最近の実例でいうと、フィリップスが液晶事業で失敗したのは、このクラスターの優位性がなかったことが原因であるとされている。

韓国や台湾の液晶メーカーは、先行する日本と地理的に近い位置にあり、先行する日本の液晶メーカーからの知識の移転が比較的容易で、製造装置も入手しやすい地理的位置にあった。つまり、韓国や台湾の液晶メーカーは、フィリップスに対してクラスターの優位性を持っていた。このため、フィリップスは、液晶事業では韓国や台湾のメーカーに勝てなかったのである。

■財務的な体力（資本力）

財務的な体力とか資本力とかいったものも、競争優位の源泉となる。

例えば、財務的に体力のある企業が、極端なディスカウント戦略を展開したとする。これに対して、製品の性能面などで差別化できない競合他社は、同じくディスカウントをしていかざるを得ないが、財務的な体力のない会社は、損益分岐点を下回る経営を続けることができず、ふるい落とされてしまう。財務的な体力がある会社だけが生き残り、大きなシェアを確保するに至る。このようなケースは、新たに成立した急成長市場で潜入障壁が低く、多数乱戦状態になった場合によく見られる。

財務的な体力勝負という競争優位性は、例えば円高のような為替リスクに耐え得る体力であるとか、ソフトバンクによるボーダフォンの買収に見られるように、大規模なM&Aを行う資本力であるとか、サムソンがメモリ事業で行ったように他社を圧倒する投資を短期間のうちに行う資本力といったものも含まれる。いずれにしても、このような体力のない会社は競争上不利な地位に甘んじることになる。

2　優位性の各源泉の強みと弱み

このような優位性の各源泉の強みと弱みについて、特許の比較において考えてみよう。

特許の強みとは何であるか。

いうまでもないことであるが、特許の強みとは、そのパワーが国家によって保証されていることである。何かしてはならないということが国家によって命令されることである。つまり、第三者が同一の競争優位性を持つに至ることが国家によって禁止されているということである。

一方、特許以外の競争優位性は、国家権力によって保証されているわけではなく、何らかの要因で実質的に保証されているに過ぎない。

規模の経済性を例にして考えてみよう。

例えば、ある市場に早期に参入し圧倒的な全国チェーン展開で規模の経済性を獲得した企業があるとする。この場合、後から参入する会社が同じように規模の経済性を獲得することが国家権力によって禁止されているわけではない。他社が同様に全国展開できないのは、既に各地でチェーン展開がされてしまっていて後から参入するには店舗立地が難しいとか、参入したとしても過当競争になるだけで投資に見合う収益が明らかに上げられないとかの事情によるのである。

つまり、特許による競争優位は、模倣の禁止がほぼ一〇〇％保証されている（注１－３）のに対し、他の競争優位は、諸々の事情によるということであり、特許による競争優位に比べて相対的に弱いものということができる。ここでの「弱い」というのは、経営に対するインパクトということでなくて、他社が同様の優位性を確保し得る難易度の意味である。いわば模倣の困難性というべきものである。

（注１－３）　実務的には、特許侵害訴訟において相手方が特許の無効を主張して認められたり、特許が成立した後に特許庁における特許無効審判で特許無効が認められる場合がある。したがって、これらを考えると、一〇〇％ではなく、かなり低いという見方もできる。しかし、特許による模倣禁止は、特許侵害訴訟の場だけではなく、訴訟になる以前に競合他社が特許内容を確認して自律的に模倣を諦めることで機能する場合もある。訴訟に比べるとこちらの方が圧倒的に多い。これらを考え合わせれば、特許による模倣禁止の保証は、競争優位の他の源泉に比べて非常に高いものといえよう。

次頁の図１－５に競争優位の各源泉についての模倣困難性をまとめてみた。表中の◎は、模倣困難性が非常に高いことを意味する。○は、◎ほどではないが、模倣はある程度困難であることを意味する。△は、模倣困難性はケースバイケースで、容易に模倣ができてしまう場合があり得ることを意味する。

■規模の経済性

規模の経済性は、いったん獲得すると他社が同じことをするのが困難であるから○である。しかし、グローバル競争における規模の経済性は別問題である。為替リスク、現地生産のコストや技術流出のリスクなど、多くの観点での検討を必要とする。

図1－5　競争優位の各源泉の模倣困難性

競争優位の源泉	模倣の困難性
規模の経済性	○
技術力	○ or △
販売網ないし販売力	○
オペレーション	△
財務的な体力（資本力）	△
ブランド	○ or △
供給業者に対する交渉力	△
買い手に対する交渉力	△
地理的な要因（クラスター）	○
特許	◎

■技　術　力

技術力という競争優位性の模倣困難性は、ケースバイケースといったところであろう。技術がブラックボックス化されていて、リバースエンジニアリングを行ってみても優位性をもたらす個々の要素技術というものが他社から容易にわからない場合、模倣困難性が高い。一般的には、ノウハウやマニュアル的なものが営業秘密として厳しく管理、保持されており、それが技術力による競争優位性をもたらしている場合、模倣は非常に難しい。また、技術力が熟練工のように技能によって支えられている場合、技能を保持する「人間」が他社に移動しないことが条件であるが、模倣は困難である。

逆に、ノウハウや作業マニュアルといった技術上の知識についての管理が十分ではなく、外部に流出しやすい状態であると、技術力という競争優位性の模倣困難性は非常に低くなる。

例えば中国などの周辺国に日本企業が進出し、合弁企業を設立して現地生産を行う場合、合弁相手の現地企業との間でノウハウなどの管理について綿密な契約を取り交わしたり、現地採用する従業員に対して営業秘密について厳格な規則を定めて徹底したりすることは当然に行われる。しかし、そのようにしたとしても、契約違反や規則違反に対する救済措置（裁判手続き）が十分でないため、結局は流出していってしまう。多くの日本企業は、技術流出のリスクよりも為替リスクや人件費の問題の方を優先し、グローバルな競争に勝ち抜くため、現地生産を行わざるを得ないのであろう。

このように考えると、技術力という競争優位性の模倣困難性は、○か△といったところである。

■販売網ないし販売力

販売網ないし販売力の競争優位性は、規模の経済性と似たような面がある。早期に参入した企業が最初に大規模な販売網を構築してしまうと、後から参入する企業は、過当競争を避け、後手に回ってしまう。

また、自社の既存の商品の大規模な販売網を利用して新商品を販売する場合も、その販売網にその新商品がフィットすることが条件であるが、模倣が困難である場合が多い。

ただ、販売力の強さというものが、他の要因に大きく影響を受けている場合があり、その場合にはその要因の盛衰に依存してしまう。例えば、読売新聞の販売力の強さは、ジャイアンツの人気に左右されている。

■製造、流通などにおけるオペレーション

製造、流通などの内部的なオペレーションの模倣困難性は、そのようなオペレーションの秘匿性に依存する。販売促進におけるオペレーションのように外部に公表してしまっているものは、何らかの阻害要因がない限り、模倣される。ヨドバシカメラが始めたキャッシュバックのサービス（ポイントカード）が典型的な例である。

とはいえ、製造や流通におけるオペレーションは、比較的秘匿しやすい。例えば、生鮮食品の会社が鮮度を保つユニークな配送方法を行っていて、どのような方法であるか他社にはわからない場合、模倣は困難である。勿論、このような方法が営業秘密として厳格に管理されていてことが条件である。この意味で、オペレーションによる優位性は、広い意味での技術力であるともいえる。

これらを総合的に考えて、オペレーションによる優位性の模倣困難性は△といったところであろ

う。

■財務的な体力（資本力）

財務的な体力とか資本力とかいったものは、規模の経済性のような競争優位性に比べて極めて不安定である。

株価や金融市場の動向によって財務体力は大きく変動してしまう。最近の例でいえば、二〇〇〇年のＩＴバブル崩壊の前に上場を果たした先発のＩＴ企業は大きな資金を上場によって得たのに対し、上場する前にＩＴバブル崩壊が来てしまった後発のＩＴ企業は、多くが資金繰りに苦しみ、倒産に追い込まれた。二〇〇八年のリーマンショックを見ても、外資頼みだった多くの業界で経営不振が相次いだ。

無論、業績好調時に大きな内部留保を果たした企業は財務体力が強く、大きな競争優位性を持っていることは確かである。しかし、それとて「もの言う株主」の増大という要因があり、株主に利益を還元するか、短期的な株価上昇のために新たな投資をすることを迫られたりする場合があり、安定的な競争優位性とはいい難い。

競争優位性が不安点であるということは、優位性を喪失するのが容易であるとともに優位性を獲得するのも容易ということになる。世界的なカネ余り現象のもと、成長が期待される有望な分野にはあっという間に多くの資金が集まってくる。

したがって、財務体力という優位性は、模倣の困難性、即ち同様の優位性を他社が獲得することの困難性ということに限って考えれば、比較的垣根は低いと見るべきで、△ということになろう。

■ブランド

ブランドの模倣困難性について勘違いしてはいけないのは、有名なブランドを勝手に使うというただ乗り（商標権侵害）の問題ではないということである。

ここで問題にすべきは、ある市場において自社のブランドが非常に有名で、消費者がそのブランドに高い価値を認めて商品を購入しているという状況がある一方、競合他社のブランドには高い価値が認められていないという状況下で、その競合他社がブランド価値の点で自社に追いつくことの困難性である。

同等のブランド価値を消費者に認めてもらうには、やはり同等の品質の商品を継続的に長期間提供し、広告宣伝なども同様に多額の費用を投じて行っていかなければならない。したがって、模倣は容易ではなく、ブランドという競争優位性の模倣困難性は○ということになろう。

しかし、状況によってブランドの模倣困難性が△になることもある。著名企業同士が新市場に進出する場合である。

例えば、化粧品業界に著名なAという企業とBという企業があるとする。このうち、企業Aが健康食品の市場に進出したとする。この場合、企業Aは、自社の化粧品のブランドに対して消費者が抱いている「美しさ」とか「健康」とかいったイメージを健康食品の市場に持ち込むことで優位性を確保することになる。健康食品の市場には小さな会社ばかりで著名なブランドがない状況においては、この企業Aの優位性はかなりのものとなる。このような企業Aの成功を見て、同じ化粧品業界に属する著名企業Bも健康食品の市場に参入したとする。この場合、企業Bも同様にブランドによる競争優位性を確保することになり、企業Aは企業Bとの関係ではブランドによる競争優位性は低下してしまう。とはいえ、企業Aは、既存のブランド力のない企業との関係では優位性は保持できる。

■供給業者に対する交渉力

供給業者に対する交渉力は、供給業者に対する相対的な力関係であるだけに移ろいやすく、模倣は比較的容易である。

あるAという会社の製品にXという資材がどうしても必要で、Xという資材はAの子会社aのみが販売しているとする。A社はa社から資材Xを仕入れることができるから製品を安く作ることができるが、競合会社Bはa社から仕入れなければならず、a社はA社に比べてB社に高く資材Xを売るから、結果的にＢ社の製品はＡ社に比べて高くなってしまう。

こういうような優位性がＡ社にある場合、Ｂ社はどうするか。なんとかしてａ社以外に資材の調達先を作るか、Ｘという資材を使わなくても良いように製品の仕様を変更したり、代替品を開発したりするということになる。ａ社から買わなくて良いとかＸを使わなくても良いということになれば、Ａ社の競争優位性はあっという間になくなる。わかりやすい例でいえば、中国のレアアース問題がこれに相当する。レアアースを中国から買わなくても良いように他の国での資源開発に成功すれば、中国の優位性はあっという間になくなるのである。

このように供給業者に対する交渉力という優位性は比較的模倣が容易であり、△というべきである。

■買い手に対する交渉力

買い手に対する交渉力という優位性も、供給業者に対する優位性と似たようなところがある。

Ｂ社はＡ社の製品Ｘの買い手であり、Ａ社から製品Ｘを購入してこれを組み込んでＹという最終製品にしている。Ｂ社にとって製品Ｘは価格が高いが性能がとても良く、製品Ｙの性能を維持するためにどうしてもＡ社から購入せざるを得ないとする。

このような状況下でＢ社はどうするか。Ａ社以外にも同様の性能を持つ製品Ｘが作れる会社をなんとか探してくるか、どうしてもそのような会社が見つけられなければ、自社で内製するということになる。他の会社（調達先）が見つけられるか、または内製化できれば、A社の優位性はあっという間になくなる。これらが不可能であれば、A社は優位性を保持できることになる。製品Xを使用しなくても同等の性能を持つように製品Yの仕様が変更できた場合も、同様にA社の優位性はなくなる。

このように買い手に対する交渉力という優位性もそれほど安定したものではなく、模倣は容易である。

■地理的な要因（クラスター）

クラスターによる優位性は、ある地理的な条件において長い時間をかけて形成されたものであるため、模倣は一般的に困難である。

しかし、時間とエネルギーをかければ同一のクラスターを他の地域に作ることも不可能ではない。例えば、一九世紀以降、スイスは高級時計の一大クラスターであったが、二〇世紀に入り、クォーツ時計の開発などをバネにして日本が大きなクラスターを形成するのに成功した。したがって、模倣は困難ではあるが不可能ではない。評価は〇ぐらいであろう。

第4節 特許の弱みとその克服

1 特許の弱み―二〇年という期間

以上見てきたように、特許以外の競争優位の各源泉は、模倣の困難性という点では特許にはいずれも及ばない。国家権力が同一のことを行うのを禁止している点が、特許による競争優位性の最大の強みである。

では、特許の弱みとは何か。

特許の最大の弱みとは、二〇年という期間であろう。どんな特許であっても、特許権の存続期間は特許出願の日から二〇年を超えることはできない。即ち、特許による競争優位性は二〇年を超えては保持し得ないのである（注1－4）。

（注1－4） 唯一の例外は、医薬品に認められている特許期間延長である。これとて二五年が限界であり、二五年を越えて存在し得る特許はない。

一つの具体例を示してみよう。特許切れによる競争激化は、医薬品業界において端的に表れるものであるが、他の多くの業界でも目にするものである。身近な例としては、モンカフェが挙げられる。

モンカフェは、インスタントコーヒーの手軽さでレギュラーコーヒーが楽しめるものとして、片岡物産が一九八四年に発売を開始したものである。消費者の高級指向を背景としてヒット商品となった。

片岡物産は、モンカフェについて基本特許を取得していて、このためか、モンカフェの類似品は全くなく、長らく片岡物産の独占市場であった。しかし、この特許が切れる二〇〇〇年頃から大手の競合他社が類似品を出し始め、現在では中小企業もネット販売などで参入しており、激しい競争が繰り広げられている（注１－５）。

（注１－５）キーコーヒーは、一九九七年にドリップオンの発売を開始しており、ＡＧＦは二〇〇一年にブレンディドリップパックの発売を開始している。ブレンディドリップパックは、片岡物産の特許（第一二五五四六〇号）の権利消滅後の発売であるが、キーコーヒーのドリップオンは権利消滅の三年前の発売である。キーコーヒーは、片岡物産の特許をうまく回避した構造の製品として発売を開始したものと推測される。なお、「モンカフェ」、「ドリップオン」、「ブレンディ」はそれぞれ各社の登録商標である。

この例が示すように、特許権が切れるとあっという間に競合他社が参入してくる。逆にいえば、その特許がその市場の参入障壁としていかに大きな力を発揮してきたか、ということである。

2　二〇年という弱みの克服

では二〇年という特許の弱みをどう克服すれば良いのか、考えてみよう。

図1－6

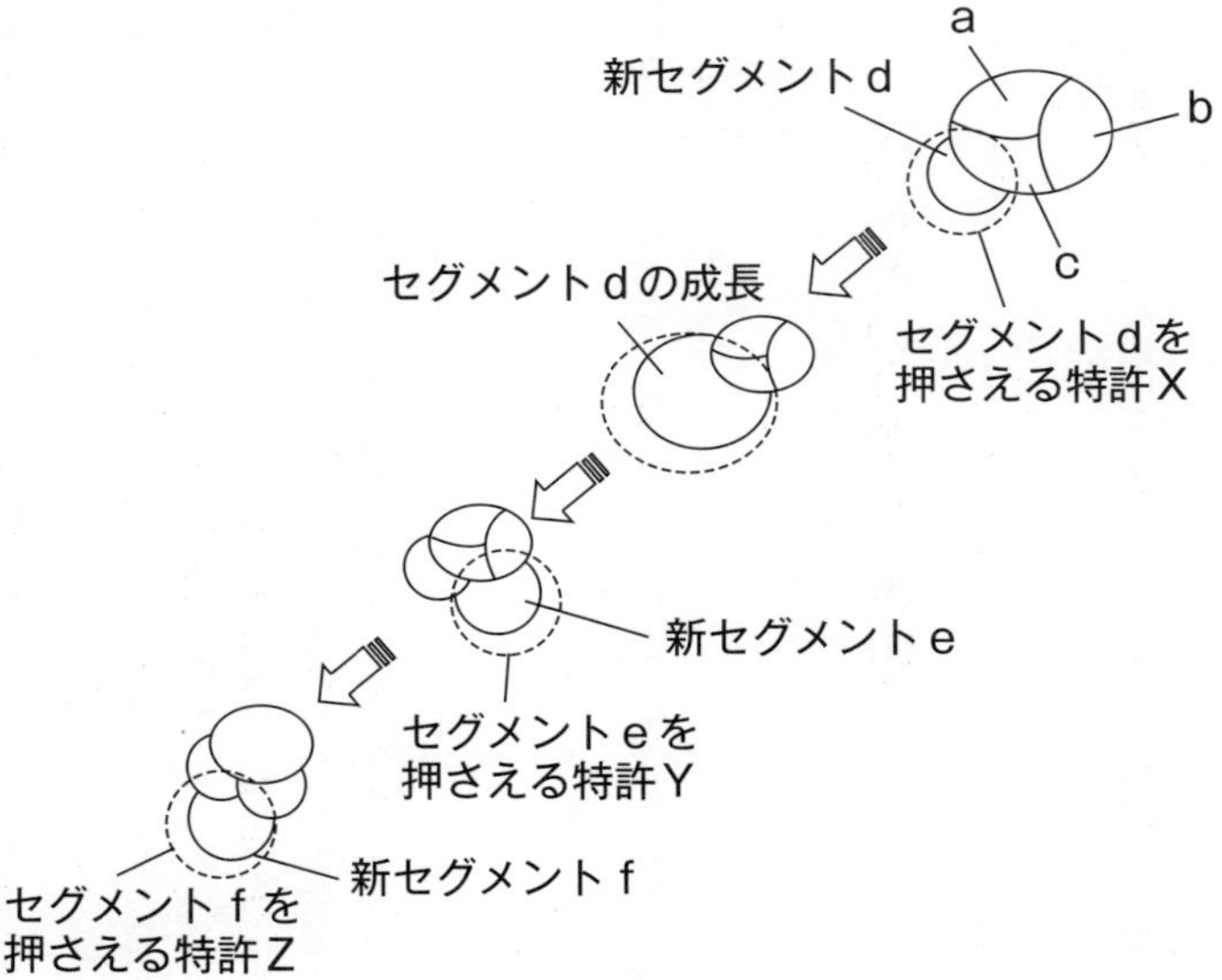

■変化への対応を怠らない

二〇年という期間は、短くはない。多くの場合、二〇年の間に何らかの変化が生じる。以前は一〇年ひと昔といったが、最近の感覚でいえば、三～五年で世の中が一変してしまうという感じではなかろうか。

したがって、特許が持つ二〇年という弱みを克服することの第一歩は、特許を持っていることに安住せず、変化への対応を怠らないことである。

図1－6に示すように、ある市場にはa、b、cというセグメントがあったが、新しくdというセグメントが誕生し、それをカバーするXという特許を取得したとしよう。新し

く誕生したセグメントｄはその後も大きく成長し、引き替えにａ、ｂ、ｃというセグメントは急速にしぼんでいった。しかし、さらに年月が経つと、新たにｅというセグメントが誕生し、急激に規模が大きくなっていき、代わりにセグメントｄが急激に縮小したとしよう。セグメントｅについては最初に取った特許Ｘの範囲には収まらないことが多い。したがって、セグメントｅが誕生しそうなことをいち早く察知し、セグメントｅをカバーする特許Ｙをいち早く出願して取得することが重要である。さらに時間が経過してセグメントｆが誕生する時も同様で、いち早くセグメントｆをカバーする特許Ｚを出願して取っておくことになる。

市場の変化が非常に緩慢で、セグメントｄが誕生してからセグメントｅが誕生するまで二〇年以上の時間がかかることもあり得ないわけではないが、変化の激しい現代にあって非常にまれである。通常は、二〇年よりも遙かに前にセグメントｅが誕生する。セグメントｆも同様で、セグメントｅが誕生してから二〇年以内に誕生する。

このように、あるセグメントをカバーする特許を取ったとしても、特許の弱みである二〇年よりも前に市場は殆どの場合変化するから、その変化に合わせて逐一特許を取っていけば、二〇年という特許の弱みの影響を受けずに優位性を維持することができる。

例えば、モンカフェの例をすれば、リサイクル、さらなる高級志向、マイボトルブーム。これらの「変化」に対応した新たなビジネスモデルが考えられる。具体的にどのように変化に対応した商品、ビジネスモデルが考えられるかについては、差し控えておこう。本の出版によって新規性が失われ、特許が取れなくなってしまうことがないともいえないからである。

■他の競争優位の源泉との戦略的ミックス

二〇年という特許の弱みを克服する別の手段として、競争優位の他の源泉と戦略的にミックスしていうというやり方がある。

例えば「規模の経済性」とのミックスが考えられる。新たに成立する市場やセグメントに対して最初に参入する場合、特許で参入障壁を築いて、他社の参入を抑制しておき、その間に規模の経済性を達成してしまうのである。いわば特許による時間稼ぎである。このやり方は、最初に強力な販売網を構築することによる優位性確保にも適用できるだろう。

3　特許の弱みⅠ自然法則を利用するものに限られること

別の意味での特許の弱みは、カバーしている範囲が全産業界ではない（と考えられている）ことである。

わかりにくい言い方をしてしまったが、要は、特許法は、発明を「自然法則を利用した技術的思想の創作のうち高度のもの」と定義しており、特許になり得るイノベーションはテクノロジー（自然法則）を利用したものでなければならないとしている点である。弱みというよりも、法律からくる内容面での限界といった方が良いかもしれない。

この点は、ビジネスモデル特許ブームの際にも盛んに議論された点であり、最近でも米国のビルスキー事件判決に見られるように、常に問題となる点である。

世の中を豊かにするイノベーションというのは、テクノロジー的なもの（自然法則を利用したもの）だけではなくテクノロジーを何ら利用しないものも多々ある。テクノロジーを利用したイノベーションは特許によって保護されるのに、テクノロジーを利用しないイノベーションは特許によってなぜ保護されないのか。この点について、説得力のある根拠を示した論説を私は見たことがない。

いずれにしても、日本ではビジネスモデルそのものは特許にはならない。この点は欧州でも同様であり、米国でもビジネスモデルそのものを特許にすることは難しくなってきている（詳しくは資料編を参照されたい）。

発明が「自然法則を利用したもの」でなければならないということが、どのような事態を招いているかということを少し詳しく述べるため、幾つかの業界を取り上げてみよう。

■金融・保険

金融や保険の分野のイノベーションは、殆どの場合、人為的な取り決めであるとして特許にはならない。

この分野の最近のイノベーションとして、三大疾病になったら返済を免除するというタイプの住宅ローン契約があるが、これも、そのまま特許出願したのでは、人為的取り決めであるとして特許にはならない。

残価設定型の自動車販売というのも最近の優れたイノベーションであるが、これもそのまま出願したのでは、人為的取り決めであるとして特許にはしてもらえない。

■流 通 業 界

流通業界で最近目を引いたイノベーションの一つに、一〇〇円ショップ（ワンコインショップ）がある。すべての商品を一〇〇円にするというアイデアには、一〇〇円で利益が出るようにするための商品の選定や製造など、多くの「仕掛け」が裏にある筈で、三井高利並みの優れたイノベーションであるとして良いだろう。最近では、米国版一〇〇均（一ドルショップ）も普及しつつあるという。しかし、すべての商品を一〇〇円で売るというこの優れたイノベーションも、何ら自然法則を利用していないとして特許は与えられない。

■エンタメ業界

映画の世界で最近話題になったものに、希望者募集型の上映というのがある。過去の映画をもう一度映画館で見たいという人を募り、ある程度集まったら配給会社と交渉して映画館を借りて上映するというやり方である。共同購入型の映画上映である。

映画配給の収益性が低下する中で、注目されるビジネスモデルであるが、これも、そのまま特許出願したのでは、やはり自然法則を利用していないとして特許されない。

■広告業界

広告業界は、古くからイノベーションの宝庫である。バナー広告のようにＩＴを使用しているので特許され得るものもあるが、特許されないものも多い。例えば、自治体財政の改善に一役買っているものに命名権ビジネスというのがある。公共施設などの名付け権自体を商品にするというユニークな発想は誰が考えたのだろうかという気がするが、やはり人為的取り決めであるとして特許されない。

■不動産業界

不動産業界で見てみると、等価交換とか家賃保証とかいったイノベーションがこれまで実現されてきた。いずれも、土地のオーナーに対して賃貸マンションなどを建設するインセンティブを与えるものである。国土の狭い日本で土地の有効利用を促進する上で大きな役割を果たしてきた。

しかしながら、等価交換や家賃保証といったものも、そのまま特許出願したのでは、人為的取り決めであるとして特許されない。

■環　境　分　野

環境分野で最近注目されているものに、排出権取引がある。地球温暖化防止の切り札として、また先進国による途上国援助の新しい形として期待されている。排出権という国際条約上の権利を売買の対象にするという意味で発想の柔軟性は賞賛されるべきであるが、これも、そのまま特許出願したのでは人為的取り決めであるとして特許されない。

このように、製造業が提供する商品は「自然法則を利用している」として特許制度の恩恵にあずかれるのに対し、サービス業が提供する商品は、殆どの場合、「自然法則を利用していない」として特許がされず、特許制度の恩恵を受けることができないのである。

発明が「自然法則を利用した技術的思想」とされていることによる限界を、本書では、「発明の壁」限界と呼ぶことにしよう。

4 「発明の壁」限界をどう突破するか

さて、それでは「発明の壁」限界をどのように突破するのか。

これは、本書の重要なテーマの一つである。

■間接的独占のコンセプト

間接的独占というのは、ある独占したい内容があり、それが何らかの理由で特許にできないとき、それに関連した内容の特許を取ることで間接的に独占する戦略である。何らかの理由で特許にできないとは、主に次の二つである。

・　その内容が新規性や進歩性がないために特許できない
・　その内容が発明には該当しないために特許できない（「発明の壁」限界）

したがって、間接的独占の戦略は、必ずしも「発明の壁」限界を突破するためだけに有効なものではない。しかし、「発明の壁」限界を突破する上で、最も重要でかつ効果的な戦略である。

間接的独占の戦略は、「付随的必須不可欠性」と「分割的独占」の二つに分類される。

付随的必須不可欠性というのは、何らかの理由で特許が取れない内容に付随して必須不可欠な内容について特許を取る戦略である。

分割的独占というのは、何らかの理由で特許が取れない内容を幾つかの範囲に分割し、それぞれについて特許を取ることで実質的に全体について特許が取れた状態にするものである。二つの戦略をミックスして行うこともある。

■付随的必須不可欠性

付随的必須不可欠性というのは、前述したように、何らかの理由で特許が取れない内容に付随して必須不可欠な内容について特許を取る戦略である。あるAという内容を実現しようとした場合、付随的にどうしてもaという要素が必要になる場合、そのaという要素について特許を取ることで実質的にＡについて特許を取ったのと同じ状態にする戦略である。

付随的必須不可欠性の戦略を、「発明の壁」限界の突破に用いる場合、特許できないある内容Ａは、自然法則を利用していないビジネスモデルそのもの、ということになる。つまり、起業や新規事業を考えているが、考えているビジネスモデル自体は「発明の壁」限界で特許にはならないので、その新しいビジネスモデルが世に出た時に付随的に必要となる要素について特許を取り、実質的にそのビジネスモデル自体について特許を取ったのと同じ状態にする戦略である。

「発明の壁」限界を突破するための付随的必須不可欠性の戦略では、当然であるが、その付随的に必須不可欠となる要素はテクノロジー的なもの（自然法則を利用したもの）でなければならない。つまり、ある新しいビジネスモデルを実現した際、テクノロジー的な部分で必須不可欠となる要素は何か、という視点である。

なお、ビジネスモデル自体が新しいものではなくても、「発明の壁」限界を突破するという観点だけでいえば、付随的必須不可欠性の戦略は使える。

しかし、ビジネスモデルが新しくない場合、付随的必須不可欠性の戦略で「発明の壁」限界は突破できても、特許取得という最終的な目的は達成できない場合が殆どである。なぜなら、ビジネスモデルが世の中に知られている場合、そのビジネスモデルに必須不可欠な要素も当然に知られている場合が多い。知られていなくても当然に思いつく場合が多い。したがって、その必須不可欠な要素は、新規性がなかったり進歩性がなかったりして、特許はまず与えられないからである。

したがって、付随的必須不可欠性の戦略は、ビジネスモデルが起業家や事業企画部員の頭の中にあり、まだ世の中には知られていない場合に限って有効な戦略となる。

■付随的必須不可欠性の源泉

「発明の壁」限界を突破するために付随的必須不可欠性の戦略を採用する場合、前述したように、テクノロジー的な観点で付随的に必須不可欠となる要素を探す必要がある。

このテクノロジー的な観点で必須不可欠となる要素というものは、ビジネスモデルの全局面で考える必要がある。

つまり、

・そのビジネスモデルにおいて商品やサービスはどういうもので、どういう顧客にどのように売るのか（販売面）

・そういう売り方をするにはどういう資材や設備が必要でどのように調達していくのか（購買面）

・そういう売り方や資材調達をするためにどういうオペレーションをしていくのか（内部管理面）

というように、各局面で付随的に必須不可欠となるテクノロジー的要素は何か、を考えていく必要がある。

各局面について、少し具体的に見ていこう。

■販売面での必須不可欠性

新しいビジネスモデルについては、多くの場合、販売面においてテクノロジー的必須不可欠性の源泉を見つけることができる。フィクション的な事例で申し訳ないが、前述した三井高利を例にしてみよう。もし三井高利の時代に特許制度があったら、というフィクションである。

それまでは一反売りしか存在しなかった時代に店頭で切り売りをするというのであるから、客の要望に応じた長さで手早く正確に反物を切る道具が必要になる。その道具の特許を取るのである。また、反物であれば、何か紐のようなもので結わいておけば良いが、切り売りとなると、切ったものがシワにならないように持ち帰ってもらうツール的なものが必要になる。そういうツール的なものやそれを使った包装方法の特許を取れば良いということになってくる。

着物を切り売りすること自体は、商品のサイズの違いであるから自然法則を利用しておらず、特許にはならない。しかし、切り売りに必要な専用の鋏みのようなツールは、「切る」という部分において自然法則を利用しており、特許になり得るのである。また、持ち帰りや包装に用いられるツールも、「シワにならない」という部分において生地の性質を利用しており、自然法則を利用したものであるので特許になり得るのである。

そして、「反物の店頭で切り売りする」というビジネスモデルが何ら公知になっていない状態では、そのような切り売りのために適した鋏みは容易に思いつかないものであり（進歩性があり）、十分に特許になり得る。切り売りした反物をシワにならないように顧客に持ち帰ってもらうツールも、「反物を店頭で切り売りする」というビジネスモデルが何ら公知になっていない状態では容易に思いつかないものであり、十分に特許になり得る。

そして、このような販売に用いられるツールの特許を取ることで、そのツールが必須不可欠なものであればあるほど、販売方法そのもの（ビジネスモデルそのもの）の特許を取ったのと同じ結果になるのである。

■購買（仕入れ）面での必須不可欠性

三井高利の例での仕入れ面のテクノロジー的必須不可欠性を考えてみる。これもフィクションであるので、例としては現実離れしているかもしれないが、ご容赦頂きたい。

掛けで一反売りしていたものを現金で切り売りするということになると、商品の回転は速くなる。それとともに、商品の人気、不人気が在庫に与える影響が大きくなり、人気商品はすぐ在庫切れになってしまうということがあろう。そうなると、一反の長さを長いものにしてもらい、切り売りしていっても在庫切れになるまでの時間を長く取りたいという要望が出てくるだろう。一反の長さを長くして納品して欲しいという要望である。反面、不人気の商品については、在庫としては確保しておきたいが、回転が悪いので、一反の長さは短くして欲しいという要望も出てくるだろう。

このように考えると、切り売りというスタイルを開始すると、商品の人気・不人気に合わせて一反の長さを変えた状態で納品してもらうというように、仕入れのスタイルも変わってくると予測される。そうなると、検品の現場では、反物の長さが注文通りかどうかを迅速にチェックするツールが必要になってくるだろう。であるとすれば、そのような検品に用いるツールの特許を取っておけば良いということになる。

このような検品に用いるツールも、反物の切り売りというビジネスモデルが何ら公知ではない以上、一反の長さの異なるものを仕入れるというやり方も公知ではなく、したがって、容易に思いつかないものである。そして、このような検品に用いるツールについて広くカバーする特許が取れれば、一反の長さの異なるものを仕入れるというやり方自体について特許を取ったのと実質的に同じ状態にできる。そして、一反の長さの異なるものを仕入れるというやり方自体について特許を取ったのと同じ状態ということは、反物の切り売りというビジネスモデル自体について特許を取ったのとほぼ同じ状態なのである。

■内部管理面での必須不可欠性

三井高利の例で内部管理面を考えると、当然ながら在庫管理の点に目がいくだろう。反物の切り売りをするわけであるから、当然、中途半端な長さの在庫品が出てくる。現在残っている長さと売り上げ金との照合をきちんとしないと、棚卸しができない。そうなってくると、必要なのは、切り売りした残りの反物の長さをきちんと測るツールであるとか、残りの長さと売り上げ金とを照合する台帳的なものということになってくる。台帳的なものについては、「自然法則を利用した」という点で多少難しい面があるが、現代に置き換えて考えれば、管理ソフト的なものを特許にしていくことになる。

このように、新しいビジネスモデルの各局面についてテクノロジー的な観点での付随的必須不可欠性を考え、それを特許にすることで、「特許の壁」限界を突破することができる。

■ＩＴの利用

三井高利の例で管理ソフトの話が出たので、ＩＴの利用について多少触れておこう。「発明の壁」限界を突破する常套手段は、ＩＴの利用である。

例えば、前述した「三大疾病特約付き住宅ローン」のビジネスモデルで考えれば、契約者の年齢や仕事、ローン契約額などの変数を入力することでそのような特約に係る手数料なり付加金利なりの金額が自動的に算出されるソフトウェアの特許を取ることになる。共同購入型の映画鑑賞サービスであれば、共同購入の募集を行うウェブサイトについての特許を取ることになる。

このようなタイプの特許の取り方は、二〇〇〇年の頃のいわゆるビジネスモデル特許のブームの頃に盛んに紹介されたし、私も本に書いたことがある。あまりに頻繁に紹介されたり書かれたりしているので、「ビジネスモデル特許＝ITを利用したビジネスモデルの特許」というように誤解している人が多い。しかし、ITの利用というのは、「発明の壁」限界を突破する一つの手段に過ぎないのであり、限界を突破することができれば、何もITを利用するものでなくとも良い。三井高利の例における「切り売り用の鋏み」がそれである。

別の例を示してみよう。

昔はパン屋というと、ショーケース内に入っているのを注文に応じてお店の人が袋に詰めるスタイルが一般的だった。しかし、いつの頃からかセルフスタイルのパン屋が一般的となり、お客がトングで好みのパンを掴んでトレーに載せ、レジで精算している。

恐らくは、欧米から輸入されたスタイルだとは思うが、仮定の話として、セルフスタイルのパン屋が全く世の中には存在しないとし、セルフスタイルのパン屋のビジネスモデルを最初に考えた人がいたとしよう。その人は、何を特許すべきなのであろうか。

パンをトングで掴むとかトレーに載せて運ぶということでは、あたり前すぎるし、パン屋の厨房でそれまでもやってきたことだろうから、特許にはならない。新しくなったところは何か。それは、お客にトングとトレーを使わせるところである。

お客がお店に入ってきたところでお客はトングとトレーとを手に持つ。であれば、お店の入り口近くにトングとトレーとがいっぱい溜まっていなければならない。トレーはただ積んであれば良いとしても、トングはどうするのか。

こう考えれば、「多数のトングがお客が取りやすい状態で引っ掛けてあるトングホルダーが店の入り口に備えられているパン屋」という内容の特許を取っておけば良いことになる。無論、特許性としては、パン屋以外の食品販売で同じようなことがされていなかったことが条件となるが、そのようなことがなければ、特許性が出てくる。

テクノロジー即ち「自然法則を利用した」がどこにあるのかと、疑問を持たれる読者もいるかもしれない。トングホルダーがトングを保持しているという構造の部分において自然法則を利用しているのである。

そんなものはそれ以前からあったではないか、と訝しむ読者もおられるかもしれない。そう、パン屋の厨房に備え付けてあるトングホルダーはあったかもしれない。また、一般家庭で使うトングホルダーが売られていたかもしれない。しかし、トングホルダーが店舗の入り口付近に設けられているというパン屋の構造は、それまで存在しなかったのである。だから、特許になり得るのである。お客にパンをピックアップさせるべくトングを使わせようという発想（コンセプト）が何ら知られていなければ、パン屋の入り口付近にトングホルダーを設置するということも、容易には思いつかないのである。だから特許になり得るのである。

このように、ＩＴの利用というのは「発明の壁」限界を越えるための「テクノロジー的要素」の一例に過ぎないのであり、ＩＴの利用以外にもテクノロジー的要素が色々とあり得るのである。くれぐれも狭い視野を持たないで頂きたい。

■付随的必須不可欠性を忘れない

ビジネスモデル特許＝ＩＴを利用したビジネス関連の発明と考えてしまう視野の狭さの他、ＩＴの利用ばかりに目がいき、肝心の必須不可欠性の方を忘れてしまう視野の狭さもよく見かけられる。「発明の壁」限界の突破は、競争戦略である特許戦略（間接的独占戦略）として行われるのであり、間接的独占戦略が成功するには、「テクノロジー的要素」＋「付随的必須不可欠性」が成立しなければならない。付随的必須不可欠性が成立しないということは、そのような特許を取ってみても、ビジネスモデル自体について特許を取ったのと同じ状態にはできないということである。これでは、他社はそのビジネスモデルを容易に模倣できるのであり、特許を取る意味はない。

例えば、前述した不動産業界のイノベーションで「家賃保証」というビジネスモデルを考えてみよう。土地のオーナーに開発会社がアパート建築を持ちかけ、全室で〇〇万円の家賃を保証するという提案をする。この場合、アパートの規模、各部屋の大きさ、周辺の家賃相場などを入力して自動的に保証家賃が算出されるソフトウェアというのが考えられるが、このようなソフトウェアの特許が取れたとして、競争優位性の確保にどの程度役に立つのかを考えなければならない。三大疾病特約付きローン契約の場合には、細かな計算になりやすいし、ローンの営業の現場で迅速に金額を提示するには、専用のソフトが欠かせないかもしれない。しかし、不動産開発の場合、予め営業マンが手計算で算出して企画書を持参すれば良いだけの話であり、専用のソフトがあるからといってどれだけ競争優位に結びつくか、疑問符が付く。

このように、ＩＴを使用すれば特許になるからと何でも特許を取れば良いというのではなく、その内容がどれだけ必須不可欠なものであるかを考えなければならない。

5 分割的独占

次に、間接的独占戦略のもう一つのパターンである分割的独占について述べてみよう。

分割的独占というのは、前述したように、何らかの理由で特許が取れない内容について幾つかの範囲に分割し、それぞれについて特許を取ることで実質的に全体について特許が取れた状態にする戦略である。

この分割的独占というものについて、特許実務家の間にも少し誤解があるかもしれない。よく、パテントポートフォリオとか、「水も漏らさぬ特許網を構築した」とかいった話が聞かれる。

しかし、分割的独占戦略は、一つのビジネスモデルを複数の特許でカバーするものであるが、単に多くの特許と取れば良いという話ではない。

分割的独占戦略というのは、ある内容を達成する手段が幾つかの手段に実質的に限られている場合に取り得る戦略である。つまり、Ａという内容を達成するのには、ａ１という手段とａ２という手段しか実質的に存在しない場合、a1によってAを達成するという内容の特許と、a2によってAを達成するという内容の特許とを別々に取るのである。これが分割的独占戦略である。

したがって、分割的独占というのは、二ないし三つ程度の特許で一つのビジネスモデルをカバーするものである。四つあれば、五つあるだろうという話になってしまい、すべての手段を押さえたことにならなくなってしまう可能性が高い。数は少ない方が良い。

分割的独占戦略は、通常、進歩性のレベルを上げるために使われる。Aという内容だけでは進歩性が低くて特許にならない場合、a1を付け加えたりa2を付け加えたりして進歩性を高くし（従来のものから進歩しているために容易には発明できないと評価してもらい）、特許にしてもらうのである。

分割的独占で重要なことは、Aという範囲がa1とa2にきっちり区分けできること、即ち、Aを達成するのにa1かa2しかないということがきっちりいえることである。もし、a1やa2以外のa3という第三の手段が後になって出てきた段階で、分割的独占戦略は破綻する。

具体例を挙げてみよう。

三井高利の例で、仕入れた反物の長さを測るツールとか、端切り売りした残りの反物の長さを測るツールとかいった話をした。このようなツールを考えてみたとき、反物を広げて長さを測るのでは場所も取るし面倒で仕方がないから、実質的に二つのやり方しかないことがわかる。即ち、反物の厚さで見るやり方と重量で見るやり方である。前者は、反物一枚の厚さを予め測定しておき、芯を除いた反物の径で長さを推測するやり方である。後者は、反物の単位面積当たりの重さを予め測定しておき、反物の重量を測って反物の幅から計算するやり方である。

単に反物の長さを測るツールというだけでは特許にならない場合、反物一枚の厚さを測定してから径で長さを推測するという内容と、単位面積当たりの重さを求めてから全体の重量を量って長さを計算するという内容にし、それぞれについてパラレルに特許を取るのである。このようにすれば、実質的に反物の長さを測るということ自体について特許を取ったのと同じになる。

分割的独占戦略は、進歩性のレベルを上げつつ実質的な独占を確保する場合の他、「発明の壁」限界の越える手段としても使える。即ち、Ａという内容はビジネスモデルそのもので特許にはならないという状況下で、そのＡを達成する手段としてａ1とａ2があり、それらは「自然法則を利用した」といえる場合である。

ある新しいビジネスモデルＡを考えていて、それ自体は自然法則を利用しておらず特許にはならないとする。その場合、それを達成する技術的な手段として何があるかを考える。もしａ1というものが必須の技術的手段としてあるということであれば、ａ1は付随的必須不可欠性の戦略として特許を取るべきである。しかし、ａ1は必須というわけではない。ａ1でなくともａ2でもできるとする。そして、よく考えてみると、それら以外の手段はない（a3という手段はない）とする。その時、a1とa2とで分割的独占の戦略が使えるのである。

このように、分割的独占戦略は、付随的必須不可欠性の戦略の変形ともいえるものであるが、うまく当てはまる事例であれば、競争優位を確保する戦略として機能する。

第5節 非特許の競争優位性の特許による補完

特許の競争戦略における位置づけ、特許の強みと弱み、特許の弱みをいかに克服するかについて、理解をしていただけたと思う。

この第5節では、起業や新規事業開発を成功に導くための戦略をさらに高める手法として、非特許の競争優位の源泉を特許によって補完する戦略について紹介する。

1 補完のコンセプトと留意点

前述したように、特許による競争優位は、国家によって模倣が禁止されているのであり、他の競争優位の源泉に比べ模倣の困難性が高いと説明した。「規模の経済性」や「販売網ないし販売力」といった他の競争優位の源泉は、何らかの事情で実質的に優位性が確保されているに過ぎず、特許による競争優位に比べると、模倣の困難性という点で脆弱である。

競争優位性の特許による補完とは、このような非特許の競争優位性の脆弱さを特許で補い、模倣困難性を高めていくことに他ならない。いわば、特許による競争優位の源泉の上書きである。

補完をする場合、当然ながら、補完される側の競争優位の源泉を考えて特許を取っておかなければならない。それには、事業化した場合に獲得し得る競争優位の源泉は何かを見極めることが必要になる。これは、自社（自分）がどういう優位性を意図して市場に参入するのかということに他ならない。

こういった見極めをした上で、獲得できる競争優位の源泉がどういう性質、特長を持っており、それとの関連でどういった特許を取っておくべきか、ということになる。

2 非特許の競争優位の特許による補完

以上の点を踏まえ、競争優位の各源泉が特許によりどう補完され得るのかを具体的に説明していくことにする。

■「規模の経済性」の特許による補完

「規模の経済性」という競争優位の源泉は、二つの局面で特許により補完することができる。

一つは、前述したように特許で「時間稼ぎ」する補完の仕方である。事業を開始した直後の「規模の経済性」が完成していない段階において、特許で参入障壁を築いて他社の参入を抑制しておき、そのうちに規模の経済性を完成させてしまう戦略である。

もう一つは、「規模の経済性」が完成した後、競合他社が「規模の経済性」の点で自社に追いつかないようにする戦略である。

当然ながら、両方を行う場合もある。前者の戦略で時間を稼ぎ、規模の経済性が完成したら、後者の戦略でキャッチアップを抑制するやり方である。

前者の戦略を取る場合、他社が参入を逡巡してくれれば良いので、必ずしも「規模の経済性」に関連した特許を取る必要はない。何らかの参入障壁となる特許であれば良い。時間稼ぎ的な参入障壁であるので、特許になるかどうかわからない出願中の状態でも、特許になりそうだと考えて他社が参入を思いとどまってしまう場合もある。張り子の虎的な特許でも効く場合があるということである。

一方、後者の戦略を取る場合、「規模の経済性」に関連した特許を取らなければならない。つまり、「規模の経済性」を達成するために必須となる要素について特許を取るのである。

「規模の経済性」を補完する特許を考えるヒントは、小さい事業規模の場合には必要はないが、事業規模が大きくなってくると必要になるもの、ということである。例えば、規模が小さいうちは必要はないが、規模が大きくなってくると、大量の注文を受け付ける受注システムが必要になったり、大量の発注を処理して大規模なサプライチェーンを通して供給していく物流システムが必要になったりすることが多い。この場合、そのような受注システムや物流システムの特許を取ることになる。例えば、マクドナルドの例でいえば、大規模なチェーン展開を可能にするセントラルキッチンの設備、製品の半加工の方法や配送などにおける技術的要素について特許を取ることになる。無論、これらがノウハウとして秘匿できるものであれば、秘匿する方を選ぶべきである。

また、事業規模が大きくなってくると、商品やサービスの形態自体が変わってくる場合がある。そのような大規模化に適した形態の変更が予測できれば、なるべく早い段階で特許出願して特許を取っておくべきである。商品やサービスの形態は、基本的に秘匿ができないからである。なお、商品の形態については、意匠出願して意匠権を取得して模倣を防止するという手もある。

■「販売網ないし販売力」の特許による補完

「販売網ないし販売力」といった優位性も、「規模の経済性」と同様、基本的に二つの局面で特許による補完が可能である。即ち、特許で「時間稼ぎ」をし、その間に「販売網ないし販売力」を完成させる戦略と、「販売網ないし販売力」を完成させた後、他社が同様の「販売網ないし販売力」を獲得するのを牽制する特許を取る戦略である。

他社が同様の「販売網ないし販売力」を獲得するのを特許により牽制する場合、販売自体については「発明の壁」限界により特許を取ることができないから、間接的独占戦略を使用し、販売に用いるツールについて特許を取ることになる。

「販売網ないし販売力」という競争優位は、ゼロから販売網ないし販売力を築いていく場合と、既存の商品やサービスを提供している販売網を新商品や新サービスの提供用に利用する場合のように、自社が有する既存の販売面の競争優位性を利用する場合とに分けられる。

既存の事業において強力な販売網や販売力を持っており、その販売ルートに乗せて新しい商品やサービスを提供する事業戦略の場合、当然ながら「時間稼ぎ」の戦略は不要である。

販売網や販売力をゼロから築き上げる場合、最終的に築き上げる販売網や販売力において必須不可欠となるツールを予測して特許を取ることになる。

例えば、ヤクルトを例に考えてみよう。

ヤクルトは、当然ながら、乳酸菌について特許を取っている。ヤクルトの成功を見て後発参入しようとする会社は、ヤクルトの乳酸菌の特許に抵触しないような乳酸飲料を開発しなければならない。仮にその開発が可能だったとしても、その開発をしている期間はヤクルトにとっては時間稼ぎとなる。ヤクルトは、その間に最適な販売手法を検討し、販売システムを構築していくことができる。

この際、乳酸菌の性質とか毎日の飲用が適しているなどの点からから、人の手で定期的に顧客に届けるのがベストであるとの結論が出たとしよう。ヤクルトは、そのような分析から、ヤクルトレディーによる現在の販売システムを考案するに至る。そして、ライバルが特許に抵触しない乳酸菌の開発に四苦八苦しているうちに、あの強固な販売網を構築するに至る。

仮に、後発組がヤクルトの特許を回避した乳酸菌の開発に成功したとしよう。この際、ヤクルトは、販売システムについては販売に関することだからと特許を取っていなかったとする。この場合、後発組は、自社開発した乳酸飲料の販売を行う際、ヤクルトの販売システムを理論的にはそっくり真似ることができてしまう。

これを防止するためには、ヤクルトは、ヤクルトレディーによる販売システムについても特許を取っておかなければならない。取っておくべきポイントは、同じような競争優位性を獲得するのに必須不可欠なところである。例えば、自転車とかバイクとかで運ぶ際の荷台の構造が必須不可欠なものであれば、その点の特許を取るべきである。ヤクルトレディーに対する報酬の支払いシステムが実は優位性確保に不可欠なのであれば、報酬支払いを行うソフトウェアの特許を取るべきである。このような特許を取ることにより、ヤクルトレディーという販売網の優位性を特許で補完できたことになる。

別の例として、既存の「販売網ないし販売力」の優位性を利用する例について述べてみよう。

ホームセキュリティの会社が在宅介護に進出するのは、主としては、ホームセキュリティサービスを提供している顧客に別のサービスとして訪問介護サービスを提供するものである。ホームセキュリティサービスという既存の商品の販売チャンネルを利用する新規事業開発であり、ホームセキュリティサービスの提供を通じて顧客から勝ち取った「安全」とか「安心」とかいった企業イメージを利用して事業を優位に展開しようという戦略である。つまり、既存の「販売網ないし販売力」の優位性を利用した新規事業である。

この場合、ライバルのホームセキュリティサービス会社も、自分のところの顧客との間では「安全」とか「安心」とかいった企業イメージを勝ち取っているのであり、同種の優位性を携えて後発参入してくる可能性がある。これを阻止したいのであれば、そのような「販売網ないし販売力」の優位性の模倣困難性を高める特許を取っておかなければならない。

販売チャンネルを別の用途に用いるわけであるから、多くの場合、その販売チャンネルにマイナーチェンジが必要になる。そのマイナーチェンジについて特許を取っておけば良いことになる。例えば、ホームセキュリティサービスで使用している警報システムを利用して介護サービスに関する連絡をするということであれば、そのような統合した警報・連絡システムについて特許出願をすることになる。また、ホームセキュリティサービスの利用料金についての請求と介護サービスの利用料金の請求を統合して行うのであれば、そのような統合した請求書発行システムについて特許出願をしていくことになる。

これらについて特許が取れれば、ライバルのホームセキュリティサービス会社が同様の優位性を持って参入するのを牽制することができる。

■「オペレーション」の特許による補完

オペレーションによる優位性も、理論的には特許による補完が可能である。ジャストインタイムといったオペレーション手法、流通におけるユニークな手法など、オペレーション自体がテクノロジー的なもの（自然法則を利用したもの）であれば、積極的に特許を取ることで、そのオペレーションの模倣の困難性をさらに高めることができる。オペレーション自体はテクノロジー的なものではないのであれば、そのオペレーションに必要なツールの特許を取ることになる。例えば、顧客に対してユニークな方法でキャッシュバックを行い、販売促進しているのであれば、それに用いるシステムの特許を取ることになる。

ただし、オペレーションを秘匿するとの方針であれば、特許による補完はできない。特許を申請すれば、一年半後に内容が公開されるからである。異論はあろうが、オペレーションは秘匿が可能であれば秘匿するべきで、特許による補完が避けるべきであろう。オペレーションを公開し特許で守ったとしても、二〇年後には特許は切れるのである。それよりは、営業秘密として厳格に管理すれば、半永久的に優位性を保持し得るからである。

■「財務面での体力」の特許による補完

財務的な体力とか資本力とかいった点は、特許とは全く無縁であるように思えるが、必ずしもそうとはいい切れない。特許による現金収入が資本力を増強する場合があるからである。いわゆるライセンシングである。

他社が大金を払っても使いたい特許を多く保有しており、それら特許について他社にライセンスを与えても自社の競争優位性が影響を受けない場合、ライセンシングによって大きなキャッシュを得ることができる。これにより財務面での体力に余裕を与えることができる。

しかし、研究開発のみを行う企業や大学、研究機関などの一部の例外を除き、特許は自社の競争優位性の向上のために取るものであって、最初から他社にライセンスするために取るものではない。他社に特許を使わせることばかり考えていると、自社の優位性を高めるのがおろそかになってしまう。したがって、この種の補完が可能になるのは、たまたま他社が使いたい未利用特許を多く抱えているケースであり、まれなケースである。

■「供給業者に対する交渉力」の特許による補完

供給業者に対する交渉力は、供給業者に対する相対的な関係であるため移ろいやすく、優位性の模倣は比較的容易であると述べた。

この脆弱性を特許で補完するには、供給業者が供給する資材の特許を取ることである。この場合、供給業者が開発する資材自体を供給業者より先に特許出願することは現実的には難しいので、考えるべきは、その資材の用途としての自社製品の特許である。

供給業者がある資材Xを開発しているとか、開発に成功したとの情報を得たとする。その時点では、その資材Xの用途として自社の製品Yがあることは知られていない。その時点で、いち早くその資材Xを使った自社製品Yの特許出願をし、特許を取るのである。

このように資材Xを使った自社製品Yという内容の特許を取ることによって、供給業者は自社にしか資材Xを売ることができない。この関係を、図1－7に示す。

図1－7に示すように、製品Yの市場には、競合他社A、競合他社Bがいたとする。この状況で、資材Xを使用した製品Yの特許を自社が取ったとする。この場合、A社やB社にとっては、資材Xを使用した製品Yは、特許侵害になってしまうので製造することができない。したがって、供給業者が資材XをA社やB社に売ろうとしても売れないのである。つまり、製品Yという用途としては資材Xの購入者は自社だけということになり、価格などの面で大きな交渉力を持つことになる。この交渉力がもたらす優位性は、特許が有効な期間続く。つまり、「供給業者に対する交渉力」という優位性を特許により補完できるのである。無論、資材Xに変わる代替品が開発されるなどの要因によって変動は受ける。しかし、そのような代替品まで含まれるように広く特許が取れれば、「供給業者に対する交渉力」という優位性は、特許により、より長く強く補完されることになる。

逆に、資材Xを使用した製品Yという特許について供給業者の方が特許を取ってしまうと、供給

図１－７　資材Ｘを使用した製品Ｙの特許を自社が取る

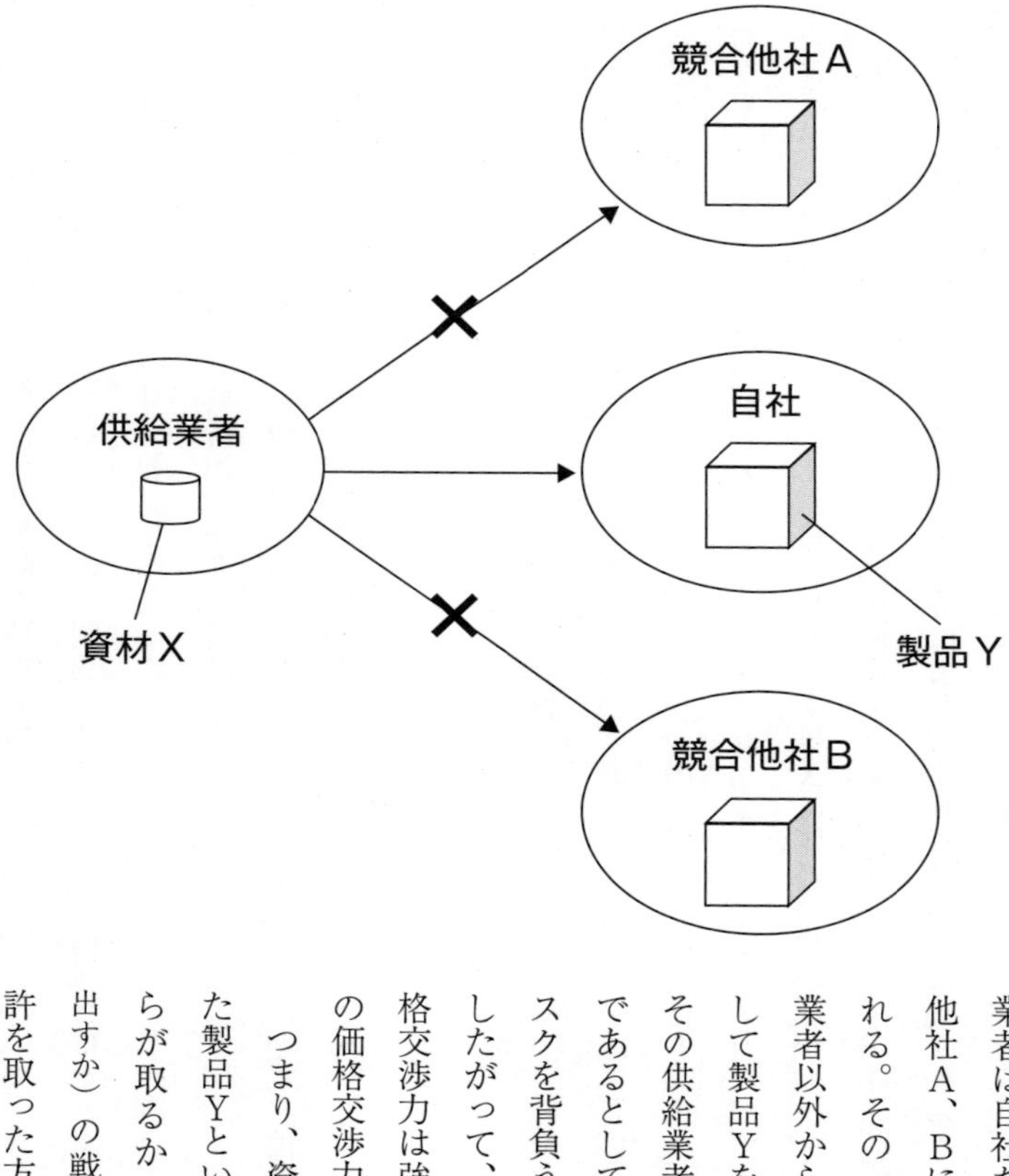

業者は自社だけでなく競合他社Ａ、Ｂにも資材Ｘが売れる。その一方、その供給業者以外から資材Ｘを購入して製品Ｙを製造すると、その供給業者から特許侵害であるとして訴えられるリスクを背負うことになる。したがって、供給業者の価格交渉力は強くなり、自社の価格交渉力は弱くなる。

つまり、資材Ｘを使用した製品Ｙという特許をどちらが取るか（どちらが先に出すか）の戦いとなる。特許を取った方が資材Ｘの価格決定に大きな主導権を持つことになる。

なお、資材Xをどの供給業者からも購入できるという状態にするには、資材Xを使用した製品Yという特許を自社が取る必要はない。供給業者に取らせなければ良いのである。つまり、資材Xを使用した製品Yという内容の特許をいち早く出願するが、これはいわゆる防衛出願であって、内容を公開すれば良いだけの出願ということになる。

この例は製造業を想定したものであったが、サービス業についても同様である。ある会社がある資材を開発した際、その資材を利用した新しい有望なサービスが考えられるとする。この場合、サービス提供会社がその資材を利用したサービス提供に関する特許をいち早く出願して特許を取っておけば、同種のサービスを提供できる競合他社に対して大きな優位性を確保できるのに加え、その資材の供給業者に対しても大きな交渉力を持つことになる。

このような「資材の共通性」を利用した新規事業開発を行うには、世の中で開発される資材について常にウォッチングし、開発された資材を使用して自社が事業化できる製品なりサービスなりがないかどうか、常に検討しておくという姿勢が必要である。

■「買い手に対する交渉力」の特許による補完

「買い手に対する交渉力」という優位性の脆弱さも、同様に特許により補完することができる。「買い手に対する交渉力」の特許による補完は、「供給業者に対する交渉力」における供給業者と自社の立場を逆転させれば容易に理解できる。

図１－８に示すように、自社はＸという部品を製造している。買い手はＹという製品を新たに開発しており、その際に部品Ｘを組み込むことが効果的であることが判明したとする。この場合は、部品Ｘの業界には自社以外にＡ１、Ａ２という競合他社があり、製品Ｙの業界には買い手以外にＢ１、Ｂ２という競合他社がいたとする。

このようなケースでは、買い手は製品Ｙを開発した当事者であるから、通常は、製品Ｙについて最初に特許を出し、特許を取る。この場合、買い手は部品Ｘの業界のどこからでも部品Ｘを購入することができる一方、製品Ｙの業界では製品Ｙを作れるのは買い手のみということになるから、買い手が大きな交渉力を持つに至る。

しかし、図１－８に示すように、部品Ｘを組み込んだ製品Ｙという内容の特許を買い手よりも先に自社が特許を出して特許を取得することができれば、買い手の交渉力を抑えられるだけでなく、逆に自社が大きな交渉力を持つに至る。つまり、買い手は、自社から部品Ｘを購入しなければならない一方、自社は、買い手以外の競合他社Ｂ１、Ｂ２にも部品Ｘを売れるのである（注１－６）。

図１－８　部品（自社製品）Ｘを使用した買い手製品Ｙの特許を自社が取る

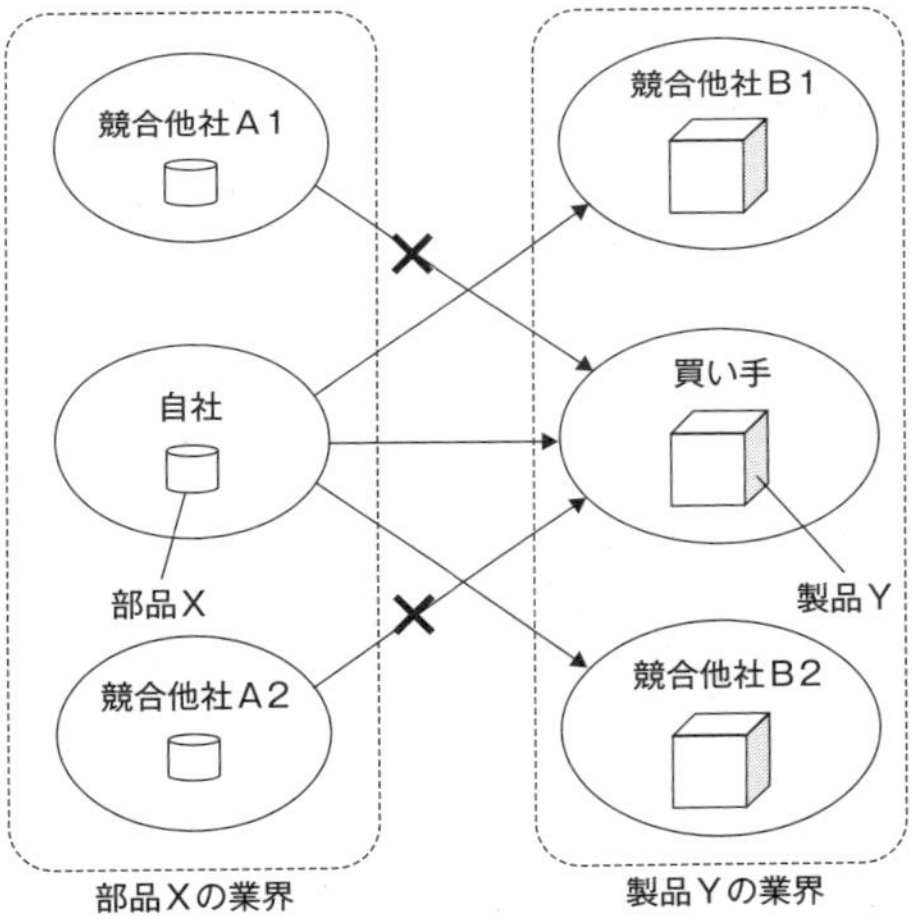

このようなことを可能にするには、自社の製品である部品Ｘについての新しい用途、部品Ｘを組み込んだ新しい製品についての最新の情報を常に取得し、買い手よりも先に特許が出せるようにしておかなければならない。容易に理解できるように、これには営業部門とか市場調査部門の力が欠かせない。というよりも、営業部門や市場調査部門も特許的に大きな使命を負っているとの認識が大事である。

（注１－６）　自社が競合他社を特許権侵害で訴えるには、いわゆる間接侵害（特許法一〇一条）の成立が必要で、競合他社の部品Ｘが製品Ｙにのみ用いられるもので

あるか、部品Xが一般的なものでなくかつ製品Yに不可欠なもので製品Yに用いられることを競合他社が知りつつ販売することが必要である。買い手には通常の特許権侵害の主張が可能である。自社以外から製品Xを購入した場合には自社の特許の侵害になると伝え、自社からの購買を促すことになろう。

■「買い手の買い手」を考える

「買い手に対する交渉力」を特許により補完する際、特許的な視野をより広くする観点として、「買い手の買い手」を考えるというのがある。これを説明してみよう。

前述した例でいうと、例えば製品Yを使用した新しいサービスZが考えられるとする。サービスZの提供者は、自社にとって買い手の買い手ということになる。

図１－９に示すように、この買い手の買い手として、C1、C2、C3という三つの会社があったとする。C1、C2、C3は、製品Yが入手できれば同様にサービスZが提供できる会社である。この場合、製品Yを使用したサービスZについての特許を買い手が取得すると、買い手は、C1、C2、C3のいずれにもサービスZ用の製品Yを販売することができる。その一方、C1、C2、C3、買い手からしか製品Yを購入することができない。即ち、買い手にとってのライバルB1、B2は、サービスZ用に製品Yを販売することができない。

このことは、自社にとって何を意味するかというと、サービスZ用の製品Yに使用する用途とし

図1－9　買い手の製品Yを使用したサービスZの特許を買い手に取られると……

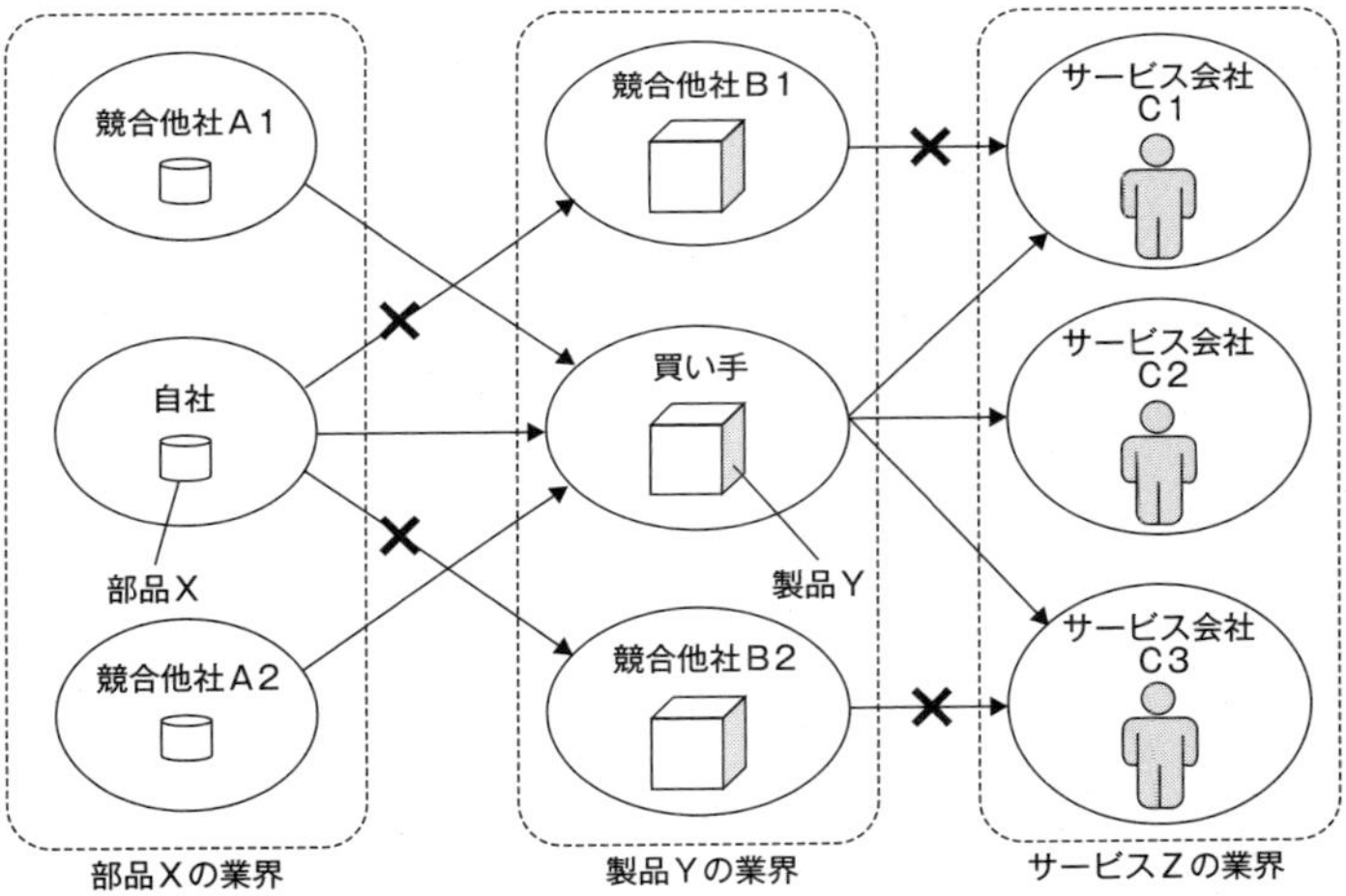

ては、部品XをB1やB2に売ることができないということである。部品Xを購入して製品Yを製造しただけでは特許侵害にはならないが、サービスZ用に販売しようとしても、C1、C2、C3にとっては特許侵害になってしまうので、B1やB2からは購入できないのである（注1－7）。つまり、買い手に特許を取られてしまうことで、自社製品である部品Xの販売ルートが限られてしまうのである。

このようなことを防止するには、自社がサービスZについて特許を取るのが最善である。自社が特許を取れれば、販売ルートが制限されることはなく、いずれの製品に組み込まれるにせよ、サービスZ用のすべての製品Yに対して自社の部品Xを販売することができるのである。

（注1－7）同様に、製品YがサービスZにのみ用いられる場合であるとか、製品Yが一般的なものでなくかつ製品YがサービスZに不可欠なものでサービスZに使用されることをB1やB2が知りながら販売する場合、B1やB2も特許権侵害（間接侵害）となる。

より具体的な例を示してみよう。

フッ素樹脂コーティングは、フライパンのような家庭用の調理器具でお馴染みであるが、産業用の部品についても潤滑剤などの用途で使われている。フッ素樹脂コーティングは、使用するうちに摩耗することが避けられない。家庭用のフライパンでも、コーティングが摩耗してなくなってくると、焦げ付きが多くなってしまう。そうなると、フライパンとしてはまだ使えるが、焦げ付くのが嫌なので捨ててしまって新しいのを買うことになる。ちょっともったいない気がする。

このようなことを考えていた化学メーカーの開発部員が、摩耗したフッ素樹脂コーティングを再コーティングしてもう一度使えるようにする技術を研究し、再生用のフッ素樹脂コーティング材の開発に成功したとする。

この場合、考えるべきは、その商品がどうやってエンドユーザーに届くかである。例えば、フッ素樹脂コーティングの再生には高温処理が必要であるとか、ガスが出るとかいった問題があり、家庭でやるには適さないということがあったとする。そうなると、考えるべきは、専門の業者がサービスとして行うということである。摩耗したフライパンを預かって再生するというサービスである。この想定ができれば、当然に考えるべきは、そのような再生サービスに使う機械である。

そのような機械は、コーティング材を開発した化学メーカーが開発するのは難しいので、機械メーカーに開発してもらうことになろう。機械メーカーとて、再生サービスの提供を自分のところで行うのは難しいから、開発した機械をサービスの提供が容易な業者に買ってもらうことになる。例えば、靴の修理サービスを全国的に展開している業者に機械を買ってもらい、フッ素樹脂コーティングの再生サービスもメニューに追加してもらうということが考えられよう。

ここまで想定ができれば、フッ素樹脂コーティング材を開発した化学メーカーが特許的にどうすべきかは、容易に答えが出るであろう。即ち、最終的な事業形態として再生サービスを想定し、それに使われるツールとしてコーティング再生機の特許を取っておけば良いのである。再生サービスの提供業者は、再生用のコーティング材を機械メーカーを通じて購入することになるので、化学メーカーにとっては「買い手の買い手」ということになる。再生サービスを受け付ける店舗の構造（例えば受け付けたフライパンの保管構造）について特許を取っておいても良い。「買い手の買い手」を考え、再生サービスの提供用のコーティング再生機の特許や店舗構造の特許を取っておくことで、化学メーカーは再生用コーティング材の市場で大きな優位性を確保することになる。

以上、競争優位をもたらす各源泉について、特許的にどのように補完ができるかを説明した。競争優位をもたらす源泉は、説明したものの他にもあり、特許による補完も他に色々と考えられる。例えば、補完品とか補完サービスの面での優位性である。ある新しいビジネスモデルにおいて、本来の商品やサービスとは別に補完的な商品とかサービスが必ず必要になる場合、その補完的な商品やサービスについての特許を取ることでその新ビジネスモデルを優位に展開できる（第2章第2節参照）。

いずれにしても、広い視野を持つことが何よりも重要である。

コラム１

――秘匿か公開か（不正競争防止法とノウハウ保護）――

本書の各所で、ノウハウの秘匿との関連で不正競争防止法が取り上げられているので、ちょっと説明しておこう。

不正競争防止法というのは、文字通り、不正な競争を防止するための法律で、不正な競争というのは、次の三つのカテゴリに区分される。

・商標や商号などの営業表示に関する不正行為
・営業秘密に関する不正行為
・その他（新商品のデッドコピー、プロテクト外し、サイバースクワッティングなど）

営業秘密の盗用で損害を受けた場合は、不法行為として損害賠償を請求できるのであるが、不正競争防止法によるときの最大のメリットは、差止請求ができることである。つまり、特許と同じように、「他人に何かをさせない権利」が不正競争防止法によって認められているということである。

端的な例を示せば、あるメーカーの生産ラインで使っている製造装置の運転条件がその会社のノウハウになっている場合、ライバル企業がそのノウハウを不正に持ち出させて使う行為は不正競争行為となる。不正競争行為であるから、相手方に対し、その運転条件での装置の稼働を停止することを要求できる。

ただし、不正競争行為であるとして相手の行為を差し止めたり、損害賠償を請求したりするには、その情報が営業秘密として管理されていることが必要で、かつそのことを裁判で立証できるようにしておかなければならない。したがって、社内規定を整備し、その規定に従って実際の管理を徹底しておくともに、その状況をいつでも証拠として提出できるように準備しておかなければならない。

中国にも同様の法律はあり、秘密として管理されていることが要件とされているなど、ほぼ同様の規定となっている。しかし、ご想像の通り、法律の実効性ということになると、日本と同等であるとは到底いい難い状況である。

特許との関係で重要なのは、製品やサービスを販売した後でもノウハウをライバルが知り得ないのであれば、特許出願せずに秘匿すべきということである。特許出願して特許を取っても二〇年後には特許切れになってしまい、模倣されてしまうからである。秘匿を選べば、半永久的に模倣を防止できるからである。有名な話であるが、コカ・コーラの原液のレシピは、今もアトランタの銀行の金庫の中に厳重に保管されているという。

例えば、商品の形状とか構造に特徴点がある場合、一般的にはその特徴点はその商品を販売することでライバルも知り得るから、秘匿していても意味はなく、販売開始前に特許出願をして特許を取るべきである。

ただし、これには例外がある。そのような形状とか構造の特徴点は、特殊な製造方法により作られるものであり、その製造方法までは商品を見ただけでは知り得ない場合、いかに形状や構造が新しくて特許になり得るものであっても、特許出願すべきではない。なぜかというと、実施可能要件という法律の規定があり、特許を取るには、その特殊な製造方法を特許明細書に記載しなければならないからである。特許が取れるとしても、秘匿可能なノウハウの公開が条件とされる限り、特許出願という選択は取るべきではない。

ノウハウの秘匿というのは、製造業に限らず、今後はサービス業でも重要になってくるだろう。

例えば人気の美容室チェーンが中国に進出するというように、最近、日本のサービス業の海外進出が話題になっている。これらサービスの海外進出においても、ノウハウの秘匿が重要となり得る可能性がある。

一例として、日本のある化粧品メーカーが、お肌の老化現象を劇的に改善できる乳液の開発に成功したとしよう。その乳液は、エステティシャンが施術で使用すると効果が高いのであるが、顧客が自分で行うこともできるものであるとする。また、この乳液は、入手すれば成分がわかるものであり、成分さえわかれば製造は容易なものであるとする。

この場合、化粧品メーカーは、化粧品として販売するか、エステティックサロンを展開するかの二つの戦略を取り得る。前者の戦略を取った場合、中国進出に際して化粧品の特許を取り、中国で化粧品を販売することになる。しかし、これでは特許が切れる二〇年後には、中国企業による模倣が可能になる。

後者の戦略を取った場合、サービスに用いるツールとして特許出願しても良いのであるが、特許出願しないで秘匿する方を選択すべきである。即ち、乳液の成分を営業秘密とし、顧客はおろかエステティシャンにも持ち帰らせないようにして秘密にするのである。そうすれば、乳液の使用による競争優位性を半永久的に維持することができる。

第2章

新規事業開発編

本編では、フロントランナーの主戦場である企業の新事業開発と特許の関わりについて解説する。

本編の目的は、企業の新規事業開発において、特許的に何を考え、どう行動すれば、事業を成功に導くことができるのかを示すことにある。

検討は、何をなすべきかという新規事業開発の源流部から始まる。そして、新規事業の「新しさ」をどう捉え、何を特許化するのか。仮説や抽象性をどう管理するのか。そういった重要課題について、多くの事例を交えながら検討が加えられる。そこでは、特許的視野の広さ、特に時間的視野の広さが重視され、「浮上点の予測」という重要なコンセプトが解説される。

第1節　新規事業の必要性

1　なぜ新規事業開発を行うのか

多くの企業に事業開発部とか事業企画部といった部署が設けられており、新規事業開発が常に行われている。社内インキュベーションセンターのようなコーポレートベンチャリングの部署を設け、社内起業のアイデアを募っている企業もある。経営トップの口からも、〇〇年までに新規事業の売り上げ比率をいくらにするとか、新規事業分野での売り上げを○○億円まで伸ばすといった計画がしばしば聞かれる。

ではなぜ企業は新規事業開発を行うのか。

一つには、既存の事業の永久性を否定するからである。今ある事業はいずれは廃れる。将来のメシの種のため、企業は常に新規事業開拓を行っていなければならない。

もう一つは、企業の成長のためである。何年先には売上高をいくらにするといった目標を定め、それを達成するため、既存の事業に加えて新たな事業を開拓していく。

ではなぜ成長が必要なのか。

大きな企業ほど不況に強く安定しているから。成長が期待される企業には優秀な人材が多く集まるから。こういった答えがすぐに返ってくるであろう。事実、規模の経済性、強力な販売網、資本力といった競争優位性も、大きな企業ほど獲得しやすい。また、企業の成長は、株価の上昇による株主価値の増大、企業価値の向上をもたらすものであり、企業にどのような持続的な成長をもたらしているかが、経営陣の評価に直結している。

2 新規事業開発の現実

しかし、その一方、新規事業の成功の確率がいかに小さいかの指摘がされていることも忘れてはならない。

例えば、アンドリュー・キャンベルらが書いた「成長への賭け（上）（下）」（ファーストプレス社、二〇〇六年）によれば、ウォルト・ディズニーはインターネット・ポータル事業に進出しようとして数百万ドルを賭けたが失敗し、モトローラは衛星電話事業に数百万ドルを賭けたが無駄になったという。半導体の巨人インテルも、様々な新規ベンチャーに数百万ドルを投じたが、画期的な成功を収めた案件はないという。

日本でも、大手鉄鋼会社が半導体メモリ事業に進出した後、大きな痛手を負って撤退したことは記憶に新しいところであるし、外資の流通大手が日本に進出したものの売り上げ不振で撤退を余儀なくされた。

3 なぜ上手くいかないのか

では、なぜ新規事業が上手くいかないのか。

一つには、テーマ選定の問題が非常に大きいであろう。自社の既存事業との関連性の薄い事業であったり、シナジーが望めない事業であったりしたことが大きく影響していることが多い。特に最近指摘されているのは、企業文化とか体質の点である。新規事業が自社の企業文化とか体質にフィットしていなかったことが失敗の原因であるという事例がかなりあるという。

また、新規事業の性質や市場の動向により新規事業が失敗する例も多い。典型的なのは、参入障壁が低い場合である。注目度が高いものの参入障壁が低い市場の場合、多くの後発企業が参入して過当競争になり、すぐに利益が出なくなってしまうケースが多々見られる。

新規事業の遂行プロセス上の問題もあろう。新規事業を遂行する組織の位置づけが適切ではなかったり、社内の他の事業部門から十分な支援が得られなかったり、新規事業を遂行する人員の配置が適切でなかったりしたことに原因がある場合も多い。新規事業遂行を管理する仕組みが十分でなかったという点に失敗の原因が求められることもある。

新規事業の失敗の原因について、このように多くの要素、要因が指摘されている。新規事業そのものが一般論として成功の確率が非常に低いのだから、新規事業への投資をせずにその分を株主に還元すべきだとの意見もある。低成長時代を考えれば説得力がある。

これら新規事業開発におけるテーマ策定や遂行プロセス上の諸問題を扱うことは、本書の直接の課題ではない。

また、新規事業という選択をせずに低成長を甘受すべきだとの立場も取らない。本の冒頭で述べたように、超円高による産業空洞化がかつてないほど深刻な状況となる中で大震災からの復興を遂げていかなければならない日本にあって、イノベーションによる雇用創出こそが生き残る途であり、そこにしか生き残る途はない。

新規事業開発の成功の低さをいかにして特許的な面でカバーし、成功の確率を高めていけるのか。本書の課題は、ここに尽きる。

第2節　新規事業テーマの選定

1　何をするのか

新規事業開発における特許の問題を考えるには、まず何をするのか、新規事業開発のテーマとして何を選定するのかの議論から始めなければならない。

事業開発のテーマ選定に関しては、古くはアンゾフが提案したシナジー理論とか、ボストンコンサルティンググループが提唱したプロダクトポートフォリオマネジメント（PPM）の理論などが存在する。競争戦略の大家であるポーターは、事業単位の価値連鎖の共通性といったいい方で新規事業のテーマ選定を論じている。また、ハメルらは、自社のコア・コンピタンスは何かを見極め、コア・コンピタンスを活かせる事業に進出すべきだとの理論を展開している。さらに、最近では、企業文化や体質などの面で本業にフィットした事業を見つけることが最も大事であるという指摘もされている。

これら著名な経営コンサルタントの指摘を挙げるまでもなく、「本業に関係のない事業にやりません」とか、「土地勘のない事業には手を出しません」といったいい方を、多くの企業のトップがしている。

どのような新規事業を行うにせよ、本業と何らかの関連性がある事業がテーマになることは間違いない。

新規事業開発のテーマとして何を選定するかの重要性は指摘してもし尽くすことはない。テーマ選定いかんによって事業の成否はほぼ決まるといっても過言ではないであろう。

とはいえ、新規事業のテーマ選定の手法を詳しく掘り下げることは本書の課題ではない。

2 価値連鎖の共通性

新規事業のテーマ選定のモデルの詳細については、それぞれの文献に譲るとして、何を特許すべきかを議論の前提として、どのような新規事業を行うべきかの議論を整理しておこう。

ポーターが提唱する各事業単位の価値連鎖の共通性というフレームワークで議論を進めていきたいと思う。

ポーターは、企業が顧客に提供する価値は、企業内の価値活動の連鎖の結果であると捉える。研究開発、資材調達、製造、販売、宣伝、人事管理といった企業内の価値活動が連鎖したものを顧客に提供している。ポーターは、既存の事業における価値連鎖の何らかの部分を利用する新規事業、つまり価値連鎖において何らかの共通性がある新規事業をやるべきだとしている。

■商品の共通性

商品というのは、価値連鎖そのものである。商品の共通性というのは、価値連鎖のほとんどすべてを共用する新規事業であるといえる。

この商品の共通性を利用した新規事業開発は、最もよく見られるもので、理解がしやすいものである。即ち、既存の商品を異なる市場、新しい市場に投入していくパターンの新規事業開発である。多くの場合、新しい市場の特性に合わせて商品の仕様などを変えなければならない。もし商品の仕様を全く変えなくて良いとすれば、既存の商品の売り先が単に一つ増えただけであり、新規事業というほどのものではないということになるが、あまりそういうことはない。

例えば、屋内照明用のＬＥＤを製造している会社が、野菜工場向けにＬＥＤを販売したとする。仕様などを全く変えずに野菜工場向けに販売できるのであれば新規事業というほどのものではないが、仕様が変わるとか、制御装置などの付帯設備も併せて提供しなければならないというようなことになると、立派な新規事業である。

■技術の共通性

商品の共通性とともによく見られる新事業開発のパターンは、技術の共通性を利用した新規事業開発である。既存の技術を異なる市場に投入する新規事業開発のパターンであり、基礎研究や技術開発といった価値活動において価値連鎖の共通性を見いだす新規事業開発である。

異なる分野の買い手のニーズに対し、仕様の変更では間に合わず、根本的な設計から見直して新商品を作り上げていかなければならない場合が多々ある。そのような場合でも、要素技術は共通しており、既存の技術を利用して買い手のニーズに合う商品が開発できる場合が多い。このような商品開発は、技術の共通性を利用した新規事業開発ということができる。

例えば、食品包装機械メーカーが真空ラミネート技術を利用して太陽電池モジュール製造装置の事業に進出するとか、醸造メーカーが発酵技術を利用して製薬事業に進出するとかいった事例がある。

■販売面での共通性

顧客の共通性や販売チャンネルの共通性というように販売面において価値連鎖の共通性を見いだす新規事業開発もしばしば見られるものである。典型的には、既存の事業における顧客が必要としている新たな商品を開発し、既存の商品とともに提供していくパターンの事業開発である。

例えば、ホームセキュリティ事業を展開している会社が介護事業に進出し、自社の顧客に介護サービスを提供する例が挙げられる。

■資産の共通性

企業のすべての資産は、顧客に対する価値提供のために保有しているものであり、価値連鎖の一つの局面である。資産における価値連鎖の共通性、即ち社内の既存の資産を利用した新規事業開発も、よく見られる新規事業開発のパターンである。

よくあるのが、遊休設備の利用である。既存の生産ラインが不況で遊んでしまっているので、同じ生産ラインを使用してできる商品を企画して販売するといったパターンが典型的なものである。JR東日本が遊休地を利用して保育園事業を開始したことが最近話題になったが、これも遊休資産を活用した新規事業開発の一例である。

遊休資産の活用だけではなく、現実に活きている資産を積極的に活用した新規事業開発も多々ある。流通設備を活用した新規事業、販売施設を活用した新規事業などである。電力会社が自社の送電網を利用して光通信事業に進出するのは、流通設備を活用した新規事業であるといえる。フライトアテンダントが機内で免税品の販売をするのは、販売面での共通性を利用した新規事業であるが、飛行機という販売設備を利用した新規事業であるともいえる。

資産の共通性といった場合、無形の資産まで含めて考えると、これら以外にも多くのものがあり得る。典型的なのが、ブランド価値の共通性である。既存の事業で使っているブランドと同じブランドを使用して新たな市場に進出する新規事業開発のパターンである。例えば、有名化粧品メーカーが、美容、健康といったイメージが蓄積している自社ブランドを利用して健康食品の分野に進出する例が挙げられる。

また、技術の共通性というのも、蓄積した知識、ノウハウや技能などの共通性を活かした新規事業であるので、実は無形資産の共通性と見るべきである。

■購買面での共通性

販売面の共通性ではなく、逆に資材購入という価値活動において価値連鎖の共通性を利用した新規事業も、しばしば行われる。自社の商品で使われているある資材を利用した別の商品を考案し、それを販売していく戦略である。既存の商品で使用しているのでその資材の特性をよく理解しており、別の商品への応用がしやすいといった事情がある場合、この種の新規事業開発が行われることが多い。

以上の新規事業のテーマ選定のモデルは、主要なものを挙げたに過ぎず、他にも価値連鎖の共通性を利用したモデルが考えられる。例えば、付帯サービスの共通性とか、必要な人的資源の共通性といったものである。例えば新日鉄がオブジェクト指向のリスク管理システム事業に成功したのは、鉄鋼事業で鍛えられた優れたエンジニア集団が存在していたからであった。

すべてのテーマ選定モデルを解説することは、私の能力を超えるものであるし、本書の課題でもない。

どのようなテーマを選定するにせよ、会社が保有している何らかの価値、何らかの価値活動において共通性を見いだせるものでなければ、成功は難しい。

新規事業テーマを社内公募している企業があるが、自社の価値連鎖と関係なく社員がてんでばらばらにアイデアを出すようでは、成功するテーマを見つけることは不可能に近い。

新規事業のテーマは、企業が持つ既存の価値連鎖との関係で見つけるべきであるとともに、個々の社員が自分が担当している業務（価値活動）との関連で見つけるべきものなのである。つまり、営業部の社員は販売面での価値連鎖の共通性という点で新規事業のテーマを見つけるべきであるし、購買部の社員は資材調達の面での価値連鎖の共通性という観点で新規事業のテーマを見つけるべきであるし、総務部の社員は資産の面での価値連鎖の共通性といった観点で新規事業のテーマを見つけるべきなのである。

3　新規事業における競争優位性

さて、このような色々な観点での新規事業テーマの選定があり得る中で、特許的にはどのような

図２－１

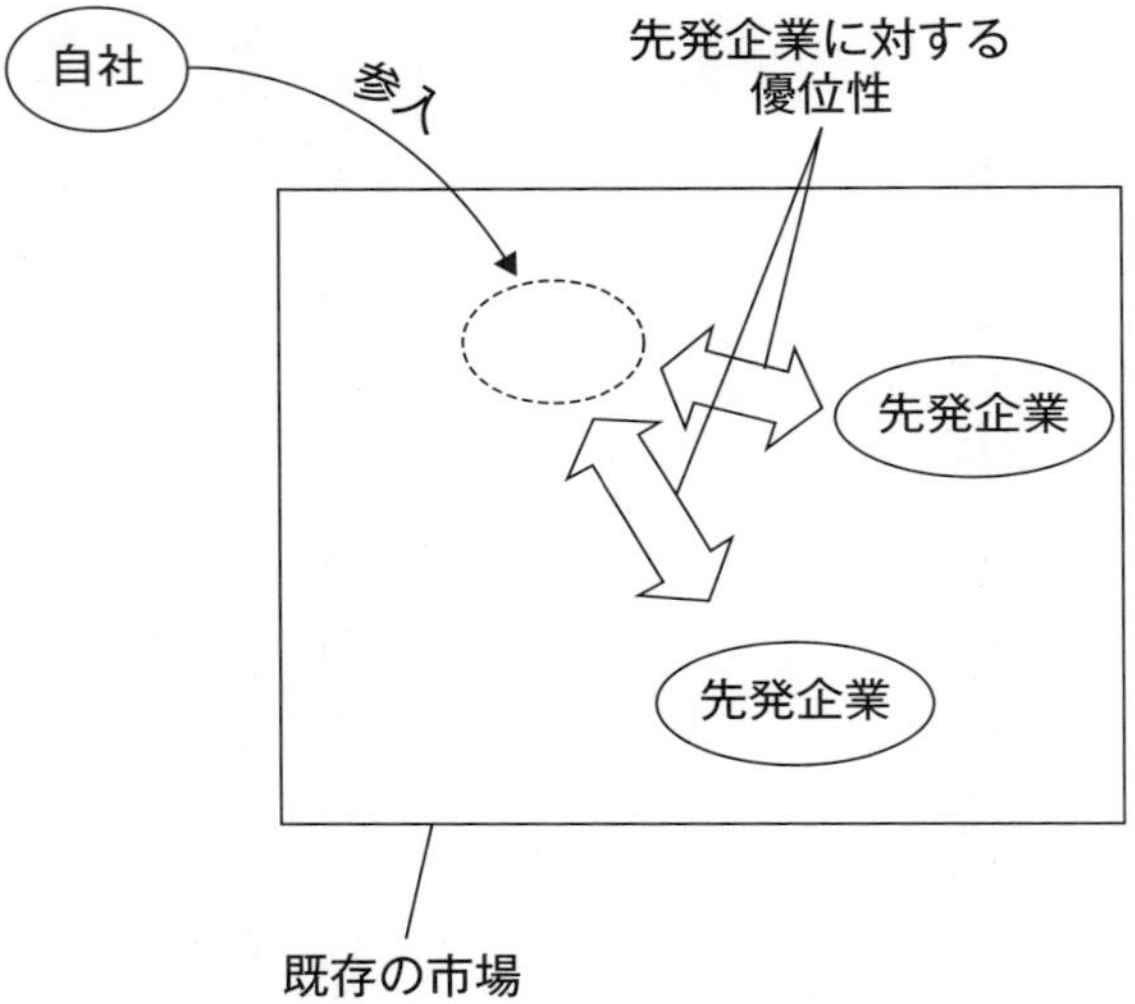

ことを考えれば良いのであろうか。これは、どのような特許を取っていったらその新規事業の成功をサポートできるか、ということに尽きる。

前述したように、特許＝競争戦略であり、競争優位性をもたらすためのものである。企業の新規事業における競争優位性というのは、新しく成立する市場における競争優位性と、既存の市場に対してその企業が新しく参入する場合とに分けて考える必要がある。

図２－１に示すように、既存の市場に参入する新規事業開発の場合、まず考えなければいけないのは、後発となるわけであるから、既に参入している先発企業との間における競争優位性である。先発

企業に対して何らかの優位性がなければ、後発であるとのハンディを差し引いても事業を推進すべきだとの結論にはならないであろう。

次に考えなければいけないのは、現在の市場（本業の市場）における競合他社との関係である。図２－２に示すように、自社はＸという市場で本業を営んでおり、そこには強力なライバル企業Ａがいるとする。自社がＹという別の市場に進出する場合、市場Ｙ内の既存の企業（先発企業）との間の競争優位性に加え、ライバルＡが市場Ｙに進出してきた際の優位性を考えなければならない。自社が市場Ｙにおいて既存企業との間で優位性を持ち得るのであれば、ライバルＡも同様の優位性を持ち得る可能性があるし、市場Ｙでの自社成功を見てＡも参入してくる可能性が高いからである。

このように、新しく成立する市場に参入する場合、まず考えるべきは、最初に参入して特許で参入障壁を築き、後発の参入を防ぐことである。次に、考えるべきは、参入障壁が弱く、後発企業の参入を許してしまった場合でも、後発企業との間で優位性が確保できる特許を取ることである。

図２－２

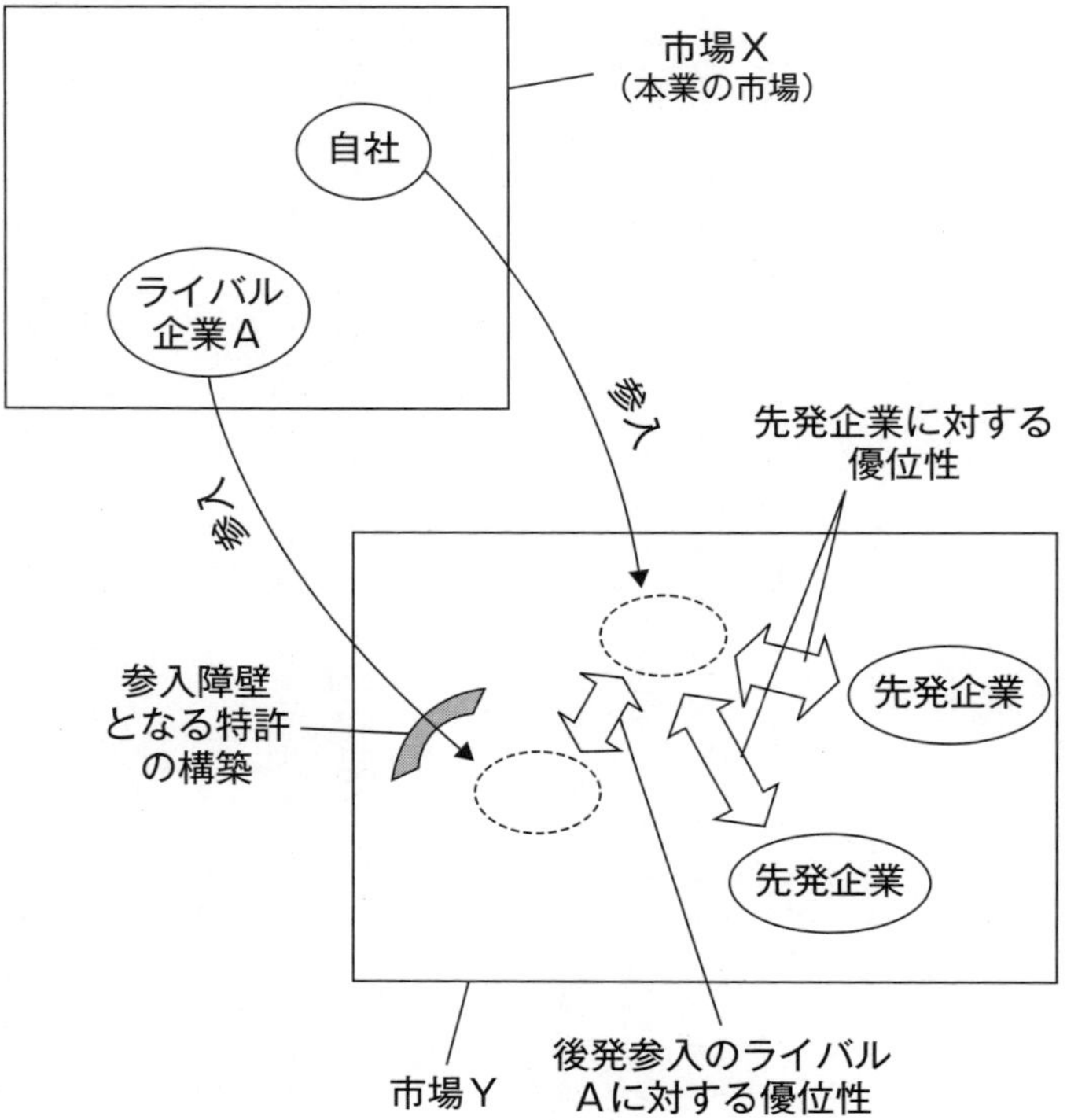
市場Ｘ
（本業の市場）
自社
ライバル
企業Ａ
参入
参入
先発企業に対する
優位性
参入障壁
となる特許
の構築
先発企業
先発企業
市場Ｙ
後発参入のライバル
Ａに対する優位性

4 何について特許を取るべきか

以上のことを踏まえた上で、新規事業開発における競争優位性について考えてみよう。この問題は、前述した新規事業開発におけるテーマ選定の問題になぞらえて考えなければならない。どんな新規事業を行うにせよ、多かれ少なかれ競争は存在するのであり、競合他社に対して優位性が確保できるテーマであるかどうかが、テーマ選定の大きな要素となるからである。

■商品の共通性

既存の商品を新しい市場に持っていくタイプの新規事業の場合、前述したようにその市場に合わせて仕様が変更されるから、まずその部分で特許が取れないかを考える。仕様の変更はマイナーな部分で特許が取れないとしたら、用途も含めて特許が取れないか考える。これらは、多くの企業で通常の特許出願活動で行われていることで、殊更、指摘するほどのことではない。

見逃しやすいのは、既存の商品を新たな市場に持っていった場合、商品の仕様以外の部分で変更が生じることである。前述した三井高利がその好例である。三井高利は、新興の町人層に反物を売ったわけであるが、反物を売るという点では大名屋敷を相手にしていたのと変わるものではない。変わったのは、現金掛け値なしというその売り方、反物を切り売りするというその売り方なのである。

このように、既存の商品を新たな市場に投入する場合、相手が異なるわけであるから、異なる売り方をしなければならないことを多々ある。そのような新しい売り方について特許を取るべきなのである。

無論、売り方そのものについて直接的に特許を取ることは難しいので、間接的独占戦略の併用が必要になる。新しい売り方に必要になるツールについて特許を取るということである。三井高利の例でいえば、前述したように、現金掛け値なしで売るわけであるから、店頭で現金を扱うことになる。そして、反物を切り売りするので、半端な反物が出てくる。したがって、現金管理や在庫管理の仕方が従来とは大きく変わってくるはずだ。そのような管理ツールについて特許を取ることが考えられる。

もし売り方について特許を取ることができれば、既存の市場におけるライバル企業が後発で参入してきた場合、大きな優位性を発揮できる可能性が高い。三井高利の例でいえば、大名屋敷相手に反物を売っていた他の呉服屋が、越後屋の成功を見て参入してきた場合でも、越後屋が使用しているのと同じツールを使って売ることができなければ、越後屋と同じようなやり方で管理することができなければ、競争上不利な位置に甘んじることが避けられないのである。

このような販売面以外にも、既存の商品を新しい市場に投入する場合に変更しなければならない要素があり得る。例えば、流通などの内部のオペレーションも変わってくる場合がある。このような点も、外部に対して秘匿できない場合、特許を取っていくべきである。例えば、顧客の要望が既存の商品とは異なり、特別のやり方で配送をしなければならない場合、その特別のやり方について特許が取れれば、後発の参入に対して大きな抑止力となる。

別の例として、商品としては変わらないのであるが、新しい市場では追加のサービスが必要になることがある。

例えば、前述した野菜工場向けＬＥＤ照明の例でいえば、生産する野菜やその品種に応じて制御プログラムを作って供給する必要があるとか、長時間点灯しているために特別なメンテナンスが必要になるといった例が挙げられる。容易に理解できるように、このような新市場の特性によって新たに必要となるサービスを予測し、そのサービスを独占できる特許を取っておけば良いことになる。この例でいえば、制御プログラムの特許であり、特別なメンテナンスに不可欠なツールの特許ということになる。

■補完品

「商品の共通性」ということでもう一つ考慮すべき観点は、新たに必要になる補完品である。既存の商品を新しい市場に投入していく場合、既存の市場では必要なかったものが新たな市場では必要になる場合がある。前述した野菜工場向けＬＥＤ照明における制御プログラムも補完品の一つと見ることができる。新たに必要になる補完品を予測して特許が取れれば、競争上優位な位置を確保することができる。

具体例を挙げてみよう。

多少フィクションが混じるが、ドラッカーの「予期せざる成功」的に説明してみる。

貴方は、芳香剤の製造、卸売りをしている会社の営業マンである。芳香剤といっても、工業的に作られたものではなく、花や草木から抽出した芳香成分をアロマオイルにして化粧品メーカーや石けんメーカー等に卸している。

最近、貴方の会社の営業サイドで、妙なことが起こり始めている。これまで全く注文がなかった業者から大量に注文が入ったり、個人の顧客が注文してきたりしている。調べてみたところ、アロマテラピーがブームになり始めているということがわかった。大量に注文していた業者は、小さい瓶に小分けしてアロマエッセンスとして販売しているようだ。調べてみると、エンドユーザーは、ティッシュなどに湿らせ、芳香剤として使っているらしい。

しかし、貴方の会社は知っている。自社のアロマオイルは、そのまま室温で気化させてもアロマは出てくるのであるが、ある程度加熱しないと効果が上がらない。そこで、貴方は、新規事業のプランが思いつく。自社のアロマオイルを加熱して拡散させる機器（アロマデフューザー）の開発、販売である。

貴方は、ディフューザーの開発、販売の新規事業計画書を作成し、会社に提出したところ、社長も大賛成し、事業を立ち上げた。自社が抽出、製造したアロマオイルだけに、どの程度の温度に加熱すべきか熟知している。貴方の会社は、業界で初めて家庭用ディフューザーの販売を開始し、事業は大成功を収めた。そして、ディフーザーとアロマオイルをセットにしてエンドユーザーに提供する事業も開始し、こちらも大きな成功を収めた。

化粧品メーカーや石けんメーカーに卸売りアロマオイルも、アロマテラピー用にエンドユーザー向けに販売するアロマオイルも、商品としては同じである。しかし、貴方の会社は、アロマオイルの製造元であったため、アロマテラピーとして用いる際には、アロマオイルを加熱して気化させる特別な機器（補完品）があった方が良いことを理解していた。だから、ディフューザーという商品のコンセプトにたどりつき、事業を立ち上げることができたのだ。

特許的には、ディフューザーという商品自体がまだ存在しないのであるから、基本的なコンセプトの部分で特許を取っておくべきことはいうまでもない。加えて、加熱温度の点や、水に混ぜて蒸気を作る構造なども、当然ながら特許請求の項目にしていく。

ドラッカーの教示の点で付け加えると、重要なのは、これまで全く注文がなかった業者から大量に注文が入ったり、個人の顧客が注文してきたりしているという事実を、「変化」のシグナルと捉えることである。市場に何か大きな変化が生じている。市場に何か異質なセグメントが形成されようとしている。そう捉えなければならない。貴方が、ただ売り上げが伸びて万々歳、というだけの認識であったら、「何が起きているのか」を知るべくもなく、成功のチャンスをみすみす逃していたことであろう。

このように、自社の製品が変に売れている、というのは、世の中に生じている「変化」のシグナルの一つなのであり、その「変化」を敏感に察知して対応することで、大きな成功を収めるチャンスがあるということだ。これがドラッカーのいう「予期せざる成功」に基づくイノベーションということである。

この例のように、補完品で新規事業を立ち上げるには、保管される側の商品について熟知していることが必要である。したがって、補完品のコンセプトというのは、保管される側の商品の開発過程が重要になってくることが多々ある。この観点での説明を少し追加しておこう。

スマートフォンの普及で意外な商品が売れている。指先に穴の開いた手袋である。最近では、電気を通す特殊繊維を指先の部分に編み込んだ商品も出てきており、ブームになっている。これも、スマートフォンに伴って売れるもので、補完品である。

スマートフォンがこれだけ普及した段階で、穴あきの手袋の特許を出したとしても、特許性は高くはない。静電容量式のタッチパネルでは電気が流れないと操作できないので、穴を開けるぐらいは容易に発明できる（進歩性がない）と判断されやすい。

しかし、静電容量式のタッチパネルを最初にモバイル端末に搭載しようとした段階ではどうなのであろうか。もっといえば、最初に静電容量式のタッチパネルを考案した段階ではどうなのであろうか。

静電容量式のタッチパネルというものが全く知られていない段階では、寒冷地で手袋を使用してしまうと操作ができなくなってしまうという問題も当然に知られていない。だから、指先に穴を開けたタッチパネル用手袋ということだけで特許になる可能性が高い。また、静電容量式のタッチパネルを搭載したモバイル端末というものが知られていない段階では、寒冷地で手袋をしながらでは使用できないという問題も一般には認識されていない。したがって、指先に穴を開けた手袋は特許になる可能性がある。

つまり、何がいいたいかというと、静電容量式のタッチパネルを考案したその時点で、ないしは静電容量式のタッチパネルをモバイル端末に搭載することを思いついたその時点で、指先に穴を開けた手袋が必要になるということを思いつくべきだということであり、その時点で特許を出すべきだということである。

これは何かというと、徹底的にユーザーサイドに立つということである。ある新しい商品なりサービスなりを世に出す場合、ユーザーがどのような状態や環境でそれを使用するのかを徹底的に考えるということである。そうすれば、その新商品なり新サービスなりをユーザーが使う場合、実は新しくこのようなものが必要になるはずだということが見えてくる。それが見えた時点で直ちにそれを特許出願すべきということだ。

ユーザーサイドに立つということは、ローカライゼーションということを必然的に含むことになる。タッチパネルが暖かいシリコンバレーの研究室で研究開発されていたとしよう。そうではあっても、研究者は、タッチパネルが寒いニューヨークの冬に使用されることを考え、その際に何が必要になるかを考えなければいけないのだ。

日本企業は、得てしてこのようなユーザーサイドに立った技術開発が苦手である。技術を提供する側からしかモノを見ていない傾向がある。ユーザーの側からモノを見ずに、技術的にこのようなことができるからと新しい機能を次々に足し算的に追加していく。そうではなくて、ユーザーが商品をどのような状態や環境で使用しているかを徹底的に分析し、そこで発生するニーズから技術の方に遡っていく。そういうプロセスが必要である。

このような補完品を事業として考えてみると、研究開発に関与した技術者がスピンアウトして事業を始めるとか、補完品の事業を分社化して始めるとかいうケースが多いであろう。補完品の事業は、補完される側の事業（本業）とは異質なケースが多く、本業と同じ枠組みの中で遂行することが難しいケースが多いからである。そういった意味で、第3章（起業編）のテーマになってくるが、研究開発の技術者は補完品というものにおいて起業のネタがあるということができる。

■技術の共通性

技術の共通性を利用した新規事業開発は、最も頻繁に目にするものである。

カメラメーカーが光学技術を利用してコピー機に参入する。酒造メーカーが発酵技術を利用して医薬品事業に進出する。例を挙げればきりがない。このタイプの新規事業開発は、特許出願が最も多く行われている分野でもある。

しかし、「技術の共通性」という新規事業開発は、リードタイムが長く、失敗の確率が高いという特性を持っている。なぜリードタイムが長いかというと、事業進出を決定した段階では、利用できる技術を自社が保有しているというだけであって、最終的な製品がどういう形になるのか、最終的な製品のためにはどのような要素が必須であるかが見えないからである。

「商品の共通性」の場合、新しい市場の要求に合わせたマイナーチェンジで済むので、事業進出決定の段階で最終的な商品の形態というのがある程度見えるし、仕様変更に要する期間も短い。

しかし、「技術の共通性」の場合、要素技術までブレークダウンし、新市場が要求する特性、性能を満たすように技術を再構築して商品を仕上げていかなければならないので、どうしても時間がかかる。やっているうちに、当初は気がつかなかった根本的な問題があることに気がついて開発が頓挫してしまったり、顧客が払っても良いという価格ではどうやっても商品ができない事態になったりすることもある。このため、失敗率が高い。

最近の例でいえば、ＭＥＭＳ（Micro Electro Mechanical Systems）事業も似たような状況がある。精密加工技術を保有する多くの会社がこの分野に参入しており、盛んに研究開発が行われている。ＭＥＭＳは実用化が期待される分野が多岐に亘るものの、最終的に実用化される微小商品が具体的にどのようなものであるか見えていないものが多い。

「技術の共通性」を利用した新規事業開発はこのような難しさがあるものの、特許面で考慮すべきことは、「商品の共通性」の場合と基本的に同じである。最終的な商品の形態が見えてきた段階で特許出願が多くされることになるが、その際には、商品自体の特徴点という狭い視野ではなく、そのような商品が実用化された場合に必然的に生じる変化について特許出願すべきである。必然的に必要になる売り方の変更、必然的に必要になるアフターサービス、必然的に変更すべき流通方法等々。これらについて特許を取得して競争優位性を確保するということになる。

また、「技術の共通性」を利用した新規事業開発において、特許的な視野の広さ、特に時間的な視野の広さの観点から重要なものに、「浮上点の予測」というコンセプトがある。これについて本編第4節で説明しているので、是非参照して欲しい。

なお、「技術の共通性」という場合、技術自体についても広い視野で捉える必要がある。「技術の共通性」における技術とは、商品を成立させているノウハウ、知識、技能、経験などであり、無形資産とも呼べるものである。したがって、製造業におけるテクノロジー的なものには限定されない。例えば、商社が持つ与信管理能力、銀行が保有している事業評価やリスク管理の知識、証券会社におけるリスク分散の知識、外食産業における食材の取り扱いの知識、これらも技術である。

これら技術が、既存の市場とは全く異なる分野、市場で利用できれば、そこに新規事業のネタがあることになる。

例えば、銀行が保有するリスク管理のノウハウがロケット打ち上げのリスク管理に利用できるとしたら、そこに新しい事業のネタがあるということになる。この場合も、銀行が持っているリスク管理のノウハウはそのままではロケット打ち上げのリスク管理には使えないから、マイナーチェンジが必要である。間接的独占の戦略を適宜使用し、そのマイナーチェンジについて特許を取るとか、銀行が持っているリスク管理のノウハウをロケット打ち上げのリスク管理に適用した場合に付随的に必要になる別の要素について特許を取るとかいったことを行えば良い。

■販売面での共通性

商品を売るということ自体については、「発明の壁」限界により直接的に特許を取ることができない。したがって、顧客が同じであるとか販売チャンネルを共用するとかいった販売面での共通性を利用した新規事業開発においても、間接的独占戦略の併用が必要になる。即ち、販売面での共通性を利用する際に必要になるツールについて特許を取っていくことになる。

例えば、銀行が新規事業として生命保険販売を行う場合を考えてみよう。銀行の窓口で保険の勧誘をするということであるから、これは、銀行の窓口という販売チャンネルを共用する新規事業開発である。銀行が生命保険の営業をする場合、通常の生命保険会社と異なるのは、銀行への預金残高とか入出金のデータなどの情報を持っていることである。したがって、個人情報保護法上の問題を別にすれば、通常の生命保険会社に対して優位性が持てる売り方は、銀行口座のデータを利用することである。即ち、銀行口座のデータを元にその人にとって最適な生命保険プランを作成するソフトウェア特許を出願していくことが考えられる。

また、銀行でのローン販売と生命保険の販売とを組み合わせていくことも考えられる。三大疾病特約付き住宅ローンは既にローン商品として存在しているが、逆に、住宅ローン契約をしている顧客に対し、ローン契約額に応じて保険料が割り引かれる生命保険商品というのも考えられ、そのような生命保険プランを自動的に作るソフトウェア特許の出願をしていくことも考えられる。

別の例を示すと、宅配業者が通販品の配送の際に集金を行うのは、通販業者という買い手に対して配達サービスと集金サービスの二つを提供していることであり、やはり販売面での共通性を利用している。つまり、集金サービスは販売面での価値連鎖の共通性を利用した新規事業ということだ。

既に実現されている新規事業ではあるが、ある宅配業の会社が、集金サービスという新規事業に進出することを決定した段階を想定してみる。この時点で何を特許するべきと考えれば良いのであろうか。

配達をしたドライバーが集金するという行為自体は、「発明の壁」限界で特許にはならない。したがって、間接的独占戦略を適用し、新たに集金サービスを追加することにより必要になるツールとか管理システムとかの出願を行うことになる。例えば、宅配データとともに領収金額を印字するハンディプリンタの出願とか、一日の配送における現金管理のためのソフトウェア特許の出願などをしていくことになる。

こういったアイテムは、電子機器メーカーやシステムハウスに発注して作ってもらうことになるのであろうが、その必要性は、事業企画をした宅配業者だけが予測できるのである。だから、できれば、電子機器メーカーやシステムハウスに発注する前に、単独で特許を出し、自社単独の権利とすることが望ましい。

なぜ単独の権利かというと、例えばハンディプリンタの特許を電子機器メーカーと共同で出した場合、共有の特許権ということになる。この場合、電子機器メーカーは、他の宅配業者にもハンディプリンタを売ることができるので、自社だけが集金サービスを行うという状態にはできないからである。つまり、参入障壁にならないからである。

■購買面での共通性

購買面での共通性を利用した新規事業開発というのは、前述したように同一の資材を使用したり同一の供給業者から購入したりすることで優位性を確保するものである。

同一の資材を使用するタイプの新規事業は、化学業界のような材料加工の業界に多い。身近な例を示せば、カゴメがトマトケチャップに加えてトマトピューレのような別のトマト加工食品を販売するのは、トマトという資材の共通性を利用したものである。

農協も、購買面の共通性を利用した事業ということができる。つまり、農家が提供するあらゆる種類の生産物を仲介することで、一種類の生産物しか仲介しない業者に対して優位性を保っている。

一般論からいうと、本業の資材と同一の資材を利用するという共通性の場合、本業が不振の時は良いが業績好調時には資材の奪い合いになりやすいという欠点がある。一つの供給業者から色々な資材を購入するという場合も、資材によっては持て余してしまうリスクもあり、一長一短である。

広い意味で購買面での共通性に相当するものに、生産に伴う廃棄物の再利用というのがある。生産に伴ってどうしても出てしまう廃棄物を利用した商品を企画して販売する新規事業である。おからの再利用などは、この典型的な例である。廃棄物の再利用であれば、本業との間で資材の奪い合いになることはないし、リサイクルの観点からも好ましい。

特許的な観点でいうと、自社の商品を成立させている主要な資材を利用した新たな商品が考えられないか、常に考えておくということである。いわば、購買部門の特許出願ノルマである。廃棄物の再利用であれば、製造部門の特許出願ノルマということになろう。

考えるヒントは、いうまでもなく変化への対応である。世の中で起きている変化に鋭くアンテナを張り、主要資材や廃棄物を利用した新商品や新サービスが考えられないか、常に考えるということである。

そして、「変化への対応」として主要資材や廃棄物を利用した新商品や新サービスが何か思いついたら、いち早く会社に新規事業の提案、特許出願の提案をすべきである。

■資産の共通性

資産の共通性のうち、無形資産の共通性については、前述した技術の共通性やブランド価値の共通性がある。有形資産の共通性については、前述したように遊休設備の利用や販売施設の共用がある。

遊休設備の利用という新規事業の場合に問題になるのは、本業が閑な時は良いが、需要が回復してきた時には本業のために設備を明け渡さなければならない点である。この意味では事業の自由度は低い。このような問題がないケースとしては、本業の好不調にかかわらずその設備を絶対に使わない「時間帯」に着目して新規事業を行うケースがある。スキー場が夏場にグラススキー場として営業するのは、この典型的な例である。

設備の共用という観点で考えると、設備を本来の使い方とは異なる使い方をする事業を展開するわけであるから、設備自体についてマイナーチェンジが必要がことが多々ある。ただ、そのようなマイナーチェンジをしたとしても、本来の使用の仕方をする場合には元に戻さなければならないから、そのような点を特許にしていくことが考えられる。

例えば、貴方はある地方都市の自治体の職員で、プロ野球チームの誘致のため、大きなスタジアムを建設する計画があるとする。プロ野球チームにフランチャイズとして使ってもらうだけでは、建設コストが賄えないとの予測があり、困っている。貴方は、たまたまサッカーファンであったため、サッカー場としても使ってもらえれば何とかペイしそうだとの予想ができたとしよう。この場合、何を特許にすれば良いのであろうか。

答えは容易であろう。野球場をサッカースタジアムとして使用する場合には、ピッチャーズマウンドが邪魔になる。したがって、ピッチャーズマウンドが上下動してサッカー使用時には全体がフラットになる構造のスタジアムの特許を取れば良いということになる。

5 特許的視野の広さ

以上の説明から、新規事業を特許面でサポートするには視野を広くすることがいかに大切かということが理解できるだろう。逆にいえば、特許的な視野が狭いために特許のポテンシャルをいかに多く失っているかということである。

業界的にいえば、サービス業などの製造業以外の企業における特許的な視野の狭さは顕著である。特許による優位性確保のチャンスをかなり失っている。

製造業でも、特許出願は技術部門や研究部門の職務であると考える傾向が強く、営業部門や製造部門における特許的視野が狭いために、特許のポテンシャルを十分に活かせていないケースが多々ある。

販売面の共通性を利用した新規事業開発については営業部門に特許出願のノルマがあると考えるべきだし、購買面での共通性を利用した新規事業開発において購買部門に特許出願ノルマがあると見るべきである。さらに、設備の共通性を利用した新規事業開発においては総務部門に特許出願ノルマがあると見るべきである。

つまり、企業活動の全局面において、新規事業をサポートする特許出願のテーマはないか、常に意識している必要がある。

6　特許すべき範囲は新規事業の内容とは一致しない

ここまで読まれた読者は、特許を取るべき内容というのは、新規事業のテーマとして会社に提案すべき内容と同じではないのか、と思われるかもしれない。つまり、企業活動の全局面において特許出願を意識するということは、企業活動の全局面において新規事業のテーマを発掘するということとではないのか。

この見解は、ある意味正しい。

新規事業のテーマ発掘というのは、事業開発部といった特定のセクションだけがやれば良いというものではない。優位性を持って新規事業を展開する際に利用できる価値連鎖の共通性というのは、企業活動の全局面に亘っているのであるから、すべての部署において新規事業のテーマが常に検討されていなければならない。そして、それをサポートするにはどういう特許出願をすべきか常に検討されていなければならない。

ただ、新規事業のテーマと取るべき特許の内容というのは、完全に一致するわけではない。取るべき特許の内容というのは、自社がどのように新規事業を展開するかということとの関連で考えなければならないのは勿論であるが、自社がどのように新規事業を展開するかということとは別に検討しなければならない場合もある。

前述したように、特許の本質は他人の行動を規制することであり、それによって競争優位性をもたらすことである。したがって、ある新規事業を推進していく際、同じことを競合他社にやらせないようにすることで事業を優位に展開していくことが、基本的な特許の取り方ということにはなる。

しかし、ある新規事業を推進する際、そのようなやり方は自社はしないのであるが、他社にやってもらうと困るというケースもある。

具体的事例として、清涼飲料の業界を考えてみよう。

ご存じのように、清涼飲料の業界は、大手から中小まで多くの企業が参入して激しい競争を繰り広げている。多くの企業が参入してはいるものの、参入企業は幾つかのグループに分けることができる。一つは、コカコーラや伊藤園のような飲料が専業のグループある。もう一つは、サントリーやキリンのようなアルコール飲料系の企業である。さらには、大塚製薬やカゴメといった医薬品業界、食品業界からの参入組もある。ＪＴも新規参入組であるが、最近の状況ではたばこ業界というよりは食品業界からの参入といった方が良いのかもしれない。

さて、このような業界分析ができるとして、特許面での分析をしてみよう。例えば、飲料専業系の企業やアルコール飲料系の企業が既存企業として存在している状況下で、医薬品系や食品系の企業が新規参入してくると予測できる状況を想定してみる。

専業系やアルコール飲料系の企業にとって、医薬品系や食品系の企業にやられるといやなのは、食品と飲料のセット販売ではないだろうか。最近では、パンやお菓子、サプリメント食品なども自販機で多く販売されるようになってきている。駅のホームでもこれら食品の自販機を多く見かけるようになってきた。例えば、サプリメント食品と相性の良いドリンクを一緒に自販機で売るビジネスモデルが考えられる。朝の忙しい時間に、駅のホームなどでドリンクと朝食用の簡単なサプリメント食品を自販機で一緒に買う。一つ一つボタンを押すのは面倒なので、セット販売用のメニューがあり、一つのボタンを押すだけでセットで買える。そして、セットで買うと少し値段が安くなる。こういったビジネスモデルが考えられるであろう。また、朝食用でなくとも、日頃不足しがちなサプリメントを自販機で買ってドリンクと一緒に簡単に摂れるようになれば便利であろう。例えばヒアルロン酸カプセルとビタミンCドリンクをセットで売るとか、ビタミンCドリンクのボタンを押すとヒアルロン酸カプセルもおまけで出てくるといったビジネスモデルもあり得る。

このような食品とドリンクの自販機でのセット販売は、飲料専業系の企業やアルコール飲料系の企業で食品を扱っていない企業では展開することができない。それら専業系の企業ではやらないビジネスモデルである。しかし、健康食品を販促用のおまけでドリンクと一緒に提供されたりすると、専業系の企業にとってかなり脅威となることは確かである。

したがって、新たに食品系のメーカーが飲料業界に参入すると予測される状況において、専業系の飲料メーカーやアルコール系の飲料メーカーは何を考えれば良いかというと、そのような優位性が発揮できるビジネスモデルをやらせないことであり、そのための特許を取ることである。即ち、飲料と食品とをセット販売する自販機の特許を取っておくということになる。

少し具体的に説明すると、セット販売とはいっても、セットの状態で自販機に投入するわけではないだろう。ドリンクを収容している部分と食品を収容している部分とがあり、一つのボタンを押すだけで、ドリンクを収容している部分からドリンクが出てくるとともに食品を収容している部分から食品が出てくるということになる。そうであれば、そういった構造、機能の自販機の特許を取ることになる。

逆に、食品系の企業としては、清涼飲料業界に参入する際、このような売り方が優位性の源泉になることは明らかに予測できるから、当然にこのような自販機の特許を出すべきということになる。要は、どちらが早く予測し、特許を出すかということである。

■特許の取り方の二つのパターン

このように、自社はやらないビジネスモデルなのであるが、他社にやられると自社の競争優位性が低下してしまうというビジネスモデルというのがあり得る。したがって、どうしてもそれをやらせないようにしたい。特許というのはこのようなケースでも使える。つまり、自社がやる内容を特許にすることだけが特許の取り方ではないということである。

このようなケースでは、特許の取り方は二通りのパターンがある。

一つは、図2－3に示すように、自社のビジネスモデルと他社のビジネスモデルとの両方が含まれるように広い範囲の特許を取るAのパターンがある。

もう一つは、自社のビジネスモデルと他社のビジネスモデルについて別々の特許を取るBのパ

図2－3

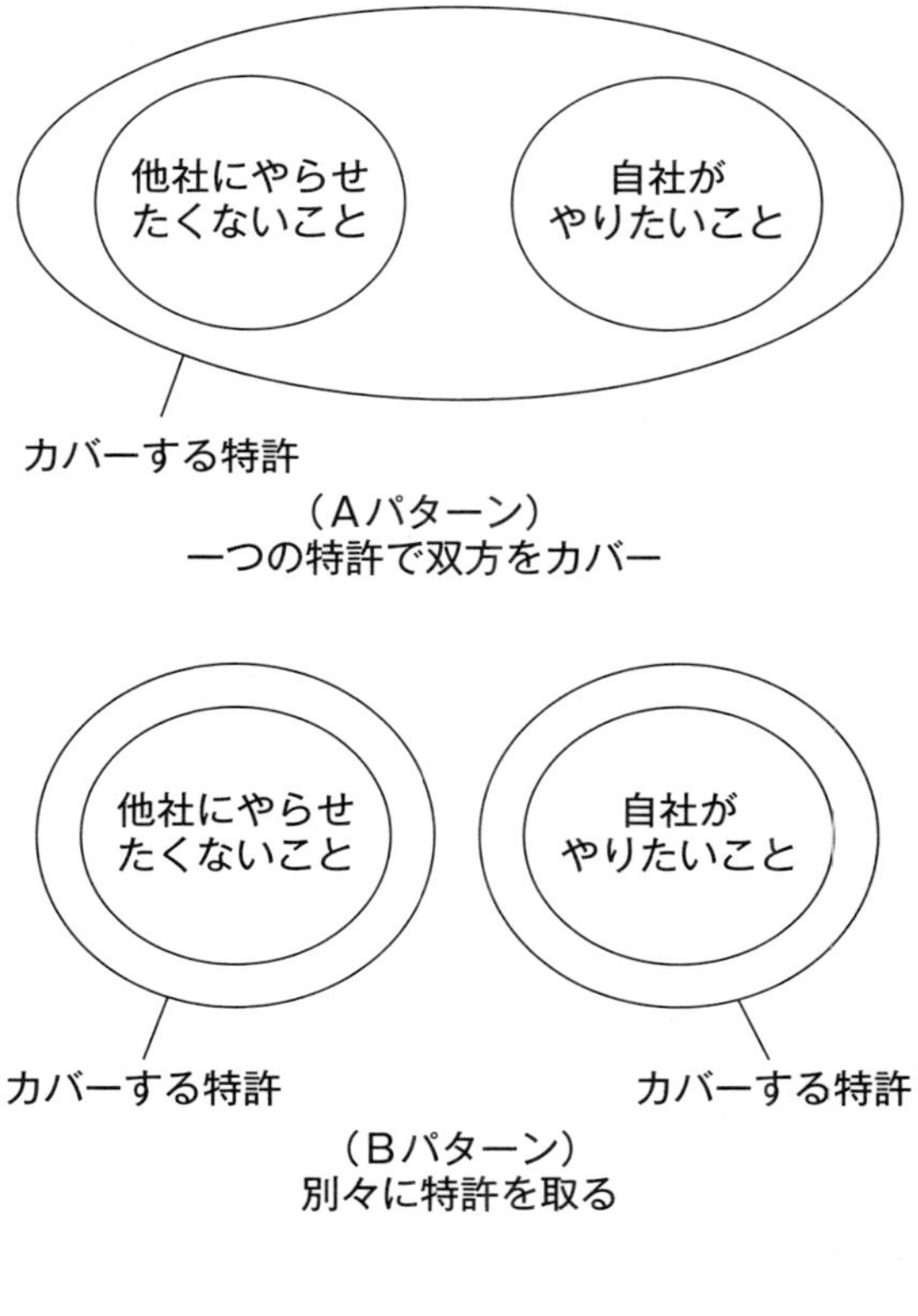
他社にやらせ
たくないこと
自社が
やりたいこと
カバーする特許
（Aパターン）
一つの特許で双方をカバー
他社にやらせ
たくないこと
自社が
やりたいこと
カバーする特許
カバーする特許
（Bパターン）
別々に特許を取る

ターンである。

ほとんどの場合、Aのパターンは推奨されない。広い権利範囲の特許というのは一般的に取ることが難しいし、自社のビジネスモデルと他社のビジネスモデルとを包含した一つのコンセプトにまとめること自体が無理なケースも多いからである。

特許的な視野の狭さということでいうと、自社のビジネスモデルを特許で守ることばかり目がいってしまっていて、他社の行動をどう規制するかということに目がいっていないという視野の狭さもしばしば見られる。特許マインドの高いハイテク企業でも見られることがある。

しばしば見受けられるのは、Aのパターンで特許を取ろうとして広く特許を出したが、特許庁の審査において広い範囲では特許が拒絶されたので、範囲を狭くし、最低限自社のビジネスモデルはカバーする範囲にして特許を成立させるパターンである。

そうではなくて、最初から他社がやろうとするビジネスモデルを狙い打ちしなければならない。自社が属している市場に脅威となる新たな参入が予測される場合、その参入企業がどのようなビジネスモデルを携え、どのような優位性を目指して参入してくるかを予想しなければならない。そして、それをさせないための特許を取るのである。いわば、敵の上陸地点を叩く戦術である。

前述したように、エレクトロニクス業界を中心としてクロスライセンスがしばしば行われる。特許を多く保有する大きな会社同士に特許紛争が生じると、裁判費用や長期化による事業への影響などを考慮し、互いの特許をお互いに自由に使えるという契約をして和解することがしばしば行われる。両者痛み分けということである。

クロスライセンスで重要なのは、相手が使いたい特許をいかに多く持っているかということである。相手が使いたい特許をあまり持っていない場合、つまり特許的な数のバランスが大きく崩れているとき、特許を多く持っている側がクロスライセンスに応じず、裁判を最後までやる選択をする場合もある。

したがって、相手が使いたい特許をいかに多く持っているかが重要なのである。このためには、自社のために取る特許を広く取るというよりも、相手の行動を読み、機先を制して特許を取ることが重要なのである。

なお、前述した清涼飲料業界の事例は、既存の市場で激しく競い合っている二社が共に新しい市場に進出する際の特許戦略の事例でもある。

健康食品の市場で激しく争っている二社があり、うち一社が清涼飲料の市場に進出するとする。この際、この会社は、自社の成功も見れば当然にライバルも清涼飲料の市場に進出してくるはずだとの予測をする。飲料と健康食品のセット販売は、清涼飲料市場の既存の企業はやらないが、ライバルは、後から清涼飲料市場に参入する際にやるかもしれない。したがって、このライバルへの対抗策として、どうしても特許を取っておくべきである。

第3節　企画部門の特許出願ノルマ

前節では、何をやるのかという新規事業開発のテーマに関連して特許について解説した。本節では、新規事業開発の時間的な側面に着目して特許というものを考えてみたい。即ち、事業化フローと特許との関連である。問題とされるべきは、事業化フローにおける特許出願のタイミングである。

1 事業化フロー

図２－４は、新規事業開発を行う場合の一般的な手順を示したもので、特に新たな提案をしようというものではない。

企業は、新規事業開発のために市場動向の調査や基礎研究などを常時行っている。これら調査、研究の成果は、新規事業開発部といった新規事業の企画、立案を行うセクションに提供される。新規事業開発のセクションでは、提供された成果を分析し、新規事業の企画、立案を行う。勿論、新規事業の企画案は、営業マンから提案されることもあるし、研究開発を行っている研究者や技術者から出されることもある。

新規事業の企画案は事業計画書としてまとめられ、事業進出の可否を判断する経営トップに上げられる。事業進出にゴーサインが出されると、担当者の決定を含め、社内の人的資源の確保が行われ、具体的な商品設計が開始される。事業進出へのゴーサインまでに、市場テストや追加の調査が行われ、その結果を踏まえて判断がされることも多い。商品設計と並行して資材調達先の選定、販

図2－4　事業化プロセスのフロー

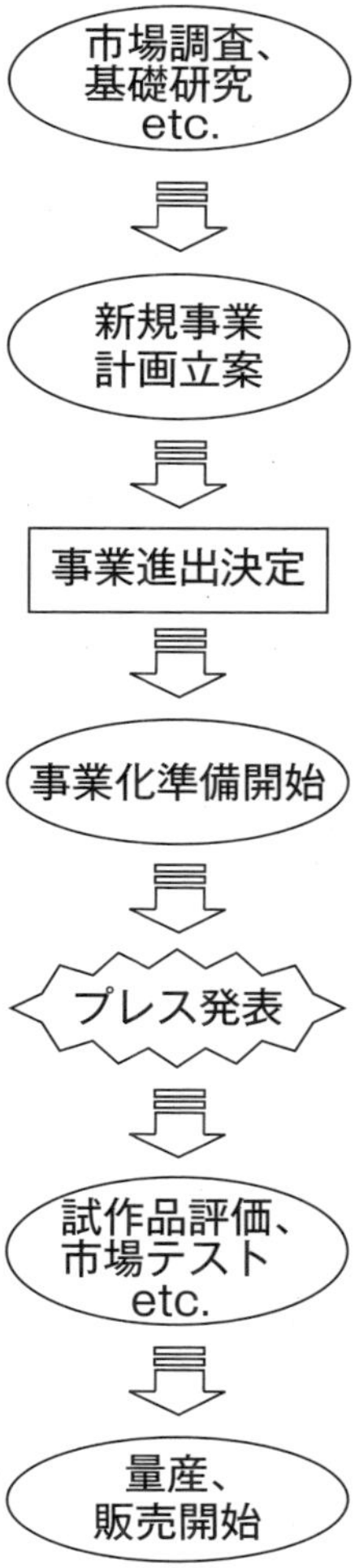

売ルートの確保などが行われ、試作品の評価などの後、量産となる。通常は、事前の広告宣伝やIRの一環として、事業進出を外部にアナウンスすること（プレス発表）が行われる。

特許的には、このプレス発表のタイミングが非常に重要である。プレス発表は、事業進出のゴーサインが出た後の事業開始までの期間内に行われるのが通常であり、試作品が出る少し前のタイミングが多い。

図2－4のフローは、メーカーが新商品を発売するまでのフローのような形で描かれており、サービス業などの他業種では事情が異なるという指摘があるかもしれない。しかし、その違いは気にしなくて良い。

特許面で重要なのは、ゴーサインが出るまでの段階（企画、立案の段階）と、実際に事業が開始される段階（実施段階）があり、その間に製品設計などの事業化に向けた準備の段階があるということであり、その準備段階においてプレス発表が行われるという点である。これらのステップは、いかなる業種、業界であっても変わらない。

2 事業化フローと特許出願

私の仕事は弁理士であり、クライアントからの依頼を受けて特許出願内容を出願書類にまとめあげ、特許庁に提出するのが仕事である。その中には、企業の新規事業開発の案件もある。

新規事業の案件では、前述した事業化フローにおける特許出願のタイミングといったものを考えてさせられることがある。もうちょっと早いタイミングで特許出願を考えるべきではなかったか。もっと早い段階で依頼があればこんな特許の出し方があったのに。そういった印象を持つことがある。

また、特定の企業の出願動向を調査していると、新分野や新市場に進出し、第1号の商品が出る直前には、かなりの出願がされており、その後の改良品の発表やニューモデルの販売開始などの前にも多くの出願がされているのであるが、新分野や新市場への進出を発表する前のタイミングでは特許出願はほとんどされていないという事案に接することがある。

事業化フローと特許出願との関係について、一般的な傾向を示すと、図2－5に示すようなもの

図２－５

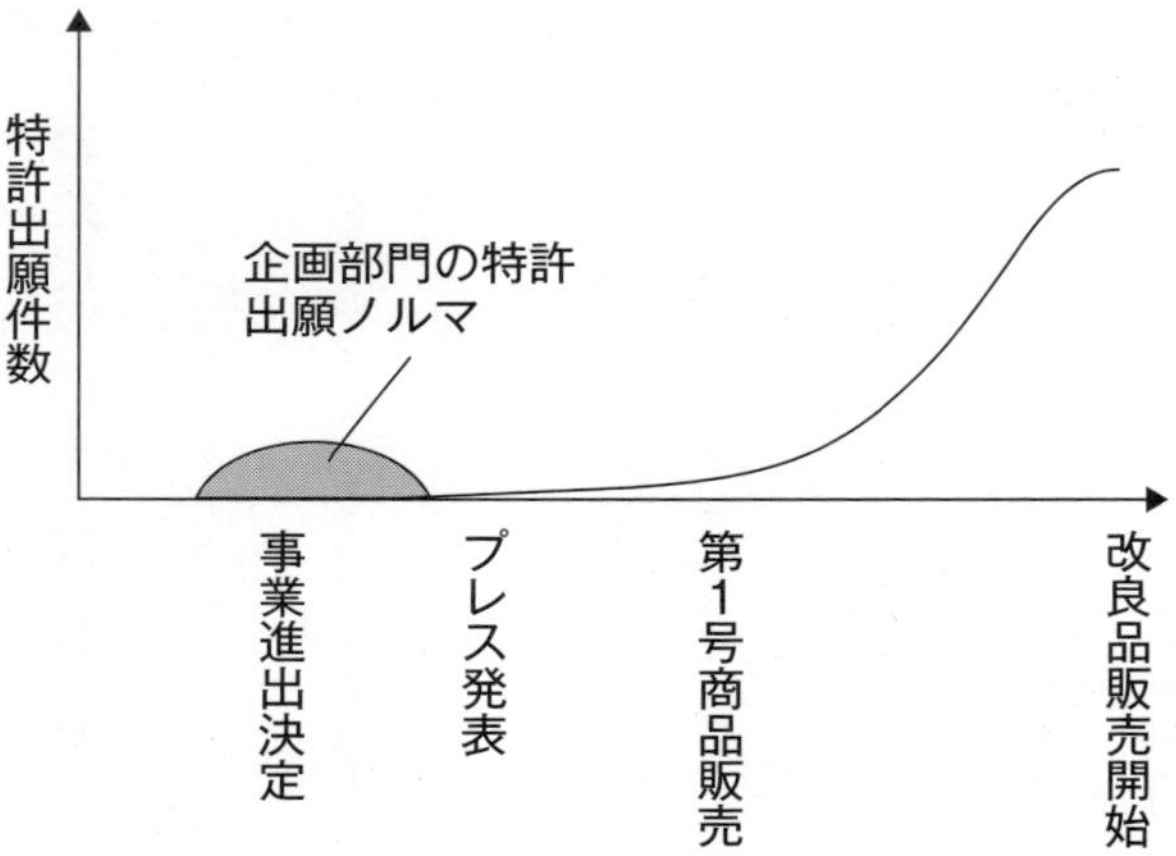

になろう。

図２－５に示すように、第1号の商品が出る直前のタイミングあたりから特許出願がされ始め、事業の開始とともに出願件数が増えていく。これは、実際に事業を開始してみたら色々な問題が出てきて、それらを解決するものとして特許出願が多くされていくという事情による。

③ 企画段階での特許出願

私の問題意識は、ある新規事業の企画が立案され、それに対してゴーサインが出た段階で当然に出しておくべき特許出願というのがあるだろう、ということである。つまり、図２－５に斜線で示したように、事業企画部門の特許出願ノルマというのが当然にあるはずなのである。

具体的に説明しよう。

例えば、外食産業に属する会社が農業法人を設立して農業に進出する場合を考えてみよう。外食産業の会社が農業を営む場合、既にある競合他社に対してどういう優位性があるかの考察から始めなければならない。例えばファミレスを全国でチェーン展開している会社が農業を営む場合、当然のことながら、生産した野菜や果物は自分のところのお店で使うということになる。無論、お店で使うだけではさばききれないし、それだけではわざわざ事業として農業をやるだけの意味はない。したがって、お店で使うだけではなくてネットで販売したり、通常のルートで流通させて青果店やスーパーなどで売ることも想定される。

このようなビジネスモデルを、農協のような既存の農業法人側から見るとどうなるのか。外食産業が自分のところのお店で自分が生産した食材を使って料理を提供するということは、デパートの試食コーナー的な機能があることに気がつくであろう。我が社の農場で作った野菜はこんなに美味しいんですよとか、我が社の野菜はこういう風に調理するとさらに美味しさが引き出せるんですよ、ということをお客に実感させられる場ということである。

自社のところのお店が試食コーナーであるとすれば、次にくるのは何か。そこで実際に買ってもらうことである。即ち、自分のところの店舗網を利用して野菜を販売するのである。これは、明らかに販売チャンネルの共通性を利用した新規事業開発である。

農協のような既存の農業法人からすると、飲食店の全国チェーン網という販売チャンネルも利用して販売ができる外食産業系の農業法人は、非常に脅威である。販売チャンネルが多いということに加え、「試食してから購入」という独自のビジネスモデルを展開できるからである。

さて、それではこのような事業プランが考えられるとき、事業企画部門は特許的にどのようなことを考えていけば良いのであろうか。

例えばファミレスを全国展開している外食産業の会社の企画部員が、農業に進出する事業計画書をたった今、書いているとする。その事業計画書には、当然ながら、自社の店舗網で販売するプランも含まれる。とすれば、「野菜や果物の展示・販売用のコーナーを備えたレストランの構造」という特許をまず出願しなければならないことになる。単に野菜や果物の展示・販売用のコーナーがあるというだけでは特許になりにくいのであれば、フロアのウェートレスが接客しながら野菜などを販売するに適した構造の出願としても良いし、飲食の分も合わせたレジ精算がしやすいシステムに関する出願をしていくことも効果的であろう。

さらに、レストランであるからキッチンがある。キッチンがあるということは、そのような商品としての野菜を加工できる機能がすぐそばにあるということである。であるとすれば、顧客の要望に応じてカットしたり、ある程度まで調理してから渡すというビジネスモデルもあるだろう。その際、お店が使っているソース類などの調味料とセットにして販売するという売り方もあろう。さらに、…(注2－1)。したがって、そういった売り方に使われるツールについて特許出願をしていくことになる。

(注2－1)　私の頭の中にはより具体的なビジネスモデルがあるが、あまり書くと、本の出版により新規性が失われ、実際に外食産業の会社が特許を取る際の障害になってしまうので、控えておく。

私がいいたいのは、外食産業の会社の企画部員が農業進出の事業計画書を書いている際には、当然にこのようなことが予測できるであろうということである。つまり、事業計画書を書いて経営トップに提出するだけではなく、「フロア担当者が接客しながら野菜を販売するに適した構造の飲食店」というような内容の特許出願の提案も経営トップに対して当然にされるべきというである。即ち、事業企画部門の特許出願ノルマということである。

事業計画書を書いている段階でなければならないというのを強調するのは、会社が事業進出を発表してしまってからでは遅いからである。農業進出への事業計画について経営トップがゴーサインを出し、事業の準備が本格的に始められると、会社は農業進出についてプレス発表をする。その後に特許出願するようでは、もう遅いのである。

つまり、「フロア担当者が接客しながら野菜を販売するに適した構造のレストラン」という内容の特許出願は、外食産業の会社が農業を行うということが全く知られていない状態と、外食産業の会社が農業を行うということが知られている状態とでは、特許になる可能性が全然違うのである。

図２－６に示すように、外食産業の会社が農業を行うということが知られている場合、それを前提に発明の進歩性が判断されるのに対し、外食産業の会社が農業を行うということが全く知られていない状態では、そこも含めて発明の進歩性が判断されるからである。

外食産業の会社が農業を行うということが知られている場合、レストランで野菜を売るということが知られているのにほぼ等しい。したがって、野菜を売るのに適した構造のレストランの発明というのは、容易に思いつく（進歩性がない）と特許庁の特許審査で判断されやすい。しかし、外食産業の会社が農業を行うということが知られていない状態では、まず外食産業の会社が農業を行うということを思いつき、そこからさらにフロア担当者が接客しながら野菜を販売するに適した構造のレストランを思いつかなければならない。したがって、全体としては思いつくのが困難である（進歩性がある）と判断されやすいのである。進歩性があると判断されやすいということは、特許になる可能性が高いということである。

図2－6

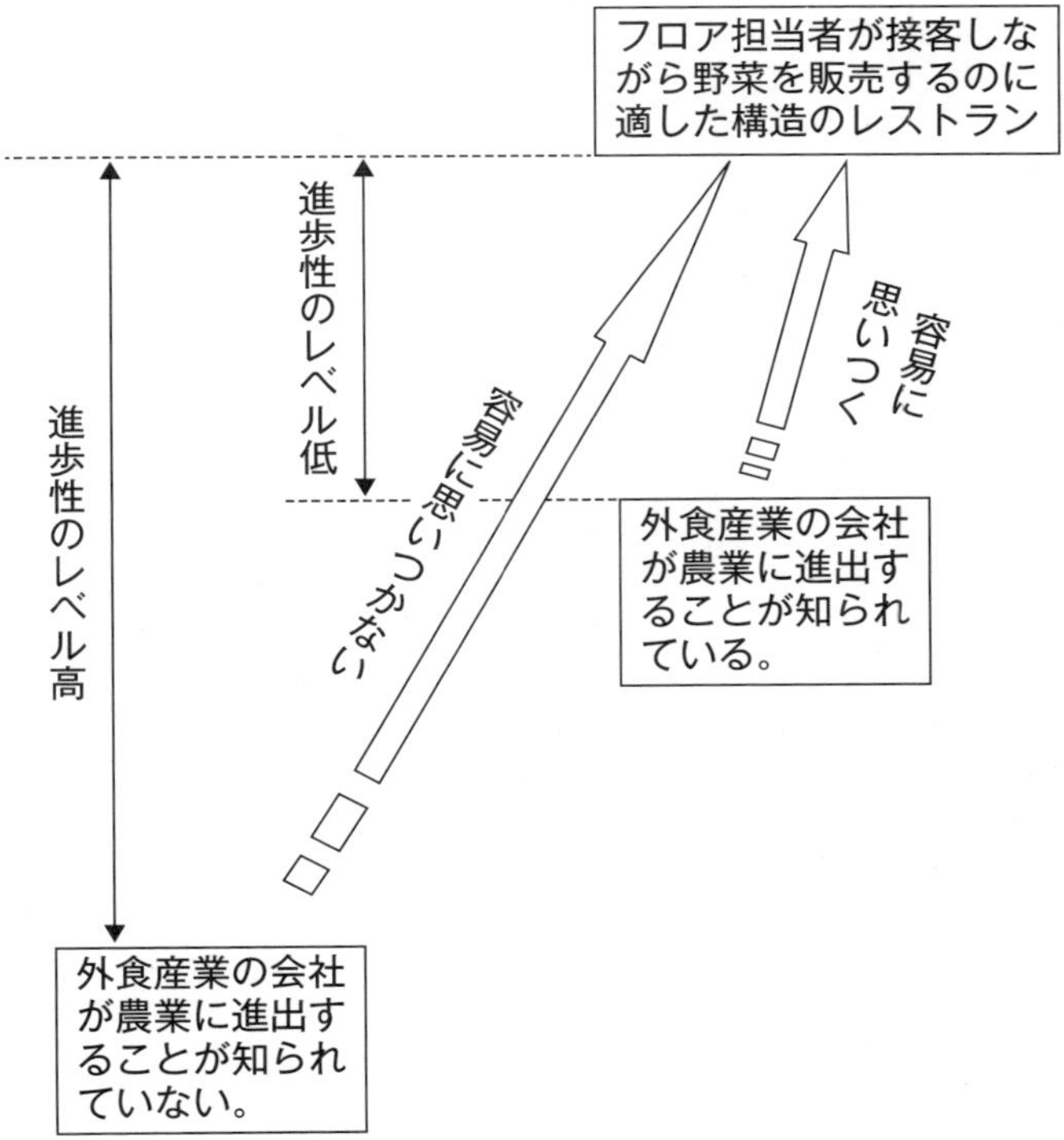
フロア担当者が接客しながら野菜を販売するのに適した構造のレストラン
進歩性のレベル低
進歩性のレベル高
容易に思いつかない
容易に思いつく
外食産業の会社が農業に進出することが知られている。
外食産業の会社が農業に進出することが知られていない。

このようなケースであり得るのが、外食産業の会社が農業に進出すると発表し、その後、実際に農場経営を始め、収穫物を自社のレストランで売るため既存のレストランを改装する段階になって初めて特許出願を考えるケースである。

改装のため、店舗設計の会社に設計の依頼をする。設計会社は、依頼に基づいて設計を行うが、たまたま特許について関心の高い設計会社であった場合、設計内容について特許出願できることに気がつき、依頼元の外食産業の会社に相談する。その上で、外食産業の会社と設計会社との共同出願ということで特許を出すことになるケースがあり得る。

しかし、この段階で特許出願をしてみても、外食産業の会社が農業に進出することは既に知られてしまっているから、発明の進歩性のレベルは低くしか評価されない。したがって、基本的な部分では特許は取れず、店舗の設備の細かな内容の特許（狭い権利の範囲の特許）しか取ることができない。さらにいえば、設計会社も特許に無関心であれば、特許は何ら出願されずに改装がなされることになる。この場合、外食産業が農業ビジネスを展開する上で非常に効果的な新ビジネスモデルが何ら特許で守られず、他社の模倣に対してなすがままの状態で事業展開していかなければならないのである（注２－２）。

（注２－２）　平成二三年に新規性喪失の例外規定（特許法三〇条）が改正され、新規事業のプレス発表のよ

うな行為も新規性喪失例外措置の対象となった。この例でも、農業進出のプレス発表から半年以内に出願すれば、新規性喪失の例外措置の対象になる可能性はある。

説明が長くなってしまったが、会社に対して新規事業のプランを上げるその時点で、事業化された状態を想定し、その際に付随的に必要になるものは何かを予測することが大事だということである。付随的に必要になるものが何かあれば、新規事業プランの提案とともに特許出願の提案も会社に対してしなければならないということである。

以上、事業化フローの源流部における特許問題として、企画部門の特許出願ノルマということを説明した。

いうまでもないことであるが、源流部での特許出願がなぜ重要かというと、源流部で特許を出しておけば、より基本的な内容の特許、即ち基本特許が取れる可能性が高いからである。

基本特許が取れるか取れないか、それがいかに新規事業の成否に影響を与えるかは、説明する必要はないであろう。

第４節 時間的視野の広さ

前節までの説明で、折に触れ、特許的に広い視野を持つことがいかに重要かを説明した。それら視野は、いわば空間的視野である。市場を広く見る視野、事業プロセスを広く見る視野、川上や川下をより遠くまで見通す視野である。

しかし、特許的視野には、空間的視野の他に時間的視野というものがある。本節では、これについて少し詳しく説明してみる。

1 特許になるまでの時間

第1章で、特許について、二〇年という時間が一つの弱さであると説明した。時間的な面でいうと、出願してから特許になるまでの時間（特許審査に要する時間）も、弱さではある。

当然のことであるが、特許というのは、出願しただけでは特許は与えられず、審査をパスして特許登録という行政処分がされなければ、独占権は発生しない。その一方、出願してから一年半後には内容が公開特許公報という形で特許庁において公開される。

他社から見れば、その会社がどのようなビジネスモデルによってどのように優位性を獲得しようとしているのか、特許出願された内容の公開によってわかってしまう。その一方、特許が成立するまでは独占権は発生しないから、模倣することも可能である。公開特許公報が出た後に他社が模倣すると、特許が成立した後に補償金を請求できる権利はある。しかし、独占権ではないから、公開された後に他社が模倣しても特許になるまではそれを止めさせることはできない。

つまり、特許を出してから特許登録がされるまでの期間は、特許が成立するどうか不確定な棚晒しの状態であり、その間に他社の模倣を許してしまうこともあり得るということだ。

さらに悪いことに、法律の規定によって、特許出願をした後には特許出願内容を変えることは一切禁じられている。特許出願をした後に市場が変化したりユーザーニーズが変化したりすることは当然にあるわけであるが、そのような変化を後から特許出願内容に反映させることは一切できない。

つまり、特許出願の内容（ビジネスモデルの内容）は特許出願をした時点の内容でフィックスされる一方、その結果（審査結果）は棚晒しということである。

この変化の激しい時代、棚晒しの期間が長くなることの弊害は目に見えて明らかである。

このため、各国の特許庁は特許審査期間の短縮に努めている。日本も、かつては特許審査の長いことで悪名を馳せていたが、最近ではペーパーレス化などの特許庁の多大な努力により他国に見劣りしないまでに短縮してきている。実務をやっている上での感覚でいうと、出願してから二～三年で特許が取れるといった状況ではなかろうか（注2－3）。

（注2－3）特許審査のためには、審査請求という手続きが別に必要である。二～三年というのは、特許出願と同時に審査請求をした場合である。この期間は、いわゆる早期審査を請求すれば短くできる。

２ 特許になるまでの期間の長さを克服する

出願してから二〜三年で特許が取れるということは、見方を変えれば、二〜三年後のことを考えて出願しなければならないということである。

市場で現在起きているある変化への対応として、あるビジネスモデルを考えたとする。そして、このビジネスモデルを模倣させないための特許を出願したとする。しかし、市場の移ろいは早い。二〜三年後には、すっかり市場が変化してしまい、考えたビジネスモデルは通用しなくなってしまうこともある。こうなると、せっかく取った特許も無駄になる。

どうすれば良いか。

この問題を克服するには、大きく分けて次の三つの方法がある。

一　長く続く変化を選ぶ

二　変化を包含する

三　変化を予測する

■長く続く変化を選ぶ

出願してから二〜三年はかかるという特許審査期間の問題を克服する第一の方法は、なるべく長く続く変化を選ぶということである。

現在生じている変化のすべてに対応するのではなく、自社の既存の事業と何らかの関連性がある変化に対応することが競争優位性の獲得の上で重要であると述べた。長く続く変化を選ぶということは、このような自社の既存事業との関連性以外に、その変化がどの程度続くかという見極めを行うことに他ならない。

例えば、現在ヒットしている商品の一つに、悲しいことであるが、放射線測定器がある。中には外国製の粗悪品も多く売られていて問題になりつつあるが、スマートフォンまで放射線測定機能をウリにするなど、一大ブームとなっている。

しかし、だからといって、「うちの商品にも放射線測定機能を追加しよう」ということにはならないだろう。セシウムの半減期は三〇年ということであるが、三〇年も今の状態が続くはずはない。政府は総力を挙げて除染をするであろうし、何よりも原発の問題が解決すれば、放射性物質の放出源がなくなるのである。放射能に対する恐怖は人々の脳裏に焼き付けられるであろうが、放射線測定器が二〜三年経っても今のようにヒット商品であるとは考えにくい。つまり、特許的には、対応すべきではない変化ということである。

■変化を包含する

二〜三年という特許審査期間を克服する第二の方法は、市場が短期間のうちにめまぐるしく変化しても、それらを包含する内容の広い特許を取っておくことである。

市場の変化に対応できるよう広い権利範囲の特許を取っておくことは、企業の特許担当者にとってイロハのイであり、日常的に検討されていることである。例えば、ＩＴ業界では媒体や通信方式などの面で技術革新が激しい。どのように媒体や通信方式が変わっても、内容的に包含されるように広く特許を取っておかなければならない。

別のもう少し具体的な例で説明してみよう。

大震災によって生じた人々の意識の変化に、停電への恐怖というものがある。家中のいかに多くの設備が電気なしには使えないのかということ、いかに私たちの生活が電気に依存しているのかということを痛感させられた。自家発電設備などは、今後も安定したニーズがあるだろう。

したがって、これからの商品は、停電対応ということが一つの重要な要素になってくると予測できる。つまり、電気を使わずに動くモードがあるとか、電源コードをコンセントにつながなくても電池である程度は動くといったことが必須の機能になってくるだろう。例えば、石油ファンヒーターであれば停電時でも電池で点火できるとか、ライターで点火できるとかいった機能が必須となるだろう。

停電対応は、家電製品だけではなく、サービス業でも同様である。即ち、停電になってもある程度の時間はサービスが提供できる形にしておかなければならない。

停電対応を、もう少し広い見方をすると、災害対応ということになる。つまり、災害によって停電とか断水になったとしても、復旧まで営業を何とか続けられるということが重要な要素になってくるだろう。

何か新しいビジネスモデルを考え、その内容について特許を出願する際、このように予測される「変化」を包含する形で内容を考えなければならない。例えば、あるサービスに用いるツールについて特許を出す場合、停電時にはどういったサービス形態になり、その場合にはこのようなツールが必要なる、といった点が含められていなければならない。

■変化を予測する

二～三年という特許審査期間の問題を克服する三番目の方法は、「変化を予測する」ということである。現在は生じていないが、二～三年後には生じる変化を予測するということである。

「変化を包含する」も、その変化が現在生じている変化ではなく、将来生じる変化であれば、変化の予測に該当する。ただ、概念的に広く特許を取ることで結果的に将来の変化が特許の範囲に含まれる場合もあり（いわゆる結果オーライ）、必ずしも変化を予測して包含させるわけではない。

図２－７

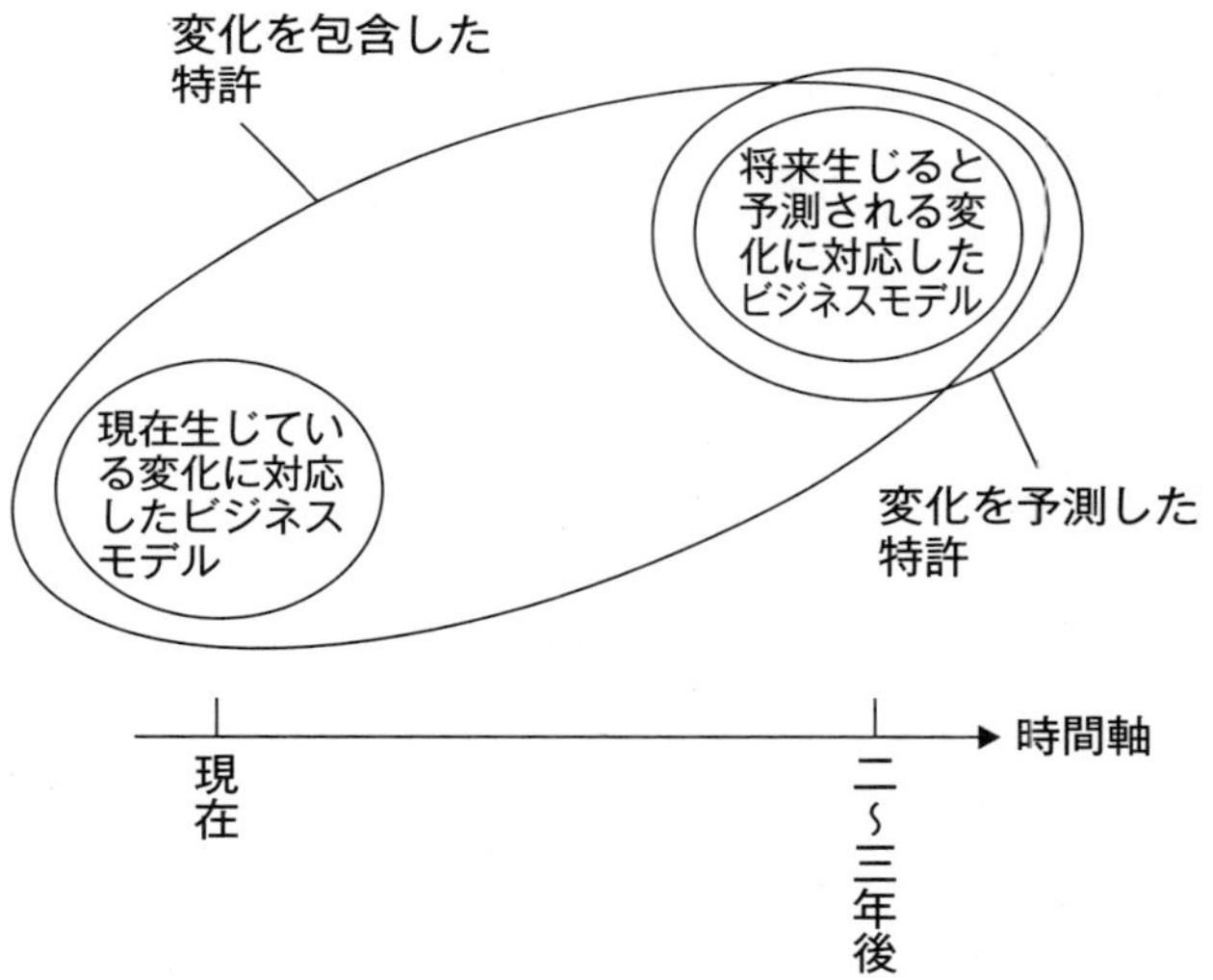

「変化を包含する」と「変化を予測する」が決定的に違うのは、図２－７に示すように、前者は、現在生じている変化と将来に生じる変化とを包含する広い特許の取得を目指すのに対し、「変化を予測する」は、現在の変化への対応は放棄し、将来生じる変化のみ対応しようとするものである。

容易に理解できるように、「変化を包含する」戦術を選んだ場合、広い特許を取らなければならないから、特許取得の可能性は低くなる。しかも、現在生じている変化に対応する部分も含んでいるから、この部分で進歩性が低く見られやすい。

一方、「変化を予測する」戦術の場

合、変化は現在生じている変化ではなく将来に生じると予測される変化であるから、進歩性のレベルは高く評価される。したがって、特許になりやすい。

一つ例を示してみよう。

原発の問題などもあって、太陽光発電ブームが加速している。

現在生じている変化は何か。大きな変化は、販売や流通の担い手の変化である。以前は、大手の太陽電池メーカーが直接販売、施工したり、大手のハウスメーカーが新築工事の際に販売、施工するのが一般的であった。今はどうかというと、中小のハウスメーカーや町の工務店でも多く販売、施工がされているし、家電量販店でも販売が開始されている。

したがって、現在の変化への対応という観点では、このような変化を考慮した特許出願というのが考えられる。例えば、家電量販店が既存の住宅に太陽光発電システムを販売、施工する際のツールであるとか、販売手法に関連したビジネスモデルの出願とかいったものが考えられる。

ただ、このような特許出願をしても、「量販店が太陽光発電システムを販売する」というのは、現在生じている変化であり、公知の事実である。したがって、進歩性のレベルは低く見られやすい。

それでは、将来の変化を考えてみよう。二～三年後には、どうなるか。再生エネルギー法の運用の仕方に大きく依存するとは思うが、電力会社が頑張れば、一般家庭への太陽光発電システムの導入は飛躍的に伸びるであろう。二～三後には、町のあちこちに太陽電池パネルが見られることになるかもしれない。そのような状況で、何か必要になるサービスはないのか。何か必要になる補完製品がないのか。これが予測のポイントである。

このように、現在は生じていない変化であるが、将来生じると予測される変化において、その変化に対応した収益性の高いビジネスモデルが考えられる場合、それについて特許出願することになる。この特許出願は、現在に生じていない変化（事実）に基づくものであるので、進歩性が高く評価され、特許になりやすいのである。なお、この事例における「変化を予測する」の具体例が、第3章（起業編）第5節で紹介されているので、そちらも参照して欲しい。

このように、二～三年という特許審査期間の壁を乗り越えるには、その特許審査期間の先にある状況、市場の変化を予測することが非常に重要である。

3　技術の共通性を利用した新規事業特有の問題

次に、技術の共通性を利用した新規事業開発を行う際の特有の問題について少し触れておこう。この問題も、時間的視野についての問題である。キーワードは、浮上点の予測である。

技術の共通性を利用した新規事業開発は、リードタイムが長く、最終的な商品の形態が見えにくいと説明した。最終的な形態が見えにくいために、開発を始めた当初は、どのような特許を出しておくのが効果的か、予測しづらい。

しかし、未来予測は、特許出願という経営行動において避けて通れないものであり、何とか予測をしなければならない。

ここで重要になってくるのが、浮上点の予測というコンセプトである。

浮上点の予測というのは、現在研究している技術が、どういう業界のどういう商品形態としてとりあえずは実用化するだろうか、という予測である。この「とりあえず」というコンセプトが重要である。新規事業開発を決定した時、当然ながら最終的に狙っている業界、市場があるのだが、それとは別に、どこで実用化できるだろうかと考えるのである。

ドラッカーが事業とは「顧客の創造である」といったように、これは、とりあえずの技術開発において誰が顧客になってくれるかの予測に他ならない。とりあえず形にできる商品の形態、性能、価格、納期などの諸条件において誰が買ってくれるだろうかという予測である。

そして、そのような浮上点が予測できたら、図２－８に示すように、その浮上点を守る特許を取るのである。浮上点を守るとは、同じような研究開発をしているライバルがいれば、そのライバルもその浮上点に浮き上がろうとするはずであるから、そこを叩く戦略である。

図２−８

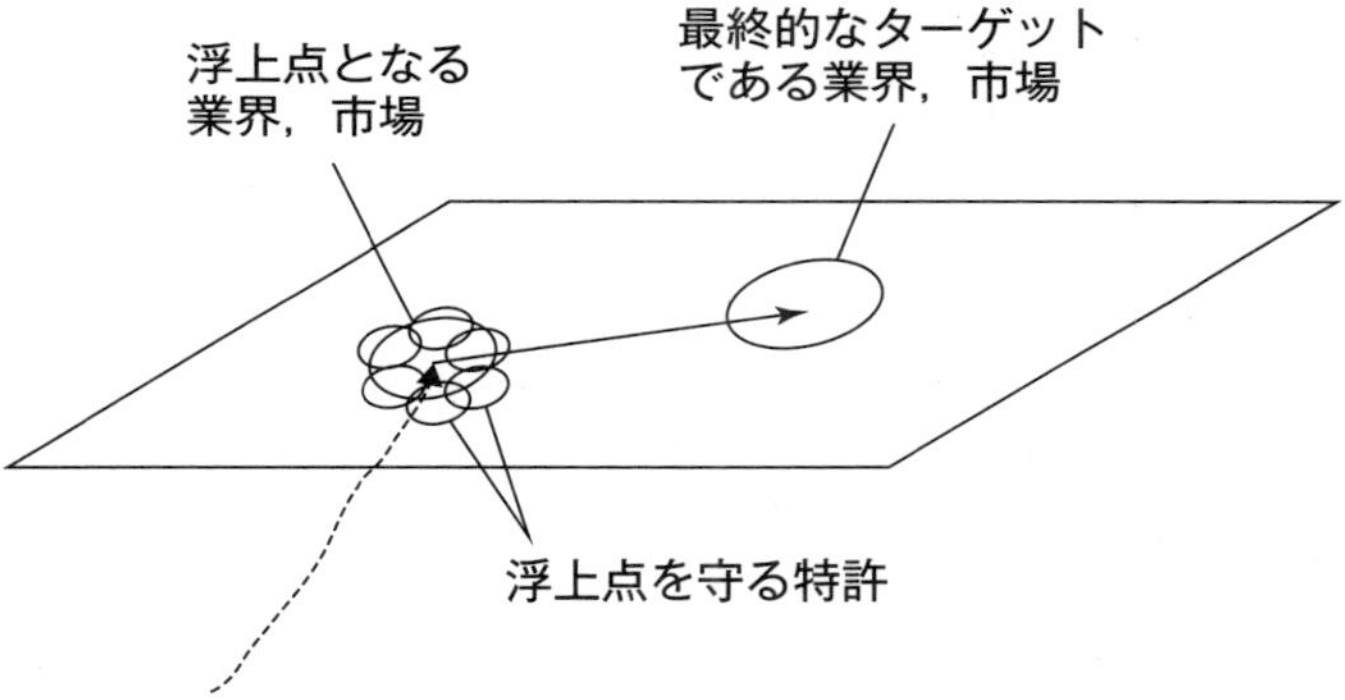

具体例を示してみよう。

最近はすっかり韓国勢にやられてしまっているが、液晶技術は戦後日本の一大イノベーションであることは間違いない。そして、現在の液晶ディスプレイの隆盛の基礎に、日本の各大手電機メーカーによるカラー液晶技術の開発があったことも間違いない。

カラー液晶ディスプレイの開発は、カラーフィルタやバックライトといった要素技術の開発も含め、多くのエネルギーと時間が費やされた。カラー液晶は、当然ながら、ブラウン管テレビに代わるものとして開発が始められたのであり、開発の目標は、テレビやパソコンのモニター用であった。しかし、揺籃期のカラー液晶技術を支えたのは、意外にもパチンコ業界であった。

世界発のカラー液晶ディスプレイ搭載のノートパソコンは、一九九一年にＮＥＣから発売された

NEC 9801-NCである。当時の発売価格は、今から考えられないが、何と五九万八千円であった。カラー液晶一枚が五〇万円はすると噂されていたから、それでも当時としては安いイメージがあったという。

一方、パチンコ機メーカーの平和は、一九九一年に既にカラー液晶搭載のパチンコ機「麻雀物語」を発売している。一九九三年には、三共が同じくカラー液晶搭載機である「フィーバーパワフルⅢ」を発売している。以後、競い合うように、パチンコ機業界は、カラー液晶搭載の新機種を発売しており、揺籃期のカラー液晶ディスプレイの一大バイヤーとしての役割を果たした。

つまり、カラー液晶技術は、明らかにパチンコ機の当たり表示用として実用化したのであり、そこが浮上点であったということである。つまり、ドラッカーにいわせれば、パチンコ機業界こそがカラー液晶メーカーが「創造」した最初の「顧客」であったのだ。

さて、このようにカラー液晶技術の浮上点というものを捉えてみると、特許的には何を考えるべきであろうか。

今貴方は、カラー液晶技術を研究している技術者であるとする。

研究開発に心血をそそいではいるが、現状のコストや歩留まりでは、最終的なカラー液晶パネルの価格は五〇万円にもなってしまい、ノートパソコンのモニター用や一般のテレビ用としては、買う人がいるとは到底思えない。そんな推測をしている。加えて、製品の寿命が短く、短期間にドット欠けや黒化のような欠陥ができてしまう。どこが買ってくれるであろうか。

そういうことを考えているうちに、パチンコ機業界なら買ってくれるかもしれないと思いつく。パチンコ機は全体の価格がパソコンなどに比べて高いから、ディスプレイの部分が少々高くてもそれほど大きな問題にはならないだろう。アナログ式（リール式）のフィーバー機が既に大ヒットしているし、カラー表示をして色々な当たりパターンが出るようにすれば、さらなる大ヒット機となるだろう。また、パチンコ機は、製品の回転が速く、客に飽きられないうちにすぐに新機種に切り替わってしまうので、ディスプレイの寿命が短い点もそれほど問題にならないかもしれない。

このように思いついた時点で、特許的には何を考えるべきであろうか。

ここまで読んで頂いた方は容易にわかると思うが、パチンコ機に搭載する際にカラー液晶ディスプレイの側で必要となるマイナーチェンジとか、カラー液晶ディスプレイを搭載することによってパチンコ機の側で新たに可能となる動作とかの特許を多く出していけば良いということになる。例えば、大当たりのレベルが幾つかあってそれぞれについて異なる色のパターンでディスプレイに表示されるというような内容が考えられる。仮に、パチンコ機メーカーの側がそのような内容の特許を出していなければ、特許になる可能性が出てくる。

つまり、パチンコ機メーカーという「顧客」が想定できた時点で、その顧客に売るに際して新しく生じるもの、生じ得るものを考え、特許を出せば良いのである。

特許が取れれば、他の電機メーカーはパチンコ機業界への売り込みがしづらくなる。つまり、パチンコ機業界という浮上点に最初に浮かびあがれるのは貴方の会社だけということになり、パチンコ機業界というエンジェルを最大限に利用できるのは貴方の会社だけということになる。そして、そのようなエンジェルをテコにして、パソコン用や一般テレビ用という最終ターゲットに最も早くたどりつけるのも、貴方の会社ということになるであろう。

この例のように、技術の共通性を利用した新規事業開発の場合、どこが浮上点かを予測することが非常に大事であり、予測される浮上点を守る特許を取っておくことが、非常に大事になってくる。つまり、最終的に目標としているセグメント、最終的に大きな収益を上げることができると予測されるセグメントは別にあるとしても、とりあえずのところで顧客になってもらえそうなセグメントがどこかを予測するのである。

その予測ができたら、そのセグメントの特性を考慮し、そのセグメントにおいて必須不可欠な内容について特許を取るのである。そのようにすれば、ライバルはその浮上点には浮き上がってこれないので、そこをテコにして最終的なセグメントに到達する戦略を取ることができない。ライバルは、別の浮上点を探すか、最終ターゲットに直接浮上しようとする困難な選択を強いられることになるのである。

第5節 新規事業の遂行プロセスにおける特許面での課題

本節では、新規事業の遂行プロセスにおける特許面での課題を若干取り上げてみたい。

本節の解説は、多分に特許実務的な面があり、法律的な説明も多いので、読み飛ばしてもらっても構わない。

1 新規事業の遂行プロセス

多くのコンサルタントが指摘しているように、新規事業開発は、テーマ選定と同様に、またはそれ以上に、事業化プロセスにおいて多くの課題をはらんでいる。

新規事業をどのような組織で行うのか。社内に新しい事業部を作って行うのか、または既存の事業部で行うのか。はたまた、新しい事業会社を作って行うのか。

また、新規事業のためにどのように人員を配置するのか。リーダーは誰がやるのか。サポートするメンバーをどのように配置するのか。そのような人員を社内のどのような部署から引っ張ってくるのか。

そして、新規事業のために社内にどのような支援態勢を敷くのか。資材調達や営業などの面でどのような支援が可能で、またすべきなのか。

さらには、新規事業のためにどの程度の資金をどのような形で用意し、どのように使っていくのか。

そして何よりも重要なのは、新規事業の遂行のプロセスをどのように管理するのか。新規事業の最終的な目標をどのように設定し、その目標に到達するための計画の進捗状況をどのように測定し、評価するのか。そして、目標に到達できそうにない場合、どのような状況になったら撤退するのか。新規事業の遂行プロセスには、こういった非常に重要な多くの課題があるが、これらの課題を取り扱うことは、本書のテーマではない。これらの課題については優れたな解説書が多く存在しているので、そちらに譲りたい。巻末の参考文献の欄で幾つか紹介しておいた。

とはいえ、新規事業開発の遂行プロセスにおいて特許的な面で注意すべきことがある。本節では、この点について解説する。

2 特許出願という仮説の管理

起業であれ、新規事業開発であれ、事業＝変化への対応というモデルで考えれば、事業プランは一つの仮説である。現在の状況や将来の変化に対する仮説である。現在の状況はこうなっており、将来はこうなるはずだから、このようなニーズがあり、したがってこのような商品やサービスが売れるはずだという仮説である。

仮説であるという点は、特許出願についても全く同じである。特許出願されるビジネスモデルは、出願の時点では新規なもの（世の中に存在しないもの）でなければならないから、特許出願という行為は、現在の状況や将来の変化に対する仮説である。即ち、現在の状況はこうなっており、将来はこうなるはずだから、このようなニーズがあり、したがってこのような商品が売れるはずだという仮説を特許庁に対して主張する行為が、特許出願である。

したがって、特許出願の管理とは、新規事業開発のプロセス管理の面でいえば、企画段階で考えたこと（仮説）の管理に他ならない。

この管理は、

・企画段階で考えたことが、実際には違うことがわかってきたとき

・企画段階で考えたことが抽象的であったり不十分であったりしたため、具体化したり補強したりする必要があるとき

という二つの局面で重要になってくる。

3 仮説の間違いの管理

仮説は、当然に間違うことがある。

仮説が間違っていたと気づくタイミングとしては、事業を開始する前と開始した後とに分けられる。特許的に重要なのは、どちらかというと事業を開始する前に間違っていたと気づく場合である。事業を開始した後に間違いに気づく場合は、商品が全然売れなくてニーズの把握にミスがあったというのが典型的な例である。この場合、失敗に対して謙虚な企業であれば、なぜ商品が売れないかを徹底的に分析し、顧客に対してヒアリングし、商品を根本的に見直すか、事業から撤退するかである。根本的に見直す場合、見直した商品について改めて特許を出していくことになる。

一方、後から参入しようとしている競合他社も、その失敗を見ている。先発企業の失敗を分析し、どうすれば成功するのかを検討し、先発の商品の問題をクリアした商品を出してくる。その後発の企業は、当然ながら、問題をクリアした商品についての特許を出願する。

結局は、先発企業が自らの失敗を分析して改良した商品の特許を出すのが先か、後発企業が先発企業の失敗を分析して改良した商品の特許を出すのが先かの争いとなる。多くの場合、先発企業は、仮説は正しいはずだという先入観があるから、自らの失敗の分析のペースは遅い。したがって、後発企業に軍配が上がってしまう。優れたコンセプトの商品を出した先発企業が、軽々と後発企業に出し抜かれてしまう原因はここにある。

つまり、新規事業開発全般にいえることであるが、特許出願という仮説の管理は、ある意味、失敗分析の競争だということである。後発の競合他社よりもいかに早く自社の失敗の原因を分析しきるかということである。

4 競合他社に知られないように失敗する

特許出願という仮説の管理が、競合他社との失敗分析の競争であるとすると、考えなければならないのは、いかに競合他社に知られないようにして（または、知られないうちに）失敗するかということである。つまり、新規事業を開始する前に失敗をし、その情報を取得すべきである。

しかし、何かをやるからその先に失敗があるわけで、何もやらなければ失敗もない、との反論があろう。

それは確かなのだが、市場テストとか、テスト販売といった手法がある。そのような試験的な事業化を、競合他社に情報が伝わらないような状態で行うのである。つまり、試験的な事業化において顧客に対し守秘義務を課した上で商品を販売するのである。特許的な意味でも、守秘義務がない者が知った時点で新規性が失われるから、顧客に守秘義務を課した状態でのテスト販売という手法は、重要である（注２－４）。

（注２－４）　前述したように新規性喪失例外規定（特許法三〇条）が改正され、テスト販売的な行為も例外措置の対象になった。つまり、テスト販売をしてもその行為によっては新規性は喪失しないものとされる。ただし、出願日の遡及ではないので、競合他社との関係では依然として注意が必要である。つまり、テスト販売を見た競合他社が改良版について先に特許出願をすると、自社の特許が拒絶されたり、競合他社に特許が与えられてしまう可能性がある。

競合他社が気づく前に仮説の誤りを把握できれば、いち早くそれに対応して商品を改良できるし、改良した商品について特許を取ることで優位性を確保することができる。勿論、本格的な事業化の段階で初めて気がつく仮説の誤りについては、競合他社との失敗分析の競争になってしまうが、仮説の誤りのすべてについて競合他社と競争する場合に比べ、遙かに有利に事業化を進めることができるはずである。

5 特許出願という仮説の抽象性の管理

特許出願という仮説の抽象性の管理は、特に、「技術の関連性」のようにリードタイムが長くなる傾向の新規事業開発の場合に特に必要になってくる。

前述したように、「技術の関連性」という競争優位を狙っての事業化の場合、事業化を決定した段階では商品のコンセプトは抽象的な場合が多く、具体的な商品の形態がイメージできていない場合が多い。開発を進めていく過程で、必要な仕様や性能が煮詰まり、それらに必要な技術要素がわかってくる。即ち、技術情報の蓄積量が増えていく。

■一年半という時間の管理

このような抽象性の管理を行う上で重要なのは、一年半という時間の管理である。

前節で、新規事業の企画段階で出願しておくべき特許、企画部員の特許出願ノルマというのがあると述べた。

しかし、特許出願というのは、出願してから一年半後に内容が公開特許公報という形で特許庁において公開される。ある内容の特許出願が公開されて公開特許公報が発行されると、そこに記載されている情報は公知の事実ということになる。したがって、関連した別の内容の出願をその後にする場合、最初にした出願の公開特許公報の内容を基準にして後の出願の進歩性が判断される。即ち、最初の出願の公開特許公報の内容に比べて十分に進歩していることが後の出願の特許付与の条件となる。

このことは、第三者のみならず最初に特許を出した出願人自らが後の出願をした場合も同様である。つまり、自社が最初の特許出願をしてその内容が一年半後に公開された後に別の出願をする場合、最初の出願の内容から十分に進歩した内容としなければ、自社も特許を取ることができないのである。

この一年半の問題と企画部門の特許出願ノルマの問題とを併せて考えると、特許出願における抽象性の管理の問題が浮き上がってくる。

企画部員が事業計画書をドラフトした段階で特許出願を会社に提案し、特許出願をする。会社は、事業計画を承認し、事業化の準備に入る。しかし、「技術の共通性」のように事業化までに長い時間がかかってしまったとする。その間に、仕様や性能、必要な要素技術などの細部が決められていき、それら具体的な内容に関して特許出願を行ったとする。

この際、図2－9（A）に示すように、企画部員の提案による最初の特許出願から一年半が経ってしまっていると、具体的な内容の特許出願は、最初の特許出願の公開公報が出てしまっているので、基本的なコンセプトは公知の事実であることを前提に特許審査がされてしまう。この場合、具体的な内容の出願は、進歩性のレベルが低く評価され、特許が認められないことも多い。

一方、図2－9（B）に示すように、最初の特許出願から一年半未満に特許を出せば、まだ公報は出ていないので、基本的なコンセプトも含めてすべてが新しいものとして審査される。したがって、進歩性のレベルが高く評価され、特許が認められる可能性が高くなる。ただし、具体的な内容の特許出願がされた時点では新規事業について社外発表（プレス発表や顧客や投資家への説明など）を原則としてしていないことが条件ではある。

したがって、特許出願の抽象性の管理は、まず第一に、最初の抽象的な内容の出願を行ってから一年半以内に具体的な内容の出願をするということである。

図2－9

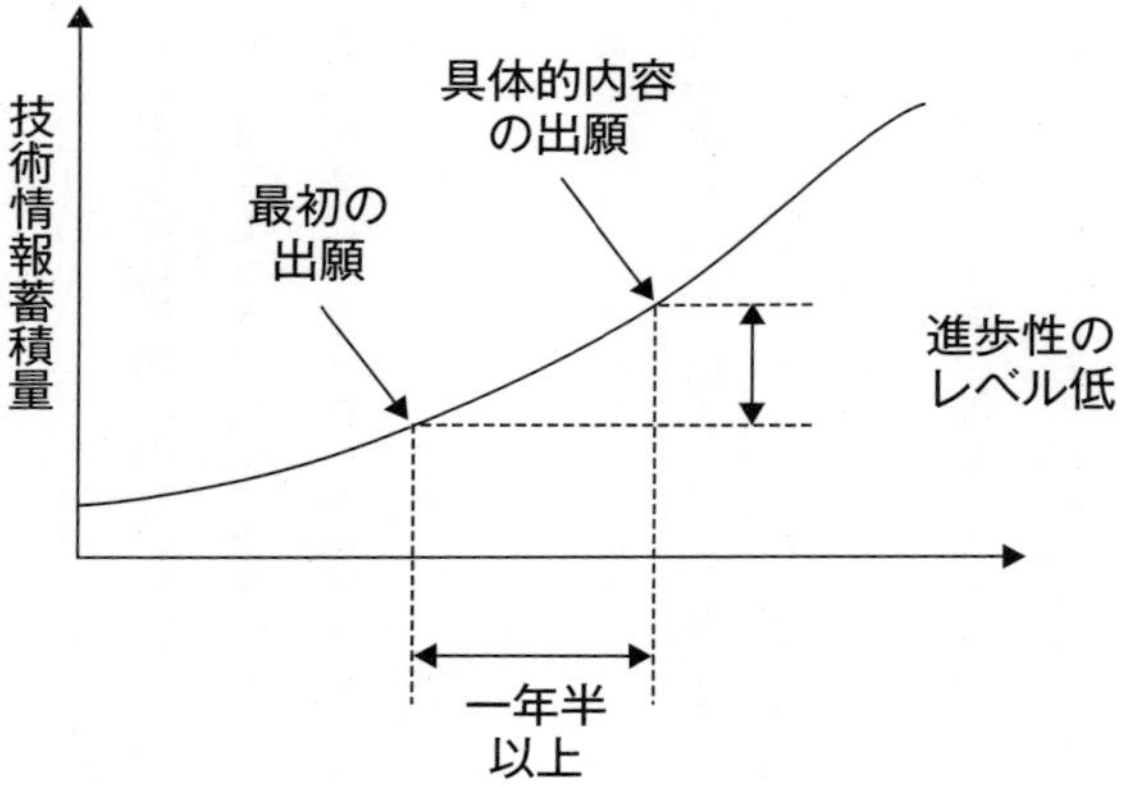
技術情報蓄積量
具体的内容
の出願
最初の
出願
進歩性の
レベル低
一年半
以上

（A）

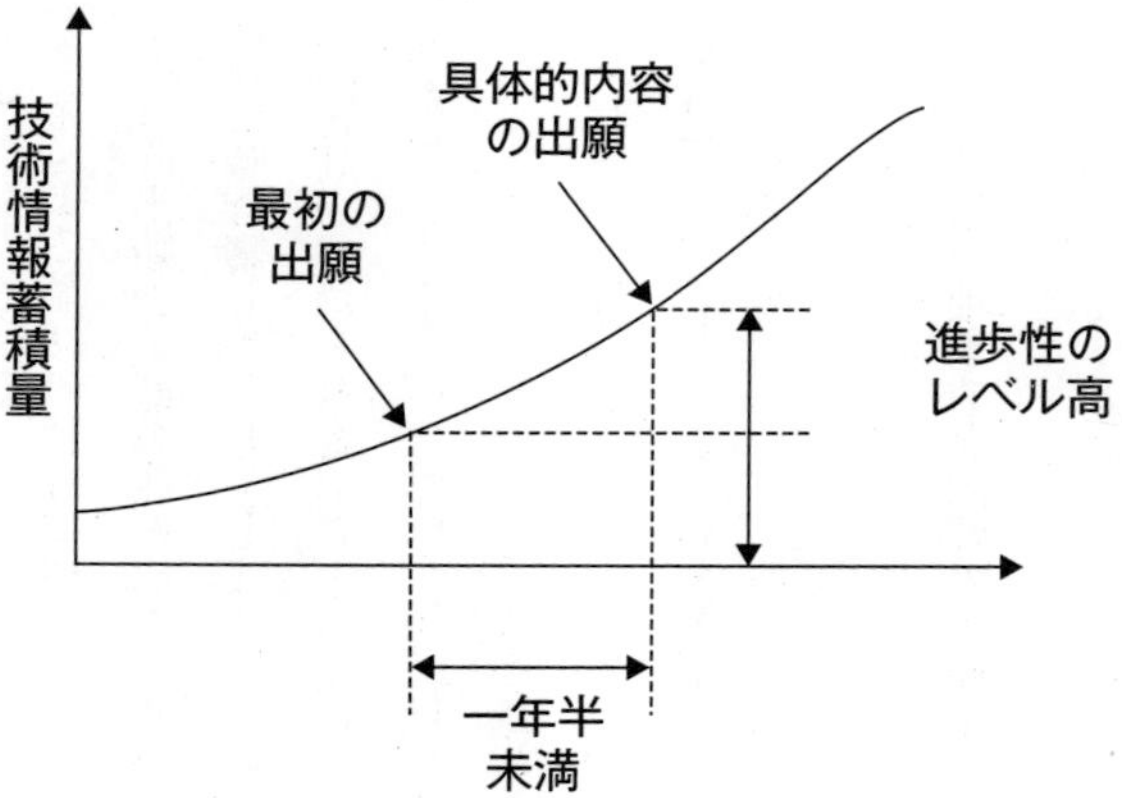
技術情報蓄積量
具体的内容
の出願
最初の
出願
進歩性の
レベル高
一年半
未満

（B）

■実施可能要件という法律問題

特許出願の抽象性の管理の二つ目の点は、実施可能要件という法律問題の管理である。最初に出した基本的な内容の特許出願が認められれば、一年半を超えて出した具体的な内容の後の特許出願に特許が認められなくとも、基本的なコンセプトは押さえられているから問題はないともいえる。

しかし、最初の基本的な内容の特許出願について何らかの事情で特許が認められない場合、新規事業について全く特許が取れない事態となってしまう。この「何らかの事情」の典型的なものが、実施可能要件という法律問題である。

特許法には、過度に抽象的な発明については、「容易に実施できる発明ではない」として特許を拒絶する条項がある。事業計画書をドラフトしている段階での特許出願は、内容が抽象的にならざるを得ないので、実施可能要件違反であるとして特許が認められない可能性がある。特に、「技術の共通性」のようなリードタイムの長い新規事業開発の場合、その可能性が高い。

■実施可能要件の管理

企画部員が新規事業について特許出願の提案書を作成し、知財部門に提出したとする。知財部門では、提案書を精査し、出願可能かどうか判断する。その判断には、当然に実施可能要件を満たす

図２－10

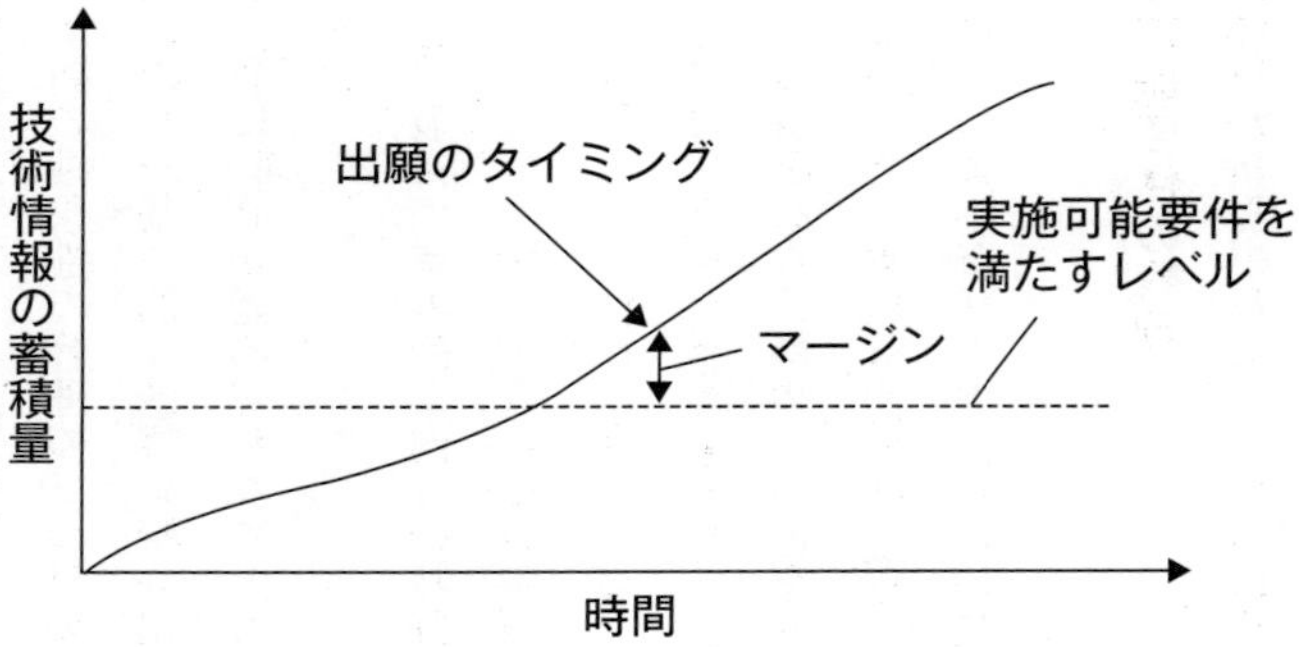

かどうかの判断も含まれる。

単に出願して公開だけすれば良いというような防衛的な理由がある場合は別として、その段階では実施可能要件を満たさないと判断すると、通常は出願が保留されることになろう。その後、新規事業の企画が承認され、事業化に向けた開発が技術部門で開始されると、事業化に必要な技術情報が徐々に蓄積され、その事業プランの内容が実施可能要件を持つようになる。

したがって、大事なことは、技術情報蓄積を常時モニターし、実施可能要件を満たす程度に集まったと判断されたタイミングで遅滞なく特許出願することである。勿論、実施可能要件を満たすかどうかは、個々の案件での特許庁の審査官の判断であり、審査基準や判例があるとはいえ、判断のぶれ幅は小さくない。したがって、図２－10に示すように、ある程度の保険（マージン）を持って実施可能要件を満たしたとすべきである。

図2－11

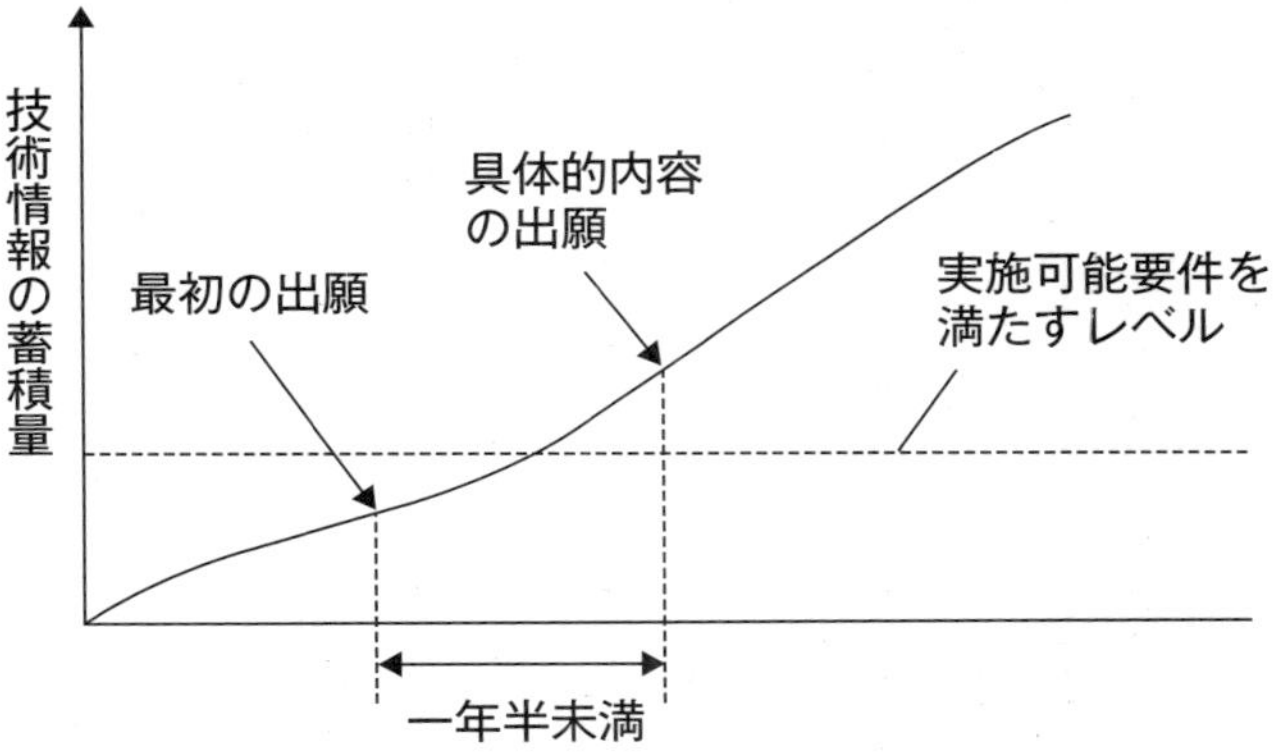

■実施可能要件と一年半

実施可能要件の問題は、実は、一年半の問題と複雑にからみ合っていて、両者を考慮した管理が必要である。

最初に出した基本的な内容の特許出願が実施可能要件違反で拒絶され、後に出す具体的な内容の特許出願が一年半後になってしまって進歩性なしとして拒絶されてしまうと、新規事業について全く特許が取れない事態となる。

これを防止するには、最初の特許出願のタイミングを遅らせることを考えなければならない。

どの程度遅らせれば良いかということであるが、図2－11に示すように、実施可能要件を満たす具体的な内容の出願が一年半未満にできるタイミングということになる。研究開発の状況、進捗の予測をしながら、あと一年半もあれば実施可能要件を満たす程度の技術情報が蓄積されるであろうという予測ができた段階で最初の特許出願を行うのである。

しかし、ライバルも同様に市場の動向に注視している。ライバルも同じような新規事業開発を考えているかもしれないのである。

仮に、ライバルが同じような新規事業開発を考えていて同じような特許出願をしたとする。自社は、実施可能要件を満たすまでとタイミングを遅らせており、ライバルに先に出願されてしまったとしよう。ライバルの出願も実施可能要件違反で拒絶されれば問題はないが、実施可能要件を満たすとして特許されてしまうことがあり得る。こうなってしまうと、ライバルに基本特許を押さえられてしまったことになるので、事業化は不可能になり、事業化のためにした投資は無駄金ということになってしまう。

これを考えると、やはり基本的な内容の特許は早く出すべきである。ライバルの動向にもよるが、実施可能要件を満たすのがあやふやな状態でも出すべき場合があろう。実施可能要件を満たさないとして拒絶された場合でも、ライバルの出願がその後ということになれば、いわゆる特許法二九条の二の条項によりライバルも特許が取れない可能性が高いからである。

このように、実施可能要件に疑問符が付く状態で基本的な内容の出願をした場合、その出願が拒絶されてしまう可能性が高いから、一年半の管理の重要性が非常に増してくる。つまり、ライバルの動向を見ながら適切なタイミングで基本的な内容の出願をし、そのタイミングに合わせて一年半の管理をしていくことが重要である。

ライバルの技術開発が早そうな場合、自社も対抗して早い段階で最初の特許出願をすることがあるだろう。この場合、一年半近くになっても技術情報の蓄積が少なく、実施可能要件を満たす出願ができないようであれば、技術部門にハッパをかけ、何としても一年半以内に出願できるようにしていかなければならない。

コラム２

――新規事業のテーマ選定を巡る理論――

新規事業のテーマとして何を選定べきかについては、古くはボストン・コンサルティング・グループのプロダクト・ポートフォリオ（ＰＰＭ）理論があり、アンゾフのシナジー理論があり、ポーターの価値連鎖理論がある。さらに、ハメルらのコア・コンピタンス理論もある。

ＰＰＭは、一九六〇年代の行き過ぎた経営多角化の反省が背景にあり、どの事業から撤退し、どの事業を残して発展させるかという観点から生まれてきた。最適な事業のミックスは何かを論じるものである。

アンゾフのシナジー理論やポーターの価値連鎖理論は、事業単位間の関係性を分析して事業進出の是非を論じるものである。シナジーには、実は負のシナジーもあるという指摘もされている。複数の事業を運営することによる管理コストの増大をあり余る程にシナジーがなければならないとする点で、ポーターの理論の方が深化している印象を受ける。

ハメルらのコア・コンピタンス理論は、リストラクチャリングやリエンジニアリングといったものが盛んに叫ばれていた頃に出てきたもので、自社の強み（コア・コンピタンス）を考ええずにリストラクチャリングすることの危険性を指摘している。シナジーや価値連鎖というような企業の内部価値の中でも特にコアになっているものに注目すべきだとの意見は、傾聴に値する。

これらの理論は、企業が複数の事業単位を持つことを当然の前提にしており、どちらかという新規事業を積極的に推進する理論であるといえる。

一方、キャンベルらが主張するのは、これらとはちょっと毛色が違う。どちらかというと新規事業には否定的で、それらは一種のギャンブルであるとの見方である。

彼らが主張するのは、成功する新規事業開発というのは、本業で培われた企業の社風とか文化とか体質とかいったものがフィットする事業であることが必要で、シナジーがあってかつそのようなフィット性のある事業というのは、元来、絶対数が少ないということである。だから、めったに新規事業は成功しないということである。キャンベルらは、インテルが行った数多くの新規事業の失敗を例にこれを説明している。

確かに、彼らの主張が符合することも多い。

例えば、垂直統合をして川上とか川下に進出する。川上や川下は、自社の事業との関連性が高いので、土地勘もあり、成功しそうに見える。しかし、類似した事業に見えてそこで要求される企業文化は全く違うということが多々ある。端的な例は、産業用しか扱ったことがない部品メーカーが民生品の完成品市場（川下市場）に進出する場合である。技術的には完成品を簡単に製造できる場合でも、民生品の市場では、販売チャンネルや広告宣伝、マーケティング、ＰＬ対策、クレーム対応など、産業用製品の事業では培うことが困難な多くのスキルやマインドが必要になってくる。ハードルは高い。

逆に、スキルやマインド、文化、体質などの面で共通性が高ければ、川上であるとか川下であるとかとは無関係に成功する場合もあろう。

例えば、セコムは、二四時間対応の訪問看護サービスを提供している。これは、本業のホームセキュリティサービスとの関係では川下でも川上でもない。顧客が共通しているわけでもない。しかし、「何かあったらすぐに駆けつける」という企業マインドにおいて共通している。このため、セコムは事業進出を決定したのではないだろうか。無論、そのような企業マインドの共通性を競争優位の確保につなげていくことが重要で、その点において特許が役割を果たす場合もあろう。

第3章

起業編

本編では、企業を志す方にとって特許面でどのようなことを考え、実行すれば良いかを解説していく。起業に特有な事項も多いが、企業における新規事業開発と共通した事項も多い。第2章も参照しつつ読み進んで頂きたい。逆に、企業における新規事業開発においても、本編での解説が参考にできる部分が多々ある。非常に小さい規模で始める新規事業や社内ベンチャー的な事業開発の場合、参考にできる部分が多いであろう。

第1節　起業することの意味

1　起業とは何か

起業とは何か。起業するとはどういうことなのか。
本編をこの問いから始めてみたい。
起業とは何か。

私は、自らのオリジナリティを通して世の中とコミュニケーションすることであると思っている。

起業とは、事業を起こすこと。即ち、事業家でなかった者が事業家になることである。

ではなぜ事業家になるのか。

一つは、自らの生き方の問題である。事業家として生きることを望むからである。

もう一つは、自らが考える事業を世に問うてみたいからである。今の世の中はこうで、そこにはこういうニーズがあるはずだ。であれば、こういうソリューションが必要なはずだ。そういう想いを試してみたい。だから起業するのである。

オリジナリティを通して世の中のコミュニケーションするとはどういうことか。

これは、アーチストの場合と比較するとよくわかる。

アーチストもアーチストとして生きることを選び、自らの想いを世の中に対して発信する。しかし、アーチストは表現者である。世の中とコミュニケーションすることはない。ここでいっているコミュニケーションとは、世の中の側からの反応を見てソリューションを変えていくということである。

アーチストは、世の中の反応を考えて自らの表現を構築していくことはない。そんなことをしたらアートではなくなってしまう。無論、芸能とか映画とかいったアートとビジネスが交錯する分野では、受け手の評判を気にしながら制作しないと成り立たない面はある。しかし、プロデューサーの立場は別として、個々のアーチストは自らが表現したいものを表現したいように表現するのであり、一方的な情報発信である。相手の評価を気にして内容を変えだしたとたん、それはアートではなくなる。

一方、起業家はどうか。自らの想いを世の中に対して一方的に発信するだけのものであれば、それは起業ではない。そのような起業家は生き残れないからである。世の中は今どうなっているのか。ニーズはどのように変化しているのか。常に探っていなければならない。そして、探った結果をもとに常にソリューションを変えていかなければならないのである。

世の中が今こうなっていると思ってソリューションを世の中に提示する。ソリューションがビジネスとして上手くいくこともあるし上手くいかないこともある。たいていは最初は上手くいかない。上手くいかなければ、世の中が今こうなっていると思っていた前提が間違っていたということである。思い直し、別のソリューションを世の中に提示していく。これの繰り返しである。これが起業である。つまり、ソリューションを通した世の中とのコミュニケーションである。

起業というのは、多分に創造的な行為である。

今世の中はこうなっており、このようなソリューションが必要なはずだという想いには、起業家のオリジナリティそのものである。アーチストよりも創造的たらざるを得ないかもしれない。世の中の側からの反応を見て創造をさらに新しくしていかなければならないからである。私が「オリジナリティ」という言葉を使ったのは、こういう理由からである。

起業というのは創造的な行為なのであり、いや創造的な行為でなければならないのである。起業が創造的な行為ではない場合、それは、世の中に対する新しいニーズの認識はなく、新しいニーズに対応しようというソリューションもないということになる。つまり、それまでに誰かがやってきたビジネスと同じビジネスをやることである。そのような起業は、成功しない。起業が創造的行為でなければならない理由は、ここにある。

そして、起業に特許が関連してくる理由もここにある。

かくいう私も、弁理士として起業し、今この本を書いている。

ビジネスを成功に導くにはどんな特許を取るべきか。そのようなことにコミットする弁理士は多くはない。ほとんどの弁理士は、クライアントが取りたいと思う特許を取らせてあげるのが弁理士の仕事だと思っている。

しかし、私はそうではないと思っている。ビジネスを成功に導くにはどのような特許を取るべきかをクライアントと一緒に考え、そのような特許を取って実際にビジネスを成功に導くのが弁理士の仕事だと思っている。そのような想いを通して世の中とコミュニケートしてきた。

2 フランチャイズ

ここに、オリジナリティの要らない起業がある。フランチャイズである。

フランチャイズでは、各加盟店（フランチャイジー）は本部が決めたビジネスモデルを、本部が決めた枠組みとルールの中で実行する。したがって、そこにオリジナリティは要らない。世の中は今こうなっており、こういうソリューションが必要なはずだという想いは、フランチャイジーには不要であり、また認められてもいない。

フランチャイジーにあるのは、売り上げの何割かを本部に支払って後は自分の取り分になるという、収入の形態だけである。今自分のお店の周辺の状況はこうなっており、こんなニーズがあるはずだから、こういう風にやり方を変えていこうといった創造性の発揮は、フランチャイジーにはできない。ただ、本部の指導に従って黙々と業務をこなすだけである。

無論、フランチャイズ本部は、フランチャイズ事業を起こす際、世の中は今こうなっているから、このようなソリューションが必要だ、というオリジナリティを携えたであろう。しかし、個々のフランチャイジーにはオリジナリティの自由度はなく、本部のオリジナリティと運命を共にするのみである。

私は、このような起業（フランチャイジーとしての起業）に意味がないといっているわけではない。それは個人の生き方の問題である。少なくともいえることは、フランチャイジーという形で起業するのであれば、オリジナリティは要らず、特許は関係がないので、本書は読む必要がないということである。

例えば、職人をフランチャイズ化したフランチャイズ事業が幾つか知られている。職人のバックオフィス的な機能、広告宣伝とか請求書発行とか納税とか人事管理とかいった機能を本部が行い、個々のフランチャイジー（職人）は自らの技能を提供するだけというビジネスモデルである。

このような職人フランチャイズでは、フランチャイジーとして独立する個々の職人は、仕事としてはそれまでやってきたことと同じことをするのであり、経営的にもオリジナリティは要らない。しかし、人に使われて仕事をするよりはやりがいがあるし、良い仕事をすればより仕事が増えて収入も増える。したがって、このようなフランチャイズ事業の社会的意義は大きい。ただ、起業する個々の職人についてみると、オリジナリティは要らないので、特許は関係がないのである。

なお、フランチャイズも色々で、個々のフランチャイジーにかなりの自由度を与えているものもあるだろう。ある加盟店でのやり方（オリジナリティ）を評価し、良いやり方であれば、すぐに採用して全加盟店で同じようにやらせる。こういったフランチャイズもあるだろう。事実、マクドナルドのフィレオフィッシュなどの商品は、すべてフランチャイジーのアイデアだという。また、フランチャイズビジネスの草創期には、各フランチャイジーが個々にアイデアを持ち寄り、フランチャイズのシステムをより良いものにしていかなければならないこともあるだろう。このような場合には、当然、特許的なことも問題になる。したがって、本書の内容は大いに参考になる。

3 成功する起業、運の問題

世の中には色々な成功物語があり、また失敗物語がある。

成功した者についてこれこれで成功したと喧伝する類の本が満ちあふれている。

しかし、成功できた要因には、多かれ少なかれ「運」というものがある。成功の原因のほとんどが運であったと思われるケースさえ見受けられる。運というのは、起業した時の経済状況といったものが多いのであるが、ソニーの井深さんが森田さんと巡り会ったように、人との巡り会いという運も多い。

勿論、運も実力のうちである。運が巡ってきた時に逃さず掴めるようにちゃんと準備していたということもあろう。人との巡り会いには、人脈を広げる能力とか、人柄といったことも当然にあるだろう。

しかし、成功のかなり大きな要因が運であることに変わりはない。

起業の成功が単に運であるとしたらどうしたら良いのか。運が巡ってくるまで単に待っているのか。

そうではない。サイコロを振り続けるのである。

仕事がら多くの起業家の方を見ていてつくづく思うのは、成功した人というのは、単に途中で止めなかった人というのに過ぎないということだ。起業には、途中で止めるか、成功するかしかない。失敗というのはない。つくづくそう感じる。

起業というのは、熱い鉄の棒を手で持って右から左に置くようなものだと思う。

熱い鉄の棒には、一カ所だけ冷たい箇所がある。しかし、それはどこだかわからない。このような鉄の棒を手に持って右から左に置くだけで一億円もらえるとしよう。みな我先にこれに挑戦する。ほとんどの者は熱いところを持ってしまい、大やけどをして失敗する。もう二度とこんな挑戦はいやだという。ごくまれに、運良く冷たいところを持つことができ、一億円を手にすることができる者が出てくる。失敗した者たちは、あいつは運が良かったと羨む。

しかし、大やけどをして失敗した者のうち、もう一度やってみようという者はまずいない。ここが問題なのである。

成功する者は、一度大やけどをして失敗しても、もう一度やるのである。無論、単にもう一回挑戦するだけではだめである。大事なことは、最初持ったところと違うところを持つということである。つまり、最初にやったのとは違うやり方でビジネスをするということである。

さらにもう一つもっと大事なことは、最初にやって大やけどをした際、その大やけどによってどの程度の情報を収集したかということである。最初に持った際、熱いのはわかるが、熱いとはいってもどのように熱かったのか。同じ熱さでも、手のひらの感触のうち右側の方が少し熱さは少なくなかったか、いや左の方が熱さが少なくなかったか。そのような情報を熱さの強烈な痛みの中で収集しなければならない。もし右の方が少し熱さが少ないようであれば、持って大丈夫な冷たい箇所は、最初に持った箇所の右側にあるに違いない。そういう推測ができる。だから、次に持つ時は、最初に持った箇所の右側を持つのである。これを何回か繰り返せば、必ず冷たいところを持つことができ、成功する。

鉄の棒の長さは有限である。例えば、手のひらの幅の十個分としよう。であれば、最も運の悪い者でも、十回繰り返せば必ず成功するのである。しかし、痛い思いは何回もしたくはないので、なるべく少ない回数で成功した方が良い。だから、それぞれの挑戦においてなるべく多くの情報を収集するのである。実際のビジネスでは、挑戦の場は世の中であり、無限とも呼べる広がりがある。だから、各回の挑戦でなるべく多くの情報を収集しなければならないのである。

各回の挑戦で情報を収集するということは、言い換えれば、世の中は今このような状況でこのようなニーズがあるはずだから、このようなソリューションがヒットするはずだという考えに対する「世の中の側からの回答」に耳を傾けるということである。世の中（市場）とのコミュニケーションということである。ドラッカー的にいえば、「予期せざる失敗」に基づくイノベーションである。

この「熱い鉄の棒」の比喩で気をつけなければいけないのは、最初の失敗（またはそれに続く各回の挑戦における失敗）で死んではいけないということである。最初の失敗でどんなに大やけどをしても、十分に治癒でき、再挑戦できるものでなければいけない。もし、他の人が棒を掴むのを見ていて、一回の挑戦で再起不能になるようであれば、挑戦はやめなければならない。棒を長く持てばより情報を収集できるが、より大きなやけどになり再起不能になってしまうこともある。情報の収集も大事だが、再挑戦できる程度のやけどにとどめながら挑戦を繰り返さなければならない。

つまり、一発勝負の起業はダメということである。成功する起業は、何回もやり方を変えて再挑戦できるものであり、かつ挑戦するたびに情報を収集できてその情報を次回の挑戦に活かせるものでなければならない。

企業における新規事業開発でもいわれることであるが、個人の起業の場合、小さく始めるということが特に重要である。なぜかといえば、勿論、大企業が手を出しにくいニッチを相手にするからということもあるが、何回でもチャレンジするため、という意味もある。一発勝負でやって負けてしまってハイ終わりではダメなのである。小さく始めて最初はダメでも、何とか生き残り、次のチャレンジができるようにすることが重要なのである。

第2節

成功する起業

前置き的な話が長くなってしまったが、成功する起業とは何か、特許的に何を考えたら良いのかといった本題に入っていこう。

まずは、何をするのか。起業のネタは何かということからである。

1 起業のネタはどこにあるか

起業というものを漠然と考えているサラリーマンの方々にとって、どこに起業のネタがあるのかが、最大の関心事であろう。

起業のネタはどこにあるのか。

それは、貴方が今やっていることの隣りにある。

起業のネタは、貴方が今やっていることから遠く離れた場所にあるのではない。貴方が今やっていることのすぐそばにある。

すぐそばといっても、貴方が今やっていることの延長線上ではない。隣りである。この隣りという感覚が、非常に大事である。

具体例を挙げてみよう。

マクドナルドの創業者レイ・クロック氏は、マルチミキサーという調理器具を営業マンであった。

彼は、カリフォルニアに八台ものマルチミキサーを駆使して大繁盛しているハンバーガーショップがある聞き、飛んでいった。そして、マクドナルド兄弟が経営するその店の念入りに計算し尽くされた合理的なオペレーションに非常な感銘を受けた。彼は、マクドナルド兄弟のお店をアメリカ中の主要道路に展開するというプランがひらめき、マクドナルド兄弟に提案した。マクドナルド兄弟が、余計な管理業務を背負い込むことになると尻込みすると、レイ・クロックは私がやりますといって、マクドナルドが誕生したのである。レイ・クロック氏は、この時既に五二歳であった。

本田宗一郎氏は、自動車修理工場に勤務した後、二二歳の時のれん分けで独立したが、最初に行った事業はそれまでと同じ自動車修理工場であった。しかし、彼は、自転車で買い出しに出る妻の苦労を想い、オートバイ事業に進出した。

ファーストリテイリングの柳井正氏は、わずか九ヵ月だけ勤めたイオンを辞めて実家の小郡商事という会社を継いだ。この会社は、紳士服が中心の店舗を展開する会社であった。しかし、彼は、紳士服ではなくカジュアル衣料の良質品の廉価販売というコンセプトにたどりつき、全国展開を開始した。

楽天の三木谷氏は、興銀に務める銀行マンだった。彼が始めたインターネット・ショッピングモール事業は銀行業とは関連がなかったが、その後の楽天の成長をもたらした大きな要因は、M&Aであった。M&Aは、三木谷氏が興銀にいた時の担当業務であった。

これらの例を見ればわかるように、成功した起業家は、彼らがそれまでやってきたことに近いこと、関連性があることをやって成功している。近いからといって、全く同じというわけではない。

2 今やっていることの隣り

なぜ隣りなのか。

成功する起業というのは、なぜ、今やっていることに関連したものでなければいけないのか。これは、第2章を読んで頂いた方にはわかるであろう。企業における新規事業開発の場合と同じである。

企業における新規事業開発は、既存事業における何らかの価値連鎖を共用するものでなければ、成功は難しい。何からの価値連鎖を共用できなければ、同様に参入してくる他の企業に対して優位性が確保できないからである。

個人が起業する場合も同じなのだ。

市場が地殻変動を起こしてニッチが生まれる。そのニッチを目指して多くの者が起業し参入してくる。それら参入者との間の競争に勝って成功するには、自分が持っている価値とそのニッチとの間に何らかの関連性がなければならないことは明らかである。自分が持っている価値とは、それまでに自分がやってきたことで得た知識、ノウハウ、技能、経験、人脈などである。即ち、企業の新規事業開発における「価値連鎖の共通性」を個人の場合に置き換えたのが、「隣り」ということなのである。

このような知識、ノウハウ、技能、経験、人脈などが、すべて一人の人間に帰属している必要はない。むしろそのようなケースはまれであろう。友人らと共同して起業するケースも多いが、各人がそれぞれ異なる能力や知識を持ち寄り、それらが上手く組み合わさることで起業が成功することも多い。ソニーの井深大氏と盛田昭夫氏の関係は、この典型的な例である。

3 なぜ延長線上ではないのか

では、なぜ延長線上ではないのか。

延長線上の起業は、それまで自分がやってきたことで得た知識、ノウハウ、技能、経験などをより活かせる。競争優位性も発揮できそうである。

しかし、これは止めた方が良い。

延長線上の起業は、それまで自分が勤めてきた会社と同じことをやるということであり、何ら新しいビジネスモデルを打ち立てるものではない。つまり、延長線上の起業というのは、何か新しい変化をチャンスと捉えるものではなく、新しいビジネスモデルを世に問うていくものではない。

しかも、同じことをやるということは、それまで自分が勤めてきた会社と、完全にぶつかってしまう。

だから、止めた方が良いのである。

せっかく独立・起業するのであるから、今勤めている会社からできれば応援してもらうような形が望ましい。独立・起業をして成功すると、今勤めている会社の商品の売り上げも伸びるといった相乗効果があることが望ましい。流行の言葉でいえば、ＷＩＮ－ＷＩＮの関係が築けることが望ましい。そのような形でなくとも、最低限、今勤めている会社とは敵対しないようにすべきである。

だから、延長線上はダメなのである。

延長線上の起業をしてしまうと、今勤めている会社との激しいシェア争いになってしまい、消耗戦となる。せっかく起業しても、大きな成長は見込めない。本田宗一郎氏が自動車修理工場として会社を大きくする方向を採らなかったのは、このようなことも考慮されたのだろう。

例外的に延長線上の起業が許されるケースがなくはない。延長線上の起業が許されるのは、以下の二点を満足する場合である。

・今勤めている会社の事業は非常に成長している分野であり、一社や二社プレーヤーが増えても何の影響もないこと。

・逆にプレーヤーが増える方が市場自体が大きくなるので好ましいこと。

この二つの条件が揃わない限り、「延長線上の起業」はやめた方が良い。

延長線上がダメなもう一つの理由は、ものの見方の問題である。

隣りということは、相手から見ても隣りということである。つまり、今やっていることの隣りにあるもの（事業）を見ている貴方は、そのもの（事業）を今やっている人にとっては、異なる見方で見ているということになる。これが大事なのである。

レイ・クロック氏の例で考えてみよう。

レイ・クロック氏が一九五四年にカリフォルニアに行った時、マクドナルド兄弟の店で、ハンバーガーショップの素晴らしいオペレーションを目の当たりにした。マクドナルド兄弟は、片田舎の小さな町で自分の店を持つという小さな成功で満足していた。しかし、レイ・クロック氏は、マルチミキサーの営業でアメリカ中を飛び回っていたから、マクドナルド兄弟が編み出したオペレーションがいかに斬新で優れたものかが瞬時にわかったのだ。だから、アメリカ中でヒットすると直感したのだ。つまり、異なる方向で見ることができたから、マクドナルド兄弟のオペレーションをアメリカ中でチェーン展開するというビジネスモデルを思いついたのだ。

つまり、レイ・クロック氏が「隣り」を見たから、マクドナルドのビジネスモデルが生まれたのである。レイ・クロック氏が「隣り」を見ず、「延長線上」しか見ていなかったら、つまりマクドナルド兄弟の店をマルチミキサーの売り先の一つとしてしか見ていなかったら、マクドナルドのビジネスモデルは生まれなかったのである。レイ・クロック氏が、マルチミキサーの営業でアメリカ中を飛び回ってきた経験と知識を持って「隣り」を見たから、マクドナルドのビジネスモデルは生まれたのである。

だから、延長線上の起業はダメなのである。それまで自分がやってきたことの知識、経験、ノウハウなどを持って「隣り」を見ることで、創造性が発揮され、新しいビジネスモデルのひらめきが得られるのである。

「脇目もふらず」という言葉があるが、起業したい人は脇を見なければならない。

第3節　特許の出し方・取り方

前節までで、起業とは何か、起業のネタはどのように見つければ良いのかといった基本的な点について説明した。

本節では、これらの前提を踏まえ、本題である特許の出し方、取り方について説明していく。

1 新しいビジネスモデル

第1章の冒頭でも述べたように、成功するビジネスとは、変化に対応したものである。変化に対応して新しいビジネスモデルを持ち込んだものである。

したがって、どのような特許を取るかという問題の前に、自分はどのようなビジネスモデルを携えて起業しようとしているのかをまず明確にしなければならない。

市場にどういう変化が生じており、どういうニッチが成立しようとしているのか。ニッチにはどのような顧客があり、どういうニーズを持っているのか。そして、そのようなニッチに自分はどのようなビジネスモデルを持ち込もうとしているのか。そのビジネスモデルはそのニッチに本当にマッチしているのか。

起業を志した限りは、そのような検討は当然に行っているはずであるが、特許というものを考える前に、今一度これらを明確にしなければならない。

2 どこが新しいのか

このように自分がやろうとしているビジネスモデルをまず明確にした上で、次に考えるべきは、何が新しいのかということである。この場合の比較対象は、そのニッチ（セグメント）が存在する市場の他のセグメントである。

例えば、レイ・クロック氏の場合を再び取り上げてみると、マクドナルド兄弟がカリフォルニアでやっていたオペレーション自体は、既にやっているわけであるから、基本的に新規性はない。だからその部分については特許は取れない。

レイ・クロック氏が持ち込んだ新しさとは何か。それは、大規模なチェーン店化である。単にチェーン店化するというだけでは、「発明の壁」限界で特許は取れないから、間接的独占戦略を使い、大規模なチェーン店化に必須不可欠なテクノロジー的要素について特許を取っていくことになる。

3 視野を広くする

自分が考えるビジネスモデルの新しさを分析する上で大事なことは、視野を広くするということである。この点は、企業における新規事業開発の場合と同じである。

提供しようとしている商品やサービスに何か新しいところはないか、広い視野で見ることである。商品自体やサービス自体は既存のセグメントと同じでも、提供の仕方、販売の仕方が異なるのではないか。また、見かけ上、商品やサービスは同じであっても、内部のオペレーションが異なる場合もある。

幾つか具体例を示してみよう。

貴方は、玄関マットを販売している会社の営業マンであるとする。

貴方の会社は、ホームセンターや家具店などに玄関マットを卸していたが、売り上げが芳しくないので、社長は、個々の飲食店やオフィスに直売りするとの方針を打ち出す。

貴方は、社長の方針に従い、飲食店やオフィスに次々に飛び込みで営業に行く。しかし、売れない。貴方は、ある飲食店でオーナーに訊いてみる。

「なぜダメなんですかね。」

すると、オーナーは、こう答える。

「あんたの会社の玄関マットは、確かに店内が汚れなくて、良い物なんだけど、でも、これ洗わなきゃならないでしょ。これ大変なんだよ、洗うの。」

貴方は、そうですかといい、困ったなと思いながら、ふと横を見る。おしぼり屋さんが来ていて、おしぼりをホットボックスに入れている。おしぼり屋さんは、使ったおしぼりを回収して店から出ていく。

この光景を見て、貴方はピンとひらめく。

そう、玄関マットは売らずに貸せば良いのだ。玄関マットを貸して、汚れたら回収して洗ってまた使ってもらえば良い。このビジネスはヒットする。

貴方は、次の日には会社に辞表を出しているかもしれない。貴方は、ふっと横を見たから、即ち「隣り」を見たから、ひらめいたのである。

貴方が独立し、玄関マットのレンタル事業を始めることについては、会社も応援してくれるに違いない。貴方の事業が成功すればするほど玄関マットの売り上げが伸びるからであり、貴方自身が玄関マットのバイヤーになるからである。即ち、ＷＩＮ－ＷＩＮの関係だからである。

ダスキンという素晴らしいイノベーションを行った素晴らしい会社の成功のプロセスは、実際はこれとは違うのかもしれない。しかし、買い手との関係において、「売る」というビジネスモデルを「貸す」という新しいビジネスモデルに変えていったことが成功の鍵であったことは、間違いない。

この玄関マットの事例では、玄関マットを大規模に集めて効率良く洗う機械の特許出願とか、玄関マットの交換頻度を管理するシステムや交換頻度に応じて顧客ごとに請求金額を算出して請求書を作成するシステムなどの特許出願をしていくことになろう。これらの特許出願も、玄関マットをレンタルし定期的に交換して洗ってあげるというビジネスモデル自体が知られていない状態では、特許になる可能性が高いのである。

「売る」というビジネスモデルを「貸す」というビジネスモデルに変えていったことで成功した事例というは、他にもかなりある。レンタルビデオやベビー用品のレンタルなどはその典型的な例である。

「貸す」が成功しやすいのは、日本という風土的背景にも要因がある。

日本は、高度に成熟したイノベーション社会であり、創意工夫に長けた人たちが狭い国土にひしめき合って生きている。ガラパゴスと呼ばれるくらい、便利で優れた商品が次々に生まれてくるが、土地が狭いため、置く場所がない。だから、良い商品だと思っても買わない。

しかし、狭い場所にひしめき合っているということは、商品を届けたり回収したりする輸送のコストが小さいことを意味する。だから、レンタルというビジネスモデルが成立しやすいのである。アメリカのようなだだっ広いところにポツリポツリと家がある社会では、レンタルというビジネスモデルはまず成り立たない。配送や回収に時間とコストがかかるし、顧客の方でも、置く場所があるのだから、借りるより買ってしまうのである。

販売面においてビジネスモデルに革新をもたらしたという点で最近の特筆すべきイノベーションは、コインパーキングである。

コインパーキング事業のパイオニアであるタイムズ２４株式会社は、当初は駐車場で使う機器の設計、製造、販売を行う株式会社ニシカワ商会という会社であった。彼らは、駐車場機器を土地のオーナーに「売る」というビジネスモデルを止め、逆にオーナーから土地を提供してもらって自分たちが駐車場ビジネスをやるという二段飛びようなイノベーションを開始する。

駐車場機器の製造、販売をやっていた当時、駐車場ビジネスというのは、月極駐車場かデパートの地下駐車場のような有人駐車場だけだった。ニシカワ商会が当時売っていた駐車場機器は、有人駐車場用のものであった。想像するに、有人駐車場がある大規模なビル開発といったものはバブル崩壊で激減してしまい、有人駐車場用の機器の売り上げも苦しい状況であったのだろう。

その一方、彼らの前には、バブル期の大規模な開発から取り残された小さな空き地が幾つもころがっていた。このような空き地のオーナーにとっては、小さくても良いからビルを建てて収益を上げるという選択もあり得たが、バブル崩壊後の貸し渋りや萎縮した経済状況下では、その気にはなれない。

さらに目を転じれば、駐車違反の罰金やレッカー代は年々高くなっており、ドライバーにとっては駐車違反をした際のペナルティーの大きさは頭の痛い問題となっていた。

株式会社ニシカワ商会は、このような世の中の変化、そう正に「変化」に鋭く対応したのであった。駐車場機器を売るのではなく、自分たちが駐車場機器を使ってビジネスを始めれば良いのだ。ビルの地下駐車場のような大規模な有人駐車場は自分たちには無理だが、小さな土地の駐車場ビジネスならできる。

ただここで一つ問題がある。小さな土地の駐車場では有人にしていたら人件費がかかってとてもペイしない。だから、無人にする必要がある。小規模な無人駐車場というコンセプトである。こうして株式会社ニシカワ商会は、駐車場管理の部門を分離独立する形でパーク２４株式会社を設立し、自ら駐車場ビジネスに乗り出すことになる。

このようなコンセプトを思いついた時点で、成功は八割がた約束されていた。ただ、一つ重要な問題が残されていた。自分たちで駐車場ビジネスを始めるには、オーナーから土地を借りなくてはならない。オーナーとしては、今は経済状況が悪いからしかたがないが、経済状況が好転すれば、ビルを建てて資産運用したいという欲求がある。パーク24に駐車場用に土地を貸すのは良いが、好況になってビルを建てようと思った時、借地権だの営業権だのを主張されたらたまったものではない。こういう風に考えるだろう。だから、パーク24としては、オーナーに対して駐車場用に土地を貸してくださいとお願いした際、「必要になった場合にはすぐに土地はお返しします。借地権や営業権は主張しません。」という必要があった。

事実、彼らは、このような申し出をオーナーに対して行い、次々にオーナーから了解をもらって無人駐車場のビジネスを始めたのである。後は周知の通りであり、彼らのビジネスは大成功した。会社は、二〇〇〇年には東証一部に上場を果たし、その後、現在のタイムズ24株式会社に名前を変えている。

彼らのイノベーションの何が素晴らしいかというと、その視野の広さ、発想の柔軟性である。

彼らにとって土地のオーナーというのは、駐車場機器の買い手、即ち顧客である。その顧客から土地を提供してもらって駐車場ビジネスを始めるということは、図3－1に示すように、顧客を一

図3－1

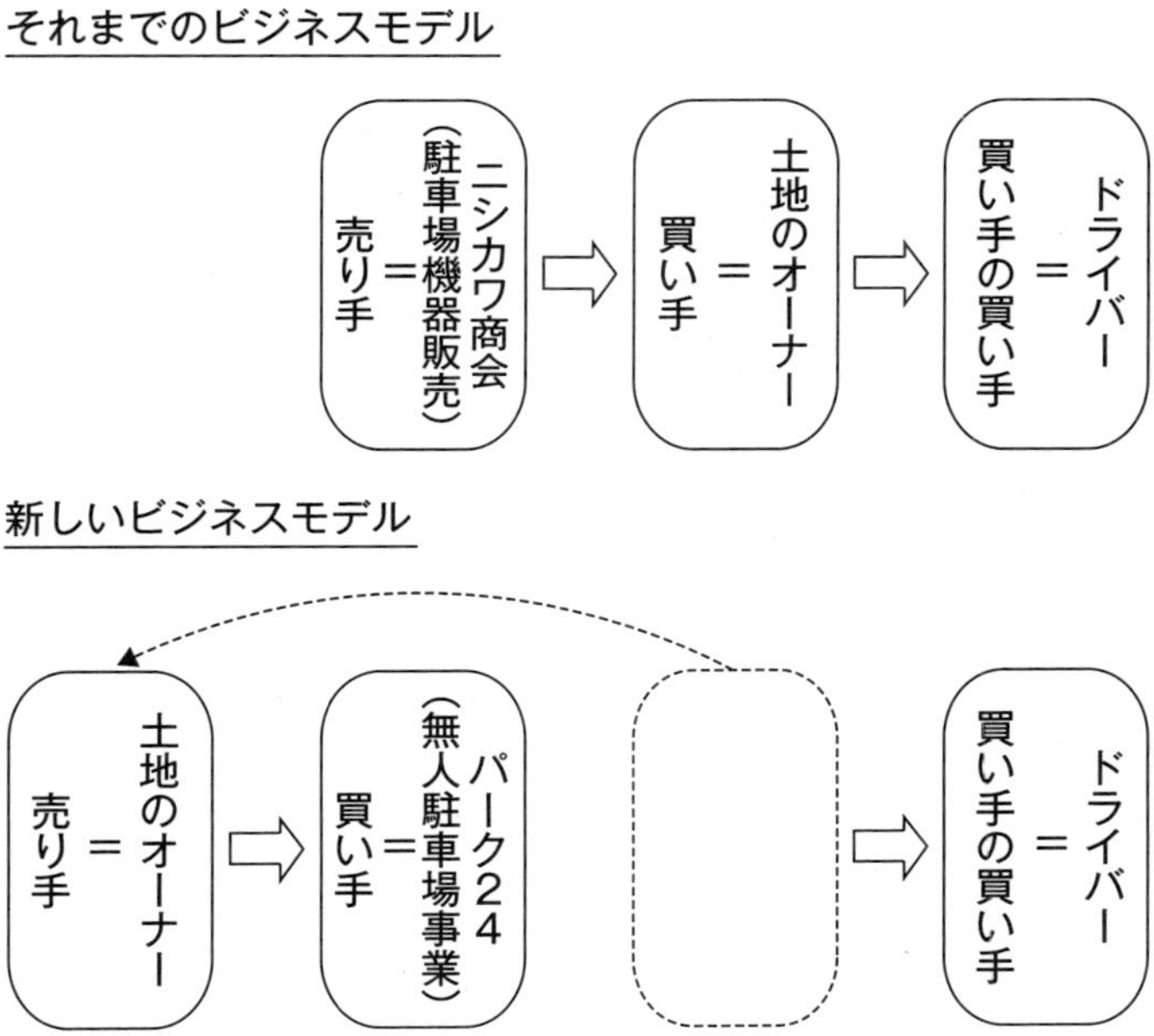

足飛びに供給業者として捉えることである。今まで機器を買ってくださいといっていた相手に、今度は土地を貸してくださいというのである。この視野の広さ、発想の柔軟性には脱帽というしかない。さらに彼らは、小規模な土地のオーナーの要望、特性を考慮し、「借地権・営業権は主張せず」の条件を付けて土地を提供してもらっている。まさに現代の三井高利といえるだろう。

いずれにしても、彼らが行ったイノベーションのお陰で、ドライバーは少額の負担をするだけで駐車違反の多額のペナルティーから逃れることができるようになったし、何より駐車違反が少なくなって街が安全で整然としたものになった。視野の広さ、発想の柔軟性といったこと以上に、彼らが行ったイノベーションは、社会的な意義においてもっともっと賞賛されるべきである。

さて、本題の特許の観点で見るとどうなるかということを説明しよう。

ここまで読まれた読者がおわかりになると思うが、有人駐車場用の機器の製造・販売会社が無人駐車場のビジネスを開始したということであるから、有人↓無人の変更に伴って必要になった駐車場機器の変更について特許すれば良いということになる。コインを使って駐車料金を精算する機器などである。

仮に、無人駐車場のコンセプトは以前からあり、そのような無人駐車場の機器は新規性がなった場合、どうしたら良いであろうか。

その時には、ビジネスモデルのコンセプトに立ち返って考える必要がある。何が新しいのか。そう、オーナーが必要になったらすぐに返すというところが新しいのである。したがって、その点を守る特許を出す必要がある。「オーナーが必要になったらすぐに土地を返す」というのは単なる取り決めであるから、「発明の壁」限界で特許にはならない。したがって、間接的独占の戦略を使う必要がある。「オーナーが必要になったらすぐに土地を返す」ということに付随的に必須不可欠なテクノロジー的要素は何か、という観点である。

土地を返すということは、据え付けた駐車場機器を撤去することである。したがって、短期間のうちに駐車場機器を撤去することが必要になる。このために必要なものを特許すれば良いのである。撤去しやすい駐車場機器の構造であるとか、撤去しやすい駐車場機器の施工の仕方であるとか、撤去した駐車場機器を別の駐車場で使う時のやり方でとかいうような観点で特許を取っておくことになろう。このような特許を取っておくことで、「オーナーが必要になったらすぐに土地を返す」というビジネスモデルで他社が参入してくるのを牽制することができる。

おわかりのように、このような観点での特許の取り方は、企業における新規事業開発の「資産の共通性」と同じである。オーナーの側から見ると、遊休資産を利用した新規事業であり、別の用途に使うことが終わったら、本来の用途の状態に戻さなければならない。この観点での特許の取得と見ることもできる。

内部的なオペレーションに関して特許的な視野を広げる観点から、ユニクロの事例についてちょっと述べてみたい。ユニクロは、あの素晴らしいビジネスモデルを成立させているオペレーションについて何一つ特許を取っていないと述べた。しかし、特許が取れる可能性がないわけではない。

ユニクロの素晴らしさは、あの価格であの品質の物を提供しているということにあるのは間違いないのだが、それだけではなくて、店舗の雰囲気や商品の並べ方といった点に実は大きな成功の秘訣があると思う。

ショッピングというのは、エンターテイメントである。ショッピングには、ワクワク感とか、何かリラックスした感じが必要である。ショッピングでストレスが解消されるということは、性別や年齢によって差はあろうが、共通しているだろう。スーパーで食品を買うといった日常に根ざした行為でさえ、エンターテイメント性がある。例えば魚がトレーに入ってラップで包まれて売られている殺風景な状態と、色々な魚が今河岸に揚がってきたかのように氷の上にきれいに並べられている状態では、全然違う。氷の上に色々な魚が並べられていて大漁旗なんかが壁に掛けられていれば、それだけでワクワクしてしまう。あっ、こんな魚が揚がる時期になったか、という具合である。

ユニクロの成功の秘訣も、このエンターテイメント性にあると思う。こんな良い物がこんなに安く買えるのといった価格の面でのワクワク感もあるであろうが、それとは別に、店舗のあの整然としたリラックスした感じである。あの雰囲気をもたらしている要因は、商品をグラディエーションを効かせて整然と並べることにもあるだろうし、客がサイズなどを探した商品が乱れた状態になった際、従業員がすぐにそれを見つけて直すといったオペレーションにも要因があるだろう。

　このオペレーションで考えた場合、例えば客がサイズを色々と探しても乱雑になりにくいウエアの積み重ね方であるとか、乱雑になっても簡単に元に戻せる商品の並べ方であるとかを社員が思いついたとしよう。会社はこれを採用し、これがあのお店の雰囲気作りにつながっているとしよう。社員がそのような商品の並べ方を会社に提案した際、そのやり方がアパレル業界では全くやられたことのない新しいものであった場合、特許になる可能性がある。テクノロジー的な要素がどこにあるかということであるが、例えば上の服の袖と下の服の袖とを絡ませた状態で重ねるという内容であれば、そのような構造において服の形状、性質を利用している。この点において、「自然法則を利用した」ということになるのである。

　内部的なオペレーションはノウハウとして秘匿しておいた方が良い場合も多いが、商品の陳列方法というようなものは、オープンになってしまうものだし、一般の客はなぜそのような陳列にしているかはわからなくても、客のふりをしてお店に来た同業者にはわかってしまうだろう。だから、できれば特許を出しておいた方が良いということになる。

　このように、自分が考えているビジネスモデルを広い視野で捉え直し、新しいところは何か、その新しいところはどういう特許を取っておけば守れるのかを考える必要がある。

4 脅威となる参入に対抗する

新規事業開発編で述べたような他社の動きを牽制するためだけに取る特許というのは、起業に場合にもあり得る。即ち、自分がやるビジネスモデルではないが、後から参入する者にやられると非常に脅威となるので、そこを押さえる（やらせない）ための特許を出すべき場合がある。

無論、これには、特許に対してどの程度投資すべきかという費用面の問題や、その脅威がどの程度大きいかという問題も関係してくる。

再びレイ・クロック氏に登場してもらおう。

レイ・クロック氏がマクドナルドのビジネスを始めた時、何が一番脅威であると感じたであろうか。

既存の他のハンバーガーショップがマクドナルドを真似て全国チェーン化すること？

恐らくは、これは脅威ではなかったであろう。マクドナルドが先行していち早く全国チェーン化してしまえば、規模の経済性、学習効果によって大きな優位性が得られるし、後から全国チェーン化するショップはどうしても二番煎じ的なイメージになってしまうからである。レイ・クロック氏にいわせれば、“Be first”が効いているのでＯＫ、ということである。

恐らく、レイ・クロック氏が脅威と感じたのは、他の業種で既に全国チェーン化しているビジネスがマクドナルドのやり方を真似てしまうことではなかっただろうか。

例えば、その当時、ドーナツ店の全国チェーンがあったとしよう。マクドナルドが数店舗営業を開始した際、その成功を見て自らのドーナツ店の全国チェーンの業態を変え、マクドナルドのようなやり方でハンバーガーも売り始めたとすると、マクドナルドより先にマクドナルド方式のハンバーガー全国チェーンが誕生してしまうことになる。これはレイ・クロック氏にとって脅威ではなかったであろうか。

仮に脅威であったとすれば、そのようなドーナツの全国チェーンがハンバーガーの全国チェーンをやる場合に付随的に必要になる技術要素の特許出願をしていくことになる。例えば、ドーナツとハンバーガーを売る店舗の構造であるとか、セントラルキッチン方式によるドーナツとハンバーガーの同時供給のためのシステムであるとかの出願が考えられる。このような内容は、マクドナルドはやらないのであるが、ドーナツチェーン店の参入を牽制するためには、取っておいた方が良い特許ということになる。

5 特許に対する投資

特許の面で起業が会社内の新規事業開発と大きく異なることの一つは、予算の問題である。会社、特に大企業の場合には、やろうと思っている新規事業の規模に比べて特許取得に要する予算はかなり小さいから、あまり問題とはならない。しかし、起業の場合には、売り上げの規模が小さいし、また前述したように小さく始めるべきであるから、特許にどの程度お金をかけるかが問題となる。

特許取得に要する費用（弁理士費用及び特許庁費用）というのは、出願する内容の複雑さとか特許になりやすさといった点に依存する。日本での特許取得だけであれば、一件当たり五〇万円〜一〇〇万円といったところであろう。

この程度の投資をして特許を取得すべきかどうかは、主に、

・特許により獲得される優位性がもたらすマージンの総量が投資額を十分に上回るか
・特許以外に優位性の源泉が何かあるか

という二点で決まる。

最初の点について、数式を使って考えてみよう。

獲得される優位性がもたらすマージンというのは、特許を取った状態で事業を行った場合の利益と特許を取らない状態で事業を行った場合の利益の差である。例えば、特許を取って他社の参入を完全に阻止することができ、ある程度高い価格設定で事業を行った場合の利益と、特許を取らずに多くの会社が算入して価格競争になって低い価格設定で事業を行った場合の利益の差である。このように、単純に特許のあるなしで考えてその利益の差を予想する。

特許は二〇年間の期間があるが、二〇年間継続して市場の状況が変わらず、一件の特許が同様の優位性を継続してもたらしてくれる状況というのは考えにくい。一般的には、マージンの額は徐々に減少していく。特許で広い範囲をカバーしたつもりでも、ライバルはその特許を何とか逃げた（抵触を回避した）ビジネスモデルを思いつき、それで参入してくる。

一般式でいえば、マージン総量は次の式で表される。

$$M=\sum_{i=1}^{n} mi$$

Mは、特許によるマージンの総量、mは各年におけるマージンである。マージンMが特許費用を十分に上回れば、特許出願すべきということになる。nは特許期間であり、最長で二〇年である。厳密には、出願してからすぐに特許になるわけではないので、nは最長でも二〇年より短い。マージンMは、厳密には、DCF法を適用して現在価値に戻して考える必要があるが、特許取得の費用も出願時にすべてが必要になるわけではないので、あまり厳密に考える必要はない。

また、特許出願すれば必ず特許になるわけではない。出願前に特許調査を十分にやり、特許になる見込みが高いと判断して特許出願しても、一〇〇%特許になるわけではない。また、ある程度狭い権利範囲に絞らないと特許が認められないことも多々あり、この場合には、得られる優位性も低下してしまう。即ち、マージンの量が減少する。さらにいえば、特許が成立しても競合他社から特許が攻撃され、特許無効審判によって特許が無効にされてしまうリスクがある。

前述した式は、特許出願すれば必ず特許になり、最初に出願した範囲で特許が維持されることを前提にしている。したがって、特許が認められないリスク、狭い範囲の特許になってしまうリスク、特許が無効にされてしまうリスクを加味しなければならない。つまり、Mには、係数kを掛けた上で投資に見合うかどうかを考えなければならない。即ち、特許に対する投資をIとすると

$$I \ll k\sum_{i=1}^{20} mi$$

の場合にのみ、特許出願すべしということになる。ｋの値は、出願前調査をどの程度やるかにもよるが、一般的には〇・五～〇・七ぐらいであろう。

例えば、今ある商品について事業計画書を書いており、その事業について年商一億円、営業利益は二〇〇〇万円を計画しているとする。この計画には、ある特許が取れることが条件で、特許がない場合、優位性が低下するので利益は一五〇〇万円になるとする。したがって、予想されるマージンは五〇〇万円である。この商品の寿命は八年程度と予想され、特許が取れれば八年間はこのマージンが続くと予想する。問題は掛け率ｋであるが、仮に〇・六とする。そうすると、マージンの総量は、二四〇〇万円ということになり、十分に投資に見合う見返りとなる。

なお、間接的独占戦略を採用する場合、その内容が本来特許を取りたい内容に対してどの程度必須不可欠かという観点を加味する必要がある。一〇〇％必須不可欠であればｋの値は変更する必要はないが、そうではない場合、その程度の応じてｋの値も小さくせざるを得ない。

二件、三件と特許の取得件数を多くしていくときも、基本的に同じである。分割的独占などの戦略を取るとき、特許件数が多くなり、したがって特許に要する投資額も大きくなる。この場合も、複数の特許によって得られる全体のマージンの総量が、それら特許に対する投資額の総量に比べて十分に大きいかどうかで判断する。

なお、この計算はどんぶり勘定で良いし、そうならざるを得ない。起業をしてこれから商売を始めようとしてる時に、特許を取った場合に得られる利益の総量と特許を取らなかった場合に得られる利益の総量の差なんてものは、厳密に予測できるものではない。事業計画書における利益予想でさえ、かなりの期待値が入っている。

ただ、そうかといって、特許のあるなしの利益のシミュレーションは必要であり、その程度のことは頭に入れてから特許出願するかどうか考えるということである。何でもかんでも特許を出すべしということにはならないという程度に考えておけば良い。

なお、海外で特許を取る場合はどうなるかということであるが、海外での特許取得費用は、翻訳などの費用が加わるため、一般的に日本での特許取得費用よりも総額としては高い。欧州特許庁に出願して欧州の数カ国で特許を発効させようとすると、数百万程度の費用を覚悟しなければならないケースも多い。

海外で特許を取得すべきかどうかは、端的にいえば、その国にマーケットはあるのか、その国で事業が成立するか、ということである。海外に強力なライバルがいても、事業を行うのは日本だけということであれば、日本での特許取得で足りる。逆に、日本よりも海外での事業展開が多いのであれば、例えば中国での事業展開がメインであれば、日本での特許取得よりも中国での特許取得に投資すべきということになる。

企業の新規事業開発では、海外に協力なライバルがいて、そのライバルが全世界に製品を供給しているような場合、本丸を叩く戦略からそのライバルの国に出願することはよくある。しかし、起業の場合にはそこまで考える必要はない。

6 他の優位性源泉との兼ね合い

前述したように、特許というのは競争戦略の一環であって、多くの優位性源泉の一つに過ぎない。起業される方は、特にこのことを頭に入れておかなければならない。特許が取れない＝起業しない、ということにはならないということである。

そこで、起業における特許以外の優位性源泉について少し考えてみよう。

■起業家の内部価値

特許以外で最も優位性の源泉となり得るのは、起業家が持っている内部価値、即ち、それまでやってきたことで起業家が持っている知識、ノウハウ、経験、スキルなどである。いや、それらが優位性の源泉となるように起業する分野、市場、ビジネスモデルを選らんだはずであり、むしろ当然である。

ただ、そのような内部価値がどの程度の強さの優位性をもたらすかは、ケースバイケースである。

例えば、ネット証券を考えてみよう。

インターネットが普及してきた時、証券会社で働いていて規制緩和などを背景して新たな証券会社を立ち上げて運営した経験のある人というのは多数いたはずである。そのような人の中で、インターネットに関する知識も十分に持ち合わせていた人というのも、かなりの数いたはずである。

このような状況下、ある証券会社の社員がインターネットに詳しいからとネット証券ビジネスで起業を考えたとしよう。明らかに、内部価値による優位性（自分の知識や経験などによる優位性）はそれほど高くはないと予測できる。

逆の例を考えてみよう。例えば、インターネットが普及してきた時、山奥で炭焼きをやっている職人がいたとする。この職人は、たまたまＩＴの知識が豊富で、インターネットの普及を見て、炭のネット販売を始めたとする。高級割烹での焼き魚用、居酒屋の焼き鳥用、鰻屋の蒲焼き用、一般のバーベキュー用など、用途を入力する欄のある注文サイトを立ち上げ、ネットで注文を受けて用途に応じて最適な炭を作って納品するというようなビジネスを始めたとする。

この場合、山小屋で炭焼きをやっている職人であってかつインターネットの知識も豊富に持っている人というのは、その当時としては他にはまずいないはずである。であるとすると、炭のネット販売を始めた職人にとって、その内部価値は大きな優位性をもたらす。つまり、その内部価値自体が他人が追従できないものなのだから、特に特許を取らずとも大きな優位性がもたらされるのである。その炭焼き職人の成功を見て他の炭焼き小屋の職人がやろうとしても、インターネットの知識がないからできないし、インターネットがどういうものかわからないから、やろうともしないであろう。楽天の営業マンが山奥の炭焼き小屋までネットショッピングの営業に来るその時まで、彼は特許を取らずとも優位性を保ち続けることができるのである。

これらの例を見ればわかるように、起業家の内部価値による優位性というのは、その内部価値が、参入するニッチ市場との間でどの程度関連性が高いかという点、そして、同様の内部価値を持っている者が他にどれだけいるかという点によるということである。ポーター的にいえば、その内部価値によってどれだけ他者と差別化できるかということである。ニッチ市場を選んだ時点で既に集中には成功しているので、内部価値によって差別化集中という戦略を取り得るかどうかということである。

■いち早く始める

別の優位性は、いち早く始めることである。レイ・クロック氏のいう"Be first"である。フロントランナーの優位性というのは、市場が新しく形成されたり、一つの市場内に新しいセグメントが形成されたりする場合、非常に顕著である。

最初に始めるということは、経験曲線の一番先頭を行くことであり、いち早く知識の集積を行うことができる。その市場やそのセグメントはどういう特性を持っているのか、顧客は本当は何を求めているのかなど、いち早く知ることができる。

新しい市場やセグメントというのは、よくわからないことが多い。実際に商品を投入してみてビジネスをやってみると、色々なことがわかってくる。わかってきたことをもとにしてやり方を変え、ビジネスを最適化していくのである。

また、いち早く始めるということは、知識やノウハウの集積で先頭を行くということに加え、資材などの調達において有利なポジションを確保したり、顧客との関係において有利なポジションを確保できたりすることも多い。

例えばあるビジネスにある資材が必要な場合、そのビジネス用にその資材の供給業者が最初に契約するのは、最初にそのビジネスを始めた者となる。したがって、最初に始めた者は有利な契約ができる可能性が高い。先物的に資材を先に押さえてしまうようなことも、場合によっては可能であろう。

また、最初にビジネスを始めて顧客との関係を作ってしまえば、後から参入してきた者に対して変更コストの優位性が持てる場合もある。

典型的な例は、産業用の部品に見られるもので、最初に先発メーカーの部品を組み込んで買い手が製品を設計してしまったため、後発メーカーの部品に切り替えるには設計変更のコストがかかってしまうという優位性である。このようなケース以外にも、最初に買った会社のものに愛着があるとか、別の会社の商品を買ったらまた新しく操作方法を覚えなければならないので面倒だとかいった変更コストの優位性もある。ポイントカードのような特典付与による顧客囲い込みも、フロントランナーの場合には効きやすい。

顧客側のイメージ的なものでいうと、パイオニア（市場開拓者）であるとか、市場リーダーであるといったイメージを持ってもらえる点も、フロントランナーの大きなメリットであろう。さらにいえば、ビル・ゲイツではないが、デファクトスタンダードを確立するのにも、フロントランナーは非常に有利な立場にある。

無論、このようなフロントランナーの優位性も万能ではない。

例えば、知識やノウハウの集積という優位性も、時間軸を長く取ると優位性が消えてしまうことが多い。

つまり、市場が形成された当初は先発企業は後発企業に対して大きな蓄積知識の差を有しているが、時間が経過するにつれて後発企業も学習するので、知識差が少なくなってしまう。後発企業が先発企業の人材を引き抜いたり、先発企業からスピンオフして後発として起業したりすることで、知識が伝搬していくという状況もある。

知識やノウハウを営業秘密としてきちんと管理していれば、不正競争防止法により保護され、後発企業が人材の引き抜きによって知識やノウハウを取得するのを防止することができる。しかし、コラム1で述べたように、立証上の問題もあり、一般論でいえば、時間の経過によって先発企業の知識やノウハウが流出する傾向があることが否めない。

その他の優位性も、市場が形成されて時間が経ち、後発企業が盛んにマーケティングを行うようになると、消えてしまったり、弱くなってしまったりすることが多々ある。

特許を出すか出さないかは、このような非特許の競争優位性まで含めてトータルに考えて結論を出すべきである。

例えば、他に自分と同様の知識やノウハウを持って参入してくる人が多くいると予測でき、かつフロントランナーの利益というのもそれほど長くは保持できないと予想される場合、何とか特許の方で優位性を確保しなければならない。

逆に、特許を出したとしてもあまり広い権利範囲は取れないとか、特許になる可能性はそれほど高くはない、といった事情がある一方、自分の内部価値がかなり優位性の源泉になるとか、今なら完全なフロントランナーとして起業でき、そのメリットは非常に大きいという場合もある。そのような場合には、特許は出さずにいち早く起業するという選択肢もあり得る。

以前に、起業予定のサラリーマンの方が、ビジネスモデル特許を出したいと私のところに相談に来られたことがある。幾つかの観点で特許を取ることが難しかったので、正直にそのように申し上げた。私は、「特許は取れないんですね。じゃ、起業はやめます。」という反応を予想していたが、意外にもその方は、「じゃ先生、先にやったもん勝ちですね。」といい、特に気にする風もなく事務所を後にされた。

まさにそう。いつもというわけではないが、先にやったもん勝ちということは確かにあるのである。

第4節　特許の使い方、アライアンス、死の谷を乗り越える

しばしば指摘されているように、起業自体よりも事業を成長させていくことの方が遥かに難しい。起業したものの、事業を成長のレールに乗せていくことができずに失敗してしまうケースが多々見られる。

事業を成長レールに乗せることの難しさは、色々な観点で指摘される。事業化によるキャッシュフローが安定化する前に初期資金が底をついてしまう「死の谷」はその典型的な例である。この他、事業化に必要なヒューマンリソースが上手く集められなかったり、販売ルートが確保できなかったりして頓挫してしまうこともある。

本書は、これらの難題をクリアすることを主眼するものではない。

本書が主眼とするのは、どうしたら特許的な面で起業を成功に導けるかということであり、起業を成長レールに乗せるという難題についてどうしたら特許面でサポートできるかということである。これには、最初からそのような観点で特許を取っておかなければならない。

本節は、こういった点を解説していく。

1　アライアンスの重要性

前節で、特許に対する投資額を評価することの重要性という点で、個人の起業は、大企業における新規事業開発とは大きく異なると述べた。個人の起業が企業内の新規事業開発と異なる別の点は、アライアンスの重要性である。

企業の新規事業開発の場合でも、適切な提携先を選ぶことが非常に重要になる局面は多々ある。例えば、有望な商品であって自社で作る技術はあっても、自社の既存の販売チャンネルでは売りきれないとか、逆に自社の販売チャンネルで販売することは商品ラインナップということでは非常に効果的だが、その商品は他の商品と性質が異なり過ぎるので自社で生産することは避けたいとか、商品化には重要な要素技術に不足するピースがあり、それを補完できる他社があるといった場合である。これらの場合、企業は自社単独による事業化を断念し、アライアンス戦略を取る。

個人の起業の場合も、このような観点でのアライアンスが必要になる場合は多々あるが、それによりも、本質的な意味で大企業とのアライアンスが重要になってくる。

一般的に、個人の起業は、

・宣伝力、マーケティング力
・資金力
・技術力
・購買力

といった点で、大企業に比べて圧倒的に弱い。

こういった弱さも、ニッチ市場を相手とする場合、全く問題とならないこともある。しかし、ニッチ市場の特性によっては問題となることもあるし、ニッチではなくてある程度大きな市場を相手に起業しようとしている場合、問題となる。

例えば、新しく成立したニッチ市場自体が世の中に注目させる力が弱く、このため、ニーズがあって成立したニッチなのに先細りになってしまうことがある。また、ニッチとはいっても、一定の資金を投入しなければ事業を始められないという閾値が高い特性を持っており、資金力のある大手と組んでやらないと攻略できないというケースもある。さらには、いわゆる死の谷を乗り越えるために、どうしても大企業とのアライアンスによる資金支援が必要なケースもある。

また、コンセプトやアイデアは優秀だが、それを可能にするキーの技術を保有しておらず、大企業の力を借りないと実現できないとか、事業化に必要な資材について大口でないと購入できず、大口で購入している大企業から分けてもらうしかないというようなケースもある。

2 大手企業とのアライアンス

こういった弱さを克服するため、必要なタイミングで必要な大手企業と提携することが必要になる。

しかし、提携を持ちかけられた大手としても、何のメリットもないということでは、提携しないだろう。何らかのメリットを与えなければならない。このために、特許を使うのである。

一例を示してみよう。まずは、販売面での必要性から大手とアライアンスを組む場合の例を取り上げる。

Xは、個人起業家で、Yという商品を考案した。商品Yは、これから開発が必要で、開発費がかかる。一方、これとは別に、Aという大手企業があり、Bという商品を提供している。

Xが考えている商品Yは、商品Bの用途に使うことができ、大手Aが有する販売チャンネルに乗せて販売することが有望である。大手Aにとっても、自社商品Bの新しい利用を促進することになるので、自社のルートで販売することは好都合である。

このような状況下でXはどうすべきか。

Xは、商品Yが完成したら、大手Aのところに行って「販売チャンネルに乗せてください」という。大手Aは、相手が個人起業家ではあるが、自社商品Bの販売促進になるからと、OKを出し、商品YはAの販売チャンネルで発売が開始される。

Xは万々歳というところであるが、これで良しではない。大手Aに取り込まれてしまうリスクがある。つまり、商品Yの販売を開始して業績好調ということになってくると、大手Aは自分のところで商品Yを製造したいといい、もうXからの納入は要らないといってくるリスクである。

このリスクを回避するにはどうしたら良いか。商品Yについてきちんと特許を取っておくのである。特許を取っておけば、自社で内製するからもうお前のところは要らないということはできないのである。

ここまでは、よくある話である。問題はこの先である。

大手Ａの販売チャンネルに乗せてもらって、さらにＡから開発費ももらうにはどうしたら良いだろうか、という話である。

結論をいうと、特許のライセンスを大手Ａに与えるという戦術である。ライセンスを与えると、大手ＡはＸから商品Ｙを買わなくてもよくなる。つまり、内製化できる。Ｘにとっては、商品Ｙの販売先がなくなってしまうので、不利と思えるが、商品Ｙの販売先を他にも開拓できるようであれば、そうでもない。即ち、ライセンスの範囲を商品Ｂの用途に限定しておけば、Ｘにとって損失を最小限にしつつ開発費の提供を受けることができる。

もう少し具体的に事例を設定してみよう。

Ｘは画像処理の技術者で、商品Ｙは、人の顔の画像データからその顔をデフォルメしたキャラクタを自動的に作成するソフトウェア（自動アバター作成装置）であるとする。一方、大手Ａはデジカメメーカーで、商品Ｂはデジカメであるとする。Ｘは、アバター作成のソフトウェアの売り方として、デジカメの附属ソフトとして売ることを思いついたとする。

Ｘは、自動アバター作成装置のソフトウェアを大手Ａに提供し、大手Ａはそのソフトウェアを附属品としてデジカメと一緒に販売する。Ｘは自動アバター作成装置の特許を取っているので、Ａは

Xからソフトウェアの提供を受けなければならない（勝手にはできない）。

このような状況下、Xは、自動アバター作成サービスをネット上でやる事業を新たに展開しようとしたとする。人の顔の写真のデータをサーバに送ってもらい、サーバで自動的にアバターのデータを作って送り返すサービスである。この場合、新たに資金が必要なので、大手Aにその打診をする。Aとしては、何の見返りもなく資金の提供はできない。そこで、Xは、特許のライセンスをAに与えることを決断する。重要なことは、このライセンスは、デジカメ附属のソフトウェアとして販売することに限るというものにすることである。

このようにすることで、大手Aはアバター作成のソフトウェアを内製化して自由にバージョンアップできる一方、XはAからライセンス料を受け取り、それをネットサービスの事業形態に投資することができるのである（注3－1）。

（注3－1）　著作権に詳しい読者は、ここでのライセンスは、翻案権も含めたソフトウェアの著作権のライセンスでも良いことに気づかれよう。

このようなことがなぜできるようになったのか。それは、Xが自動アバター作成装置のコンセプトを思いついた時、その用途としてデジカメデータの附属ソフトというものを同時に思いつき、それがきちんと含まれるように特許を取得していたからである。例えば、「デジカメデータの処理方法」というような名称の発明を特許の請求項目の一つとして追加しておくのである。

このように、あるコンセプトを思いついた時、そのコンセプトはどの大企業が欲しがるであろうかを考えるのである。そのコンセプトをこういうビジネスモデルに仕上げていったら、あの大企業は欲しがるであろう、といったことを考えるのである。つまり、ビジネスモデルの一つのバージョンとして大企業がビルトインされたモデルを考えておき、それが必ず含まれるように特許を取っておくのである。そうしておくことで、特許というものを一つの仲介役として利用し、大企業とのアライアンス（ＷＩＮ－ＷＩＮの関係）を効果的に構築することができる。

以上は、販売面や資金面でのアライアンス戦略を例にしたが、技術面や購買面などでも基本的に同様である。

例えば、起業家Ｘはある商品Ｙを世に送り出したいと考えているが、商品Ｙにはどうしてもａという技術が必要で、その技術ａは大手のＡという会社が持っているとする。Ｘは技術ａを提供してくれと大手Ａに頼みに行くわけであるが、Ａとてタダで技術ａを提供するわけにはいかないから、技術援助料とかノウハウ提供料といった見返りを要求する。しかし、Ｘにはそんなお金はない。どうするか。

この場合、Xは Yという商品について特許を取るわけであるが、Yという商品について、最初から大手Aにライセンスすることを前提に特許を取るのである。ライセンスは、商品Yの全部ではなくて、Xが行う事業にとって大きな影響が出ない範囲とするのである。その範囲でライセンス許諾が行える内容として、特許を取っておくのである。

例えば、aという技術は、a1という形態とa2という形態があり、Xにとってはa1が重要で、a2はさほど重要でないとする。しかし、大手Aにとってはa2を使用したYという商品は重要で、川下戦略の一環として事業進出したいという意向があるとする。この場合、Xは、Yという商品の特許について「a2という形態を使用する場合に限る」という条件を付けてライセンス許諾をするのである。a1という形態を使用する場合についてはライセンス許諾せず、自分だけが実施できるようにしておく。

このようにすれば、Xはライセンス許諾の見返りとしてaという技術をもらう（技術指導やノウハウ提供などをしてもらう）ことができ、商品Yの事業化にこぎつけることができる。

より具体的な例を示してみよう。

最近の日本の技術開発力の凄さを示す一つの例に、カーボンナノチューブが挙げられる。カーボンナノチューブは、NECの技術者がフラーレンの研究中に偶然に発見したものであるが、電気的特性が半導体に似ていることやダイヤモンドをも凌駕する高い強度を持つといった優れた性質がある。このため、各分野での応用が期待されており、官民をあげて盛んに研究が行われている。

今、貴方は、カーボンナノチューブの研究室で研究している研究者であるとしよう。研究の目的は、建築材料のような構造材料にカーボンナノチューブを応用することなのであるが、貴方は音楽が好きで、ギターの自作が趣味である。そして、たまたま研究で作ったカーボンナノチューブ入りのワイヤーをエレクトリックギターの弦にしてみたところ、非常に面白い音が出た。貴方は、これはビジネスになると直感する。貴方は、カーボンナノチューブ製のギター弦やそれを使用したエレクトリックギターを製造、販売する会社を立ち上げて起業するわけであるが、特許的には何を考えれば良いであろうか。

無論、カーボンナノチューブを使用したギター弦や、そのようなギター弦によって音を出すエレクトリックギターの特許を出すことはいうまでもないのであるが、果たしてそれだけで良いのであろうか。

事業化をするには、カーボンナノチューブメーカーからカーボンナノチューブの供給を受けなければならない。それだけではなく、ギター弦として必要なしなやかさをどう確保するかといった点で、カーボンナノチューブメーカーの技術指導を仰がなければならない場合もあるだろう。

事業化のためには、カーボンナノチューブを安く提供してもらわねばならないが、技術指導の点も含めて、カーボンナノチューブメーカーとしても何の見返りもなしにはできないということになろう。

見返りとしては、当然のことながら、特許の無償ライセンスが考えられるのであるが、それでは、将来的にカーボンナノチューブメーカーがライバルになってしまう恐れがある。即ち、カーボンナノチューブメーカーが川下統合としてギター製造に乗り出すとか、子会社にギター製造の事業をやらせるとかである。

これを避けるためには、自分のギター事業に影響がない範囲でライセンスを与えることが必要である。このためには、それができるように最初から特許を取っておかなければならない。例えば、「ギター弦」という狭い特許の取り方をするのではなく、「カーボンナノチューブを用いた振動子」のような広い概念の特許を取っておくのである。そして、その形態の一つとして、ギター弦の他、携帯電話用の警報機（バイブレータの代替品）のような形態を特許請求の項目として記載しておくのである。そして、ギター弦についてはライセンス許諾しないが、それ以外の振動子については ライセンス許諾すれば良いのである。このようにすれば、自分の事業展開に対する影響をゼロにしつつ、カーボンナノチューブメーカーからの援助を無償で引き出すことができるだろう。

このように、大企業とのアライアンスのために特許は非常に有効な手段となり得る。そのためには、初めからアライアンスを考えて特許を取っておかなければならない。この点が、起業における成長戦略の観点では非常に重要である。

第5節　起業における時間的視野の広さ

第2章の新規事業開発編で、時間的視野の広さの重要性について解説した。起業の場合にも、二〜三年という特許審査期間の問題は当然に考慮に入れなければならず、二〜三年後に生じる変化を予測することが不可欠である。

時間的視野の広さの点でもう一つ重要なのは、市場セグメンテーションの予測であり、その予測に伴った特許行動である。この点は、企業における新規事業開発でも重要なテーマのなのであるが、大企業とのアライアンスの観点もあるので、本編において説明する。

1 ニッチ市場成立の予測の必要性

前述したように、起業は、小さく始めることが重要で、多くの場合、ニッチと呼ばれる新しく誕生した小さな市場を相手にすることになる。そして、そのニッチ市場の特性を読み、そこに適した商品やサービスを考え、それを特許にしていくことになる。

この際、できれば、ニッチ市場が成立する前に特許は出すべきである。

ニッチ市場が成立してからであると、その特性、つまりそこで必要とされる商品やサービスの特性が知られていることが一般的で、その特性を考慮したビジネスモデルも容易に発明できる（進歩性がない）と特許庁の特許審査で判断されやすい。つまり、ニッチ市場が誕生してからその市場に適用されるビジネスモデルの特許を出願しても、特許を取ることは一般的に難しい。

一方、ニッチ市場が誕生する前であれば、そこで必要とされる商品やサービスの特性も当然ながら知られていないから、そこで必要となるビジネスモデルは容易には発明できない（進歩性がある）

と判断されやすい。つまり、ニッチ市場が誕生する前にそのニッチ市場に適用されるビジネスモデルの特許を出願すれば、特許が取れる可能性が高い。即ち、ニッチ市場の成立を事前に予測することが必要ということだ。

無論、予測は外れることがある。ニッチ市場の成立を予測して事業の準備をし、特許を取っても、そのような市場は形成されずに終わってしまうこともある。つまり、「顧客の創造」ができずに終わってしまうこともある。この場合、起業は失敗ということになり、取った特許も無駄だったということになる。

そうならないように、市場の分析、ユーザーニーズの動向の分析を徹底的にすべきであり、それによって予測の正確性を高めていかなければならない。また仮に一度失敗してもそこから市場やユーザーニーズに関する情報を取得し、次なるニッチ市場成立の予測に活かすべきである。

2 ニッチ市場の育成

仮に予測が当たり、ニッチ市場が成立したとしよう。「顧客の創造」に成功し、起業は一応テイクオフしたということである。

しかし、そこで油断するのは禁物である。事業の拡大に伴って急速に大きな運転資金が必要になって資金が枯渇するというような「死の谷」的な問題もあり得るし、逆に、成立したニッチ市場を押しつぶすような圧力もかかるからである。

即ち、成立したばかりのニッチ市場は脆弱であるから、まずそのニッチ市場を大きくすることを考えなければならない。このためには、上手く相手を選んで市場に引き込み、これによって市場を大きくする選択をすべき場合も多い。特に、自社にとって脅威とはならない形で大企業を引き込めれば、市場の大きな成長が見込めるし、その大企業が広告宣伝をすることで、業界全体の広告宣伝になり、結果的に自社の商品の広告宣伝につながることもある。特許を取得したとしても、排除の論理で使うのではなく、このような意図的な後発企業の誘導の目的で使うべき場合が多い。

具体的な例で説明してみよう。

例えば、ある商品の普及に伴って必要となる補完品の市場がニッチ市場として成立したとしよう。この場合、補完される商品を発売している業界は、そのような補完品が不要になるような商品開発を進めるかもしれない。補完品が不要であることが、その商品のセールスポイントになり得るからだ。補完品の不要化に成功してしまうと、そのニッチ市場はあっという間に消滅してしまう。したがって、補完品のニッチ市場で起業した場合、補完される側の商品の事業者を上手く引き込み、市場がつぶされないようにすべきである。

例えば、第2章で挙げたスマートフォン用の手袋を考えてみよう。指先に導電性繊維を織り込んだ手袋という補完品は、指から電気が流れなくても操作できるタッチパネルが開発され、それがスマートフォンに搭載されると、とたんに売れなくなる。

ではどうすれば良いか。

指先に導電性繊維を織り込んだ手袋という内容で特許が取れていたとし、その特許のライセンスをスマートフォンのメーカーに供与するのである。スマートフォンのメーカーは、子会社を作って手袋を純正品として販売開始するかもしれない。それはそれで良しとしなければならない。電流が流れなくても操作できるタッチパネルを搭載してしまうと手袋が売れなくなってしまうから、子会社の事業を保護するという観点から、その方向の製品改良にブレーキがかかる。それで良いのである。その上で、ライセンスを許諾した手袋メーカーは、さらなる高機能のスマートフォン対応の手袋を開発していけば良いのである。

ライセンス許諾をきっかけとしてスマートフォンメーカーと共同開発することもあり得るだろう。ちょっと例が突飛かもしれないが、例えば、人差し指と中指とで電流の流れ方が異なるようにできていて、人差し指で触った場合と中指で触った場合とで異なる操作になる手袋というようなものが考えられる。つまり、アライアンスをすることで、スマートフォン用手袋を不要にする方向での技術開発ではなく、逆にスマートフォン用手袋を利用してさらにユーザビリティを向上させる方向の技術開発をさせるようにスマートフォンメーカーを誘導していくのである。成立したニッチ市場がつぶされないようにし、逆に成長する方向に持っていくには、このような特許をつなぎ役にしたアライアンス戦略が非常に重要になってくる。

3 市場細分化の進展の予測

ニッチ市場の成立予測や育成と並んで重要なのは、市場細分化の進展についての予測である。第1章（総論編）第1節で、市場は成長に伴って各セグメントに細分化し、時として別市場と捉えなければならないセグメントが出現することもあると説明した。

特許的視野、特に時間的視野の観点では、この市場細分化の進展を起業の時点で予測することが重要である。

起業、特にニッチ市場を狙う起業の場合、起業の時点では、当然ながら、市場は小さく、単一のセグメントである。

しかし、ニッチ市場も成長して大きくなると、幾つかのセグメントに分かれていくのが避けられない。というよりも、会社を成長させていくには、ニッチ市場を大きくしていかなければならないから、市場細分化は歓迎すべき変化であるともいえる。

時間的視野の広さという点で重要なのは、二〜三年後における市場細分化を予測し、その時点でどのポジションを取るべきかを予め考えておくということである。

大企業であれば、特許を出してから二〜三年待ち、特許が取れてから事業を開始するという余裕がある場合もあろう。しかし、起業の場合にはそんな余裕はなく、特許を出してからすぐに事業を始める。したがって、特許が取れた二〜三年後には、既に市場は大きく成長しており、市場細分化が進展していることが多い。

問題は、二〜三年後の細分化された市場において自社が取るべき戦略ポジション（セグメント）が特許によりきちんと守られているかということである。

戦略ポジションが特許で守られているというのには、二つのケースがある。

一つは、図3－2に示すように、市場全体をカバーする広い特許が取れたので、自社が相手とすべきセグメントも守られているというケースである。

もう一つは、図3－3に示すように、広い特許を取ることはできなかったが、自社が相手とすべ

図３－２

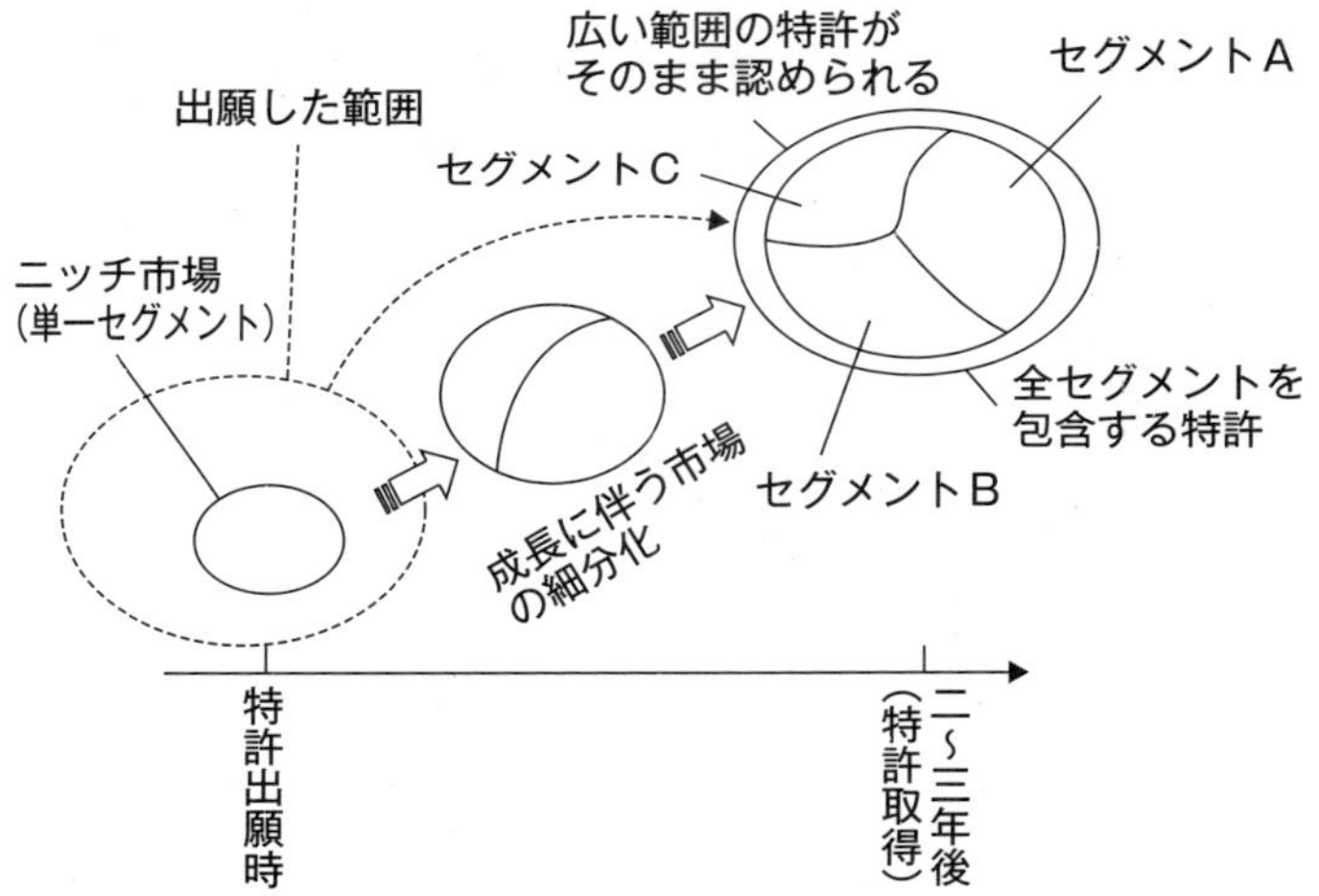

きセグメントは最低限カバーする特許が取れたので守られているというケースである。

■広い特許が取れた場合

広い特許が取れたケースで考えるべきことは、排除の論理を取るかどうかということである。

図３－２に示すように、自社が相手とすべきセグメントがCというセグメントであり、セグメントAやセグメントBは、自社にとって魅力の少ないセグメントであるとしよう。この場合、セグメントCに参入しようという企業に対しては特許により断固として排除するとして、セグメントAやセグメントBについてもそのようにすべきであろうか。

いやそうではないだろう。自社にとって魅

図3－3

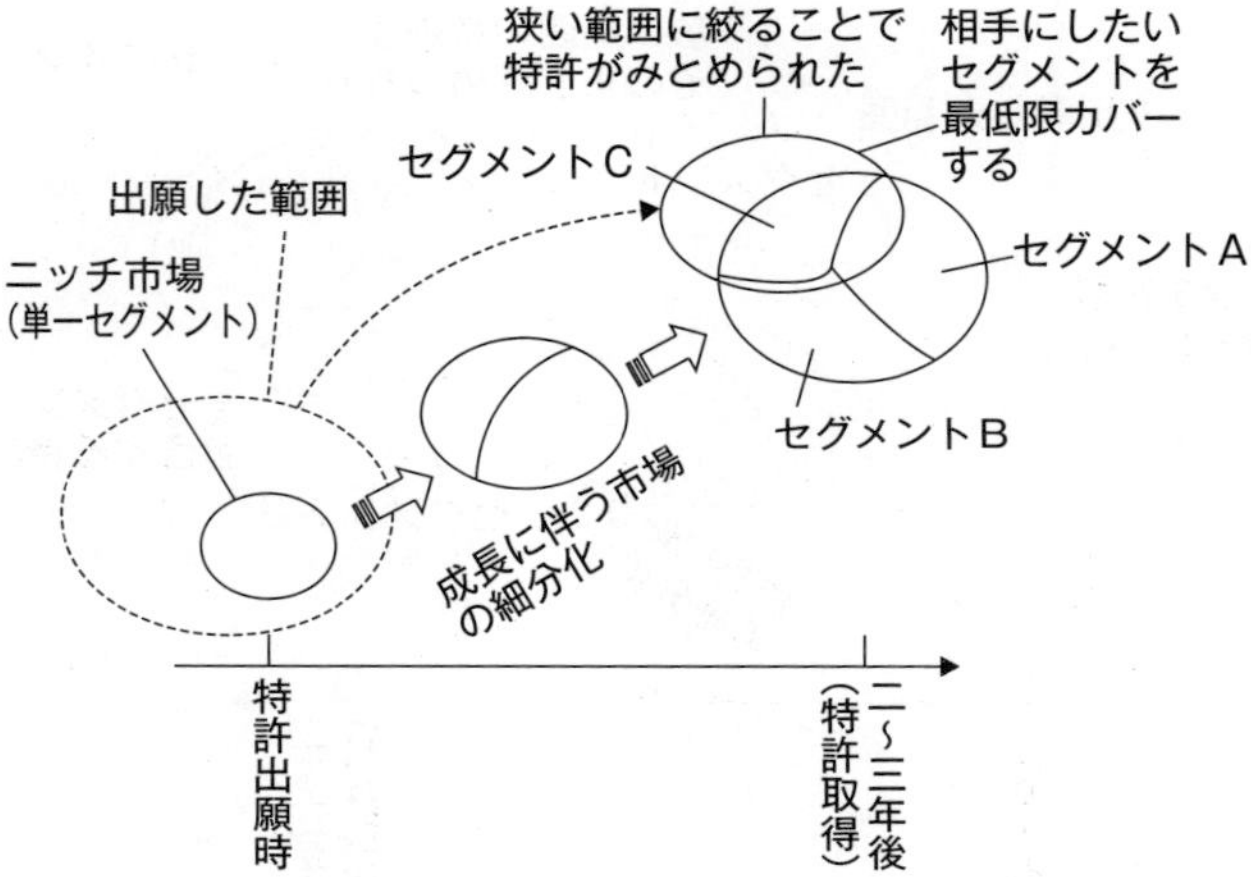
狭い範囲に絞ることで
特許がみとめられた
相手にしたい
セグメントを
最低限カバー
する
セグメントC
出願した範囲
ニッチ市場
(単一セグメント)
セグメントA
セグメントB
成長に伴う市場
の細分化
特許出願時
二～三年後
(特許取得)

図3－4

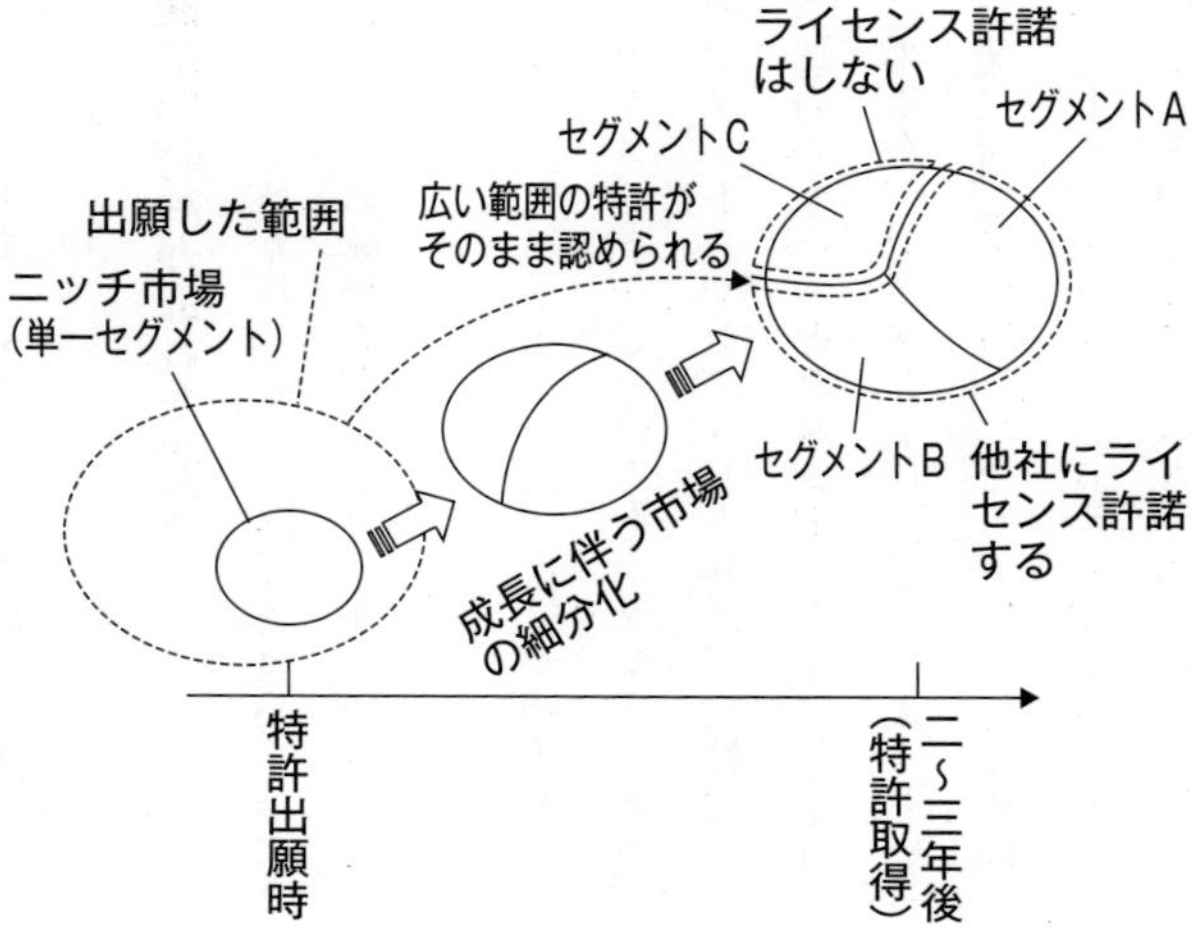
ライセンス許諾
はしない
セグメントA
セグメントC
出願した範囲
広い範囲の特許が
そのまま認められる
ニッチ市場
(単一セグメント)
セグメントB
他社にライ
センス許諾
する
成長に伴う市場
の細分化
特許出願時
二～三年後
(特許取得)

力のないセグメントなのだから、参入を許し、市場全体としての広告宣伝効果や成長を期待すべきである。つまり、図３－４に示すように、セグメントＡとセグメントＢについてのみ、他社にライセンス許諾し、参入を許すのである。そして、ある程度安いロイヤリティでライセンスを許諾し、少しでも自社の資金面での体力増強に役立てていくのである。

■狭い範囲の特許

弁理士や企業の知的財産部で仕事をされている方であればよく知っていることであるが、特許というのは、出願した時の内容がそのままの広さで認められることは少ない。特許された発明というのは、多くの場合、出願した時の内容よりも範囲を狭くしたものである。この理由は、以前に他社が出願した内容や他社が発表した内容（公知事実）に抵触してしまうため、範囲を狭くしないと特許を認めてもらえないからである。

このように、多くの場合、特許出願の内容というのは、特許審査の過程で範囲を狭くしていかなければならない。この際に重要なことは、図３－３に示すように、自社が相手とすべきセグメントＣは最低限カバーする範囲とすることである。このためには、「明細書」という書類に、そのセグメントについての説明が必ずされている必要がある。

ちょっと実務的な説明になってしまってしまうが、特許出願に際しては、「特許請求の範囲」という名前の書類と「明細書」という名前の書類が必要である。「特許請求の範囲」には、文字通り、特許請求している内容を書き、その内容が、将来特許され得る範囲ということになる。「明細書」は、特許請求の範囲に記載した内容を具体的に説明する書類である。

特許審査の過程で範囲を狭くするといっても、自由に狭くできるわけではなく、「明細書」に書いてある内容の範囲で狭くできるのみである。つまり、図3－4の例でいえば、「明細書」にセグメントAの説明とセグメントBの説明はあるが、セグメントCについて説明がない場合、セグメントCの範囲に狭めることはできない。セグメントAに狭めるか、セグメントBに狭めるか、セグメントA及びBの範囲に狭めるかである。

このことは何を意味するか。

出願時点においては、市場はまだ形成されていないか、形成されていたとしてもニッチであって単一のセグメントである。セグメントA、B、Cに分かれてはいない。この場合、セグメントAやセグメントBについては予測ができ、「明細書」に書いていたが、セグメントCが出現することは予測できず、「明細書」に書いていなかったとしよう。そのような状況下、二～三年を経て特許が許可される段階では、セグメントCが出現しており、そここそが自社にとって相手とすべきセグメントになったとしよう。この際、特許審査の過程で特許を狭めることが求められたが、セグメントCについては「明細書」に記載がないので、セグメントCに特許請求内容を狭めることができないのである（注３－２）。したがって、自社にとって魅力のないセグメントＡやセグメントＢに狭めるか、でなければ特許化を諦めるということになってしまうのである。

（注３－２）前にも述べたが、出願した後に内容を追加すること、即ちセグメントＣの説明を追加することは、法律の規定で一切認められていない。

何がいいたいかというと、出願時において二～三年先の市場細分化の状況を予測し、その中で自社が取るべきポジション、相手とすべきセグメントを見極め、その内容の説明を必ず「明細書」に書いておくべきということである。この点が、起業における時間的視野の広さという点で最も重要なことである。

少し具体的な例で説明してみよう。

太陽光発電の普及が本格化しつつあることは、前にも説明した。今貴方は、太陽電池パネルメーカーに勤めており、太陽電池を研究している技術者であるとする。研究の過程で、ある程度使用して劣化した太陽電池パネルについてある処理をすると劣化が飛躍的に改善することを突き止めたとする。会社に、このような再生処理をする新規事業の提案をしてみたのだが、却下されてしまった。

そこで、貴方は会社を辞め、起業を決断する。

事業としては、太陽電池パネルの再生サービスということになるのであるが、特許的には何を考えれば良いであろうか。当然、「太陽電池パネルの再生処理方法」の特許を出すのであるが、その際に何をしておけば良いのであろうか。

太陽電池パネルの再生処理ということ自体が知られていないのであるから、太陽電池パネルの再生サービスも当然知られておらず、そのようなニッチ市場も当然に未成立である。

このような状況下、太陽電池パネルの再生サービスというニッチ市場が成立したとして、二～三年先にどのように細分化するかを予測するのである。

現在は、一般の家庭が新築や建て替えの際に施工したり、学校やオフィスビルのような大規模な施設で導入したりする例が多い。しかし、メガソーラーが至るところで計画されており、二～三年後には多くの太陽光発電所が完成、稼働しているだろう。このような予測ができるとすると、将来的なセグメントとしては、一般家庭で稼働している太陽電池パネルの再生サービス（セグメントA）、オフィスビルなどの事業施設で稼働している太陽電池パネルの再生サービス（セグメントB）、メガソーラーのような太陽光発電所で稼働している太陽電池パネルの再生サービス（セグメントC）に細分化されるとの予測になる。

セグメントCは、セグメントAやセグメントBとは異なり、余剰電力を電力会社に売るのではなく、発電した電力をすべて電力会社に売ることが前提なのであるが、そのような形態においてのみ再生サービスが効果的であったとすると、セグメントCこそが相手にすべきセグメントということになる。

したがって、再生サービスのビジネスモデルの特許出願をする場合、特許が成立するであろう二～三年先にはセグメントCが誕生していることを予測し、そこではどういう形態でサービスが提供されるのか、「明細書」に必ず書いておかなければならない。再生サービスの技術的態様はどうなるのか。サービスの提供に際して費用の請求の仕方はどうなるのか。サービスの提供に際して、セグメントCにだけ必要な特有のツールはあるのか。そういった点について、「明細書」に必ず説明がなければならない。

このように、起業においても、時間の面での特許的視野を広くすることが必要で、最低でも二～三年先を見据え、市場動向に関する予測を反映させた特許行動に取ることが重要である。

以上、起業を考えておられる方々に大事だと思える点を色々と述べてきた。

無論、起業を成功させるには、他にも色々と重要な点が多々ある。

例えば、事業に必要な資金はどれくらいであるか見極め、十分な資金を用意すること。そのためには銀行の融資やエンジェルによる投資などが必要な場合が多いが、そのためにはきちんとした説得力のある事業計画書を作ること。事業計画書には、当然ながら販売計画や利益計画が含まれていなければならない。

事業計画書を書く際、特許を出す予定があれば、その内容やそれがもたらす優位性についても触れられていなければならない。場合によっては、特許になる可能性などの点について弁理士に見解書を作成してもらって添付することも必要になろう。

他にも、事業に必要な人的資源、即ち共同して起業するパートナーや、販売面で助けてもらう支援者、重要なオペレーションをやってもらうアシスタントなどを確保することも必要になってくることが多い。

このような種々の点については、優れた解説をしている多くの文献が存在しているので、それらに譲ることとし、説明は省略する。これらの点については、参考にすべきと思われる文献を本の末尾（資料編）に紹介しておいた。情報を得たい方は、参照されたい。

コラム3

――出願中の権利のライセンス――

本編の説明で、大企業とのアライアンスのために特許ライセンスを使うことを説明した。この点に関し、平成二〇年の法律改正以後、新しい状況が生まれているので、補足して説明する。

以前は、ライセンスというのは、特許になった後でなければ許諾できなかったのであるが、平成二〇年の特許法改正により、仮のライセンス（仮通常実施権、仮専用実施権）の許諾ができるようになった。

仮のライセンス許諾というのは、特許になった後にライセンスを許諾する約束のようなものである。例えば、特許になったら貴方にライセンスを許諾しますよと特許出願中に約束をして、引き換えに事業に投資してもらうとか融資をしてもらうというようなやり方である。以前から実務的には契約の一形態として存在していたのであるが、特許庁での登録ができなかったため、第三者対抗要件がない問題があった。つまり、出願の権利を第三者に譲渡してしまい、譲渡を受けた者が特許を取得した場合、投資や融資をした者は、その第三者に対してはライセンス許諾の約束（債権）を主張できない問題があった。このため、そのような将来的なライセンス許諾の約束で投資や融資を募るということは難しい状況であった。

しかし、平成二〇年の改正で、仮のライセンス許諾の登録制度が創設され、これを利用することで第三者対抗要件を得ることができるようになった。また、平成二三年の改正で、特許ライセンスについては登録しなくても第三者対抗要件が認められることになった。仮のライセンス許諾についても同様の扱いとなる。したがって、仮のライセンス許諾がされたことをきちんと立証できるようにしておけば、出願権や特許権が第三者に譲渡されたとしても自己のライセンスの権利を主張することができる。

本編の説明で、特許のライセンス許諾を利用した大企業とのアライアンスについて説明したが、これら法改正により、特許になるのを待たずとも、出願中の状態でライセンス許諾が行えるようになっている。ただし、法律問題ではないが、これには条件がある。出願中の権利が特許になる可能性が高く、そのことを相手先の大企業も認めている必要がある。出願された内容の特許成立性について相手先の大企業が疑念を持っている場合、当然ながらアライアンスには乗ってこない。この点に注意する必要がある。

第4章

公的サービス編

本編は、当初は内容に盛り込む予定はなかったのであるが、最近の情勢に鑑み、急遽盛り込むことにした。特許やビジネスモデルの話で公的サービスが出てくるのは、かなり奇異に感じられる方が多いであろう。

しかし、実は、奇異でも何でもない状況が広がりつつある。

第1節 公的サービスにおける特許

1 独占事業と特許

第1章（総論編）で、特許＝競争戦略であると述べた。このことは、競争がない世界では特許が不要であるということを意味する。つまり、特許以外の何らかの手段で独占状態となっている業界では、特許は本質的に不要である。

特許以外の手段で独占されている事業の典型的な例は、法律によって独占が許されている事業（例えば旧三公社五現業）である。法律によって独占が許されている企業の場合、特許を取ろうが取るまいが独占できるのであるから、特許に対する関心はゼロである。特許を出願することはまずない。

一例を示してみよう。

献血事業は、一九六四年の閣議決定によって日本赤十字社が独占的に事業を行ってきた。二〇〇三年の新血液法の制定により、建前としては誰でも事業に参入できるようになったが、実際上は日赤のみの独占事業である。

法律によって実質的に日赤しか献血事業を行えないのであるから、日赤にとって特許を取る意味はゼロである。日赤の社員がより安全により効率良く血液を集める技術や仕組みを考えたとしても、誰も真似をする者（参入する者）がいないのであるから、特許を出す意味は全くない。そういった新しい技術や仕組みを日赤が採用して実施していけば良いだけの話である。

このように、特許以外に手段により独占が確保されている業界、事業では、特許に対する関心は非常に低く、ほとんどゼロである。

もう少し端的な例を示すと、国や地方自治体という行政機関自体のサービスも、多くが独占事業であり、特許を取る意味はない。例えば、パスポート発行事業について、外務省の役人が効率的なやり方を考案したとしても、他に競争相手はいないのであるから、特許を取る意味はない。

2 変化は生じ得る

しかし、変化はどの世界でも生じ得る。法律が変わり、独占が否定される場合がある。即ち、規制緩和であり、民営化である。

こうなると、それまで公的サービスを提供してきた公的機関も、他の事業者との競争になるから、特許を出すべき局面が出てくる。

そして、規制緩和や民営化は、競争原理を導入することであり、参入する事業者も他の事業者との競争を優位にするため、特許取得を当然考えなければならない。

例えば、建物を建築する際の建築確認や検査証明については、以前は地方公共団体の独占事業であった。しかし、一九九九年の法改正により、民間にも開放され、指定を受けた民間の確認検査機関も行えるようになっている。したがって、建築確認や確認検査におけるソリューションについては、以前は特許を取る意味はなかったが、現在は意味が出てきている。

このように、法改正によって独占が否定されると、とたんに特許を考えなければいけない局面が出てくる。

無論、日赤の事例もそうであったが、法律が変わっても実質的な部分で独占が確保されていれば特許は不要であろう、という見方もあり得る。

例えば、郵政事業は民営化されたが、十万個もの郵便ポストの設置など、非常に高いハードルがあり、実質的には参入が不可能であるとの見方もある。であれば、郵政事業に関して特許を取る意味はないともいえる。

しかし、そのような実質性が否定される変化も、必ず生じ得る。十万個の郵便ポストの設置を容易にするイノベーションが考案されることもあり得るし、何よりもそのような規制がまた緩和されるかもしれないのだ。

このように、独占を許されている公的サービスといえども、いつ何時、独占が否定されて競争状態になるかもしれない。したがって、競争状態となるのを事前に予測し、必要な特許を取っておくべきである。

逆に、規制緩和や民営化を機に参入する民間事業者も、当然ながら特許を考えておかなければならない。独占性が許容されたある公的サービスがあり、これが近い将来、規制緩和により民間に開放されるという予測があるとする。そして、規制緩和が達成されたら、自社は真っ先に参入する予定であるとする。この場合、その公的サービスを外側から見ていて、自分のところであれば、こういうやり方をするのに、ということがあるだろう。そうであれば、そのような点をいち早く出願して特許にしておくべきである。

３ 独占の空間的限界

これまで述べたのは、独占の時間的限界、つまり独占もある時点で独占ではなくなるという点である。

独占のもう一つの限界は、空間的限界である。この端的な例が、法律は国内でのみ有効ということである。つまり、法律によって独占が許されている業界、業種も、国内でのみそれが許されているのであり、国を出れば独占性は何ら保証されていないということである。中国の新幹線技術の特許問題も、独占の空間的限界に起因した問題である。

法律の規定により、または法律以外の何らかの事情で国内的には独占が確保されている事業体が、何らかの事情で国外に出ていく。何らかの事情で国外に出ていくとは、典型的には、その事業体が国内のユーザーに対して提供しているサービスのビジネスモデルを輸出し、外国の事業体に供与することである。

国外に出ていく事業体は、国内的には独占状態であるため、元々、特許面の関心が非常に低い。外に出れば競争状態であるのに、特許面での関心をほとんど持たないまま出てしまう。このため、出ていった先で国際競争の波に揉まれ、特許面での支援を受けないまま、簡単に模倣を許してしまうということがあり得る。

ただ、新幹線問題も含め、実際はもう少し状況が複雑である。国内で独占となっている事業体は、単独で事業を行っているわけではなく、それに連なる民間事業者がいるからだ。民間事業者とは、多くの場合、公的な独占事業体に資材を供給する供給業者である。新幹線問題でいえば、車両メーカーなどである。

図で説明してみよう。図４－１に示すように、日本において独占状態となっている公的サービスＸがあり、独占事業体Ａが事業を行っているとする。そして、Ａに対して民間の供給業者ａ１，ａ２がいたとする。新幹線問題でいえば、独占事業体ＡはＪＲであり、供給業者ａ１，ａ２は、車両メーカーである。

図４－１

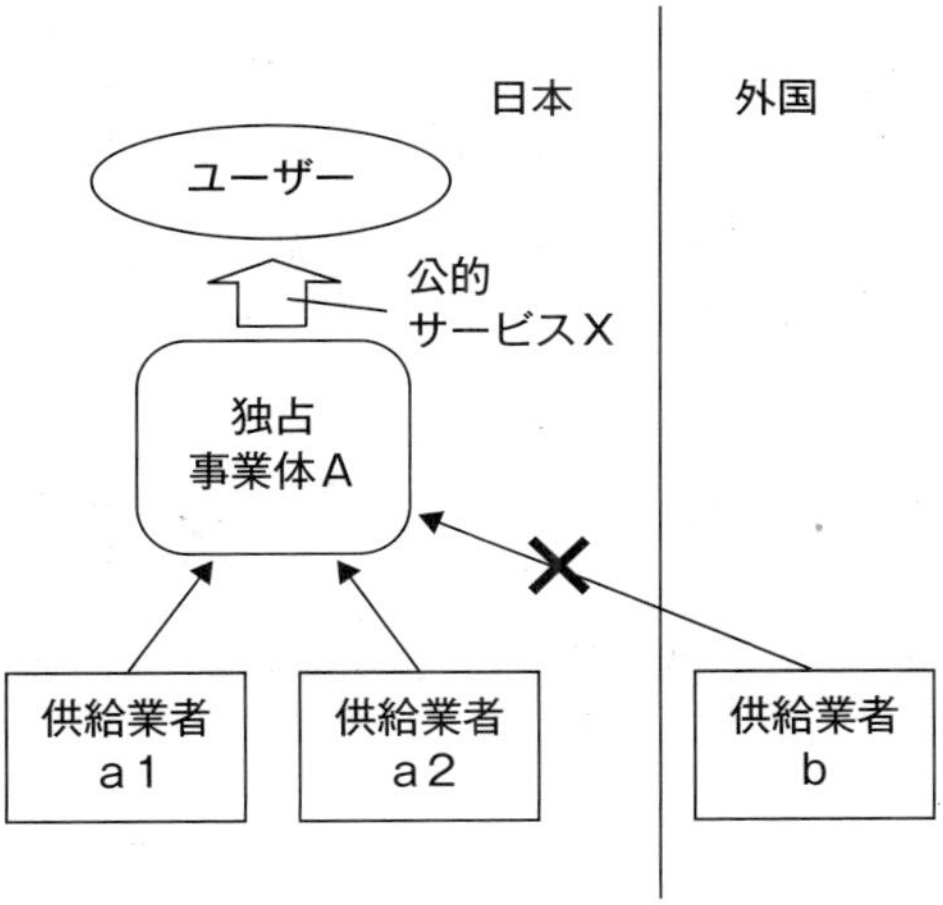

　前述したように、独占事業体Ａは、特許への関心は低く、国内、国外を含め、何ら特許は出していない。供給業者間では競争があるから、供給業者ａ１、ａ２は、ある程度、国内で特許を取っている。

　仮に、公的サービスＸに使用する資材の供給業者として、国外にｂという有力な供給業者が存在したとしよう。その場合でも、日本国内の供給業者ａ１、ａ２としては、買い手は国内の独占事業体Ａであるから、国内で特許を取っているだけで足りる。ｂが自社の資材を独占事業体Ａに売り込もうとしても、ｂの資材が日本に入ってきた段階でａ１やａ２の国内特許権を侵害することになるからである。このような関係だけであれば、確かにａ１やａ２は、そしてＡも、国外で特許

図４－２

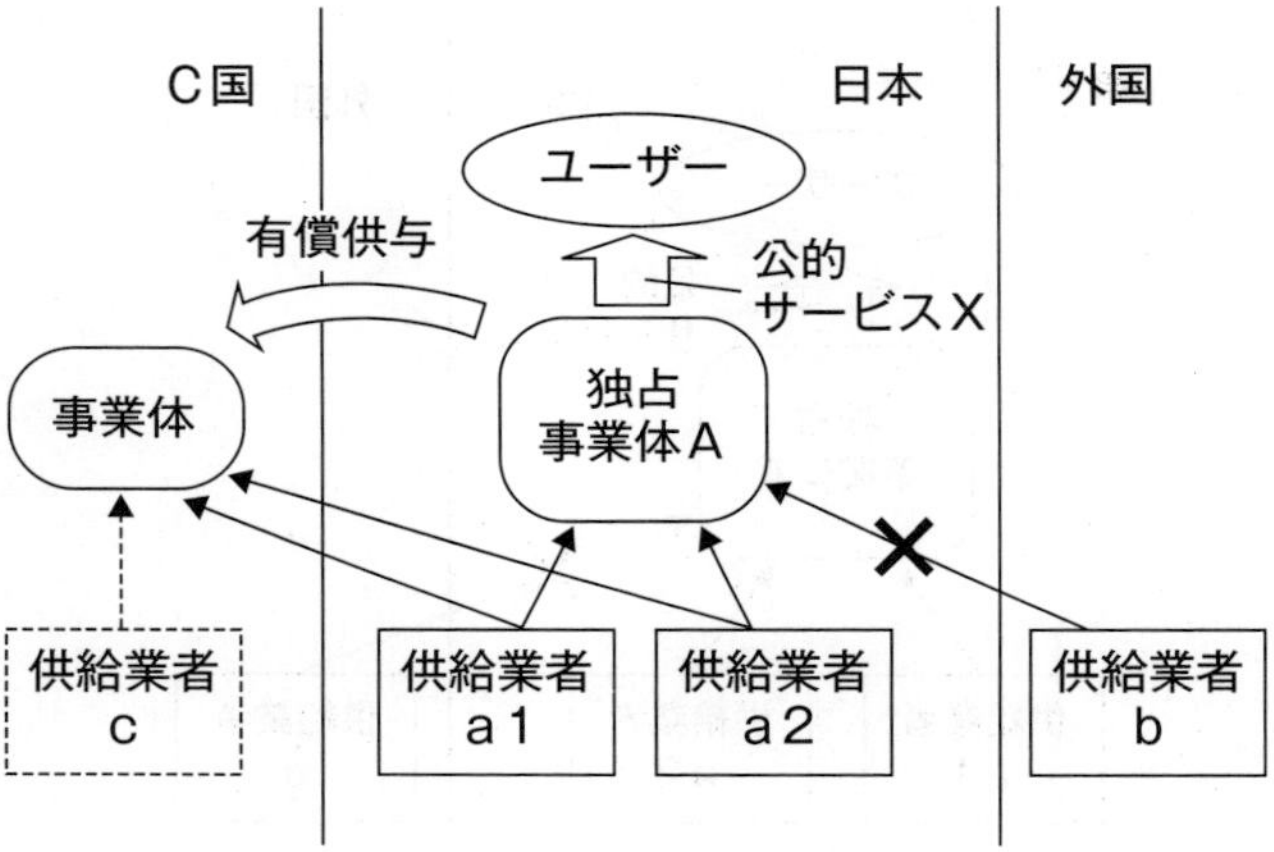

を取る意味はない。

このようなA，a1，a2の関係にもいつしか変化が訪れる。即ち、Aは海外に進出することを決定する。Aは、独占的な公的サービスXの提供者であるから、そのような公的サービスXの技術や仕組みを海外の事業主体に有償供与するとの決定である。

図４－２に示すように、提供する国をC国とすると、重要なのは、このC国にも、供給業者a1，a2に相当する業者が存在し得るということである。このC国の供給業者をcとしよう。

忘れてはいけないのは、C国とて、国内の供給業者を育成したいということである。独占事業体Aから供与を受けたC国の事業体は、当初は、日本国内の供給業者a1やa2から資材の供給を受けるだろう。しかし、国内の供給業者を育成し、いつしか供給業者cから資材を買うようになるだろう。こうなると、日本の供給業者a1，a2はC国で特許を取っていないので、それを阻止することはできない。a1やa2にとっては、公的サービスXが海外に供与されたので、公的サービスX関連のC国での売り上げが伸びると期待したが、泡と消えてしまったということである。

独占事業体Aとしては、C国への供与の際にお金をもらっているので、商売的には損はないという見方もできよう。しかし、それも一面的な狭い見方である。

C国の事業体は、公的サービスXの技術の習得に努め、彼らなりの改良をしていく。そして、いつしか、C国の事業者も他の国に公的サービスXの技術や仕組みを有償供与しようとするだろう。図4－3に示すように、例えば、D国という新興国が公的サービスXの導入の検討を始めたとする。この場合、日本の独占事業体Aは、当然、自分のところのシステムを売り込む。しかし、C国の事業体も同様に売り込みをかける。そして、E国には別の事業体がいて、これも売り込みをかける。

仮に、C国やE国の事業体は、きちんと海外で特許を取っており、そこにはD国も含まれていたとしよう。一方、日本の独占事業体Aは特許的な関心がゼロであり、当然、海外でも特許を取っていない。こうなると、日本の独占事業体Aの優れた技術は、既にC国やE国の事業体に模倣されており、D国に売り込みにいった時には、日本の独占事業体Aの技術が特段優れたものにはなってい

図4－3

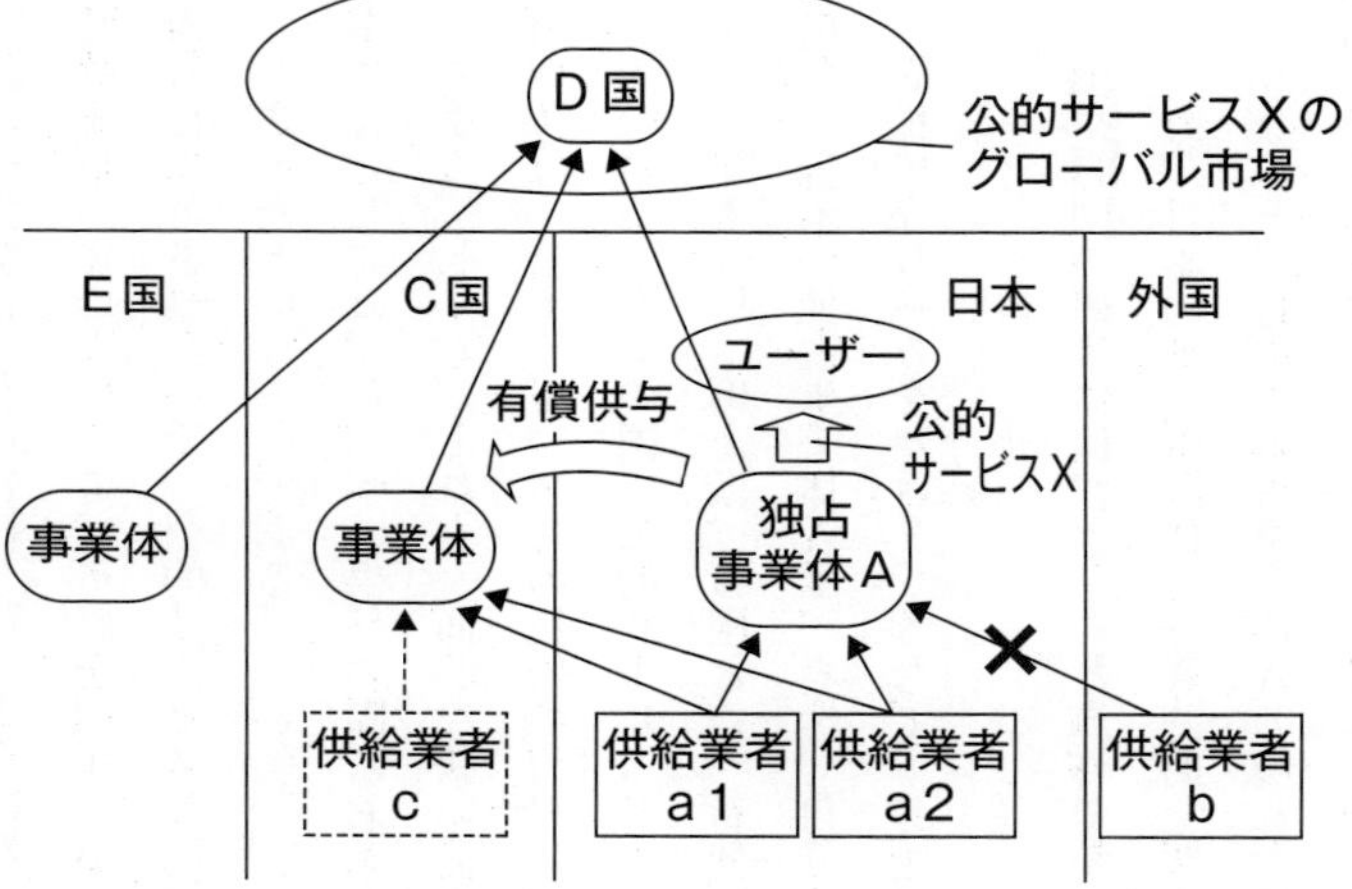

ないということが往々にしてあり得る。逆に、C国やE国は、日本の技術にプラスアルファする形で技術開発をしており、そのプラスアルファした部分は、D国でもきちんと特許を取っているということが往々にしてあり得る。こうなると、日本の独占事業体Aは、C国やE国との競争に敗れ、事業体Aは、D国への有償供与に失敗してしまう。つまり、事業体Aは、最初にC国に供与した段階では商売になったが、以降は商売にならなかったという事態があり得るということだ。

この想定は、特許的な面だけを考えているので、非現実的な部分は多々あろう。つまり、日本独占事業体Aには、他国が真似できないノウハウがあり、特許を取らずともC国やE国には負けないということがあるかもしれない。

しかし、図４－３が意味するところは、公的サービスXの世界市場が成立しているということであり、公的サービスXは完全なグローバル競争の段階に達したということである。ノウハウも供与先の国を通じて国際的に伝搬するということを考えれば、特許を取っていないことが、競争上の地位を決定的に不利にする可能性が高い。

ちょっと複雑な説明になってしまったが、国内的には独占事業であっても、一歩外に出れば競争の波に揉まれるわけであるから、外に出ることを意図した段階で特許を取ることも考えておかなければならないということである。

なお、中国の新幹線技術の特許問題について、インフラ輸出における特許問題だと捉える報道がされているが、この見方は正しくない。この問題は、非特許の独占の空間的限界の問題である。非特許の独占がインフラのような公的サービスに多いことから、そのように見えるだけである。インフラでなくとも、特許以外の要因で独占が許されている事業体が海外に出ていくとき、同じような問題が起こり得る。

4 他の具体例

公的サービスにおける特許問題が、新幹線だけの特別な問題だと思われては困るので、他の例をできるだけ多く示しておこう。

公務員の方や関係する業界の方は、是非参考にして欲しい。

■水道事業

日本の水の美味しさ、水道事業の優秀さは、世界的に有名である。

一方、水ビジネスは、途上国の人口増や経済発展に伴う水質悪化などを背景として、将来的に非常に有望なものとされており、日本でも官民をあげての取り組みが始まっている。

水道事業を行う自治体は、海外はおろか国内でも水道事業について特許は出していないだろう。各自治体の水道局に対して機器を納入している業者は、業者間の競争はあるから、ある程度は日本国内の特許は出している。しかし、各業者にとって国外での事業展開は考えていないだろうから、ほとんどの場合、海外で特許は出していないと思われる。

これが正しいとすると、どうなるのか。

先日、大阪市の水道局が、自分のところで開発した上下水道インフラをベトナムに輸出することを検討しているとの報道があった。仮に、他の国の自治体とか水道事業者とかが同様にベトナムに上下水道インフラを輸出しようとしていると、競争になる。したがって、上下水道インフラについてベトナムで特許を取っているかどうかが、大きなポイントになってくる。

例えば、大阪市が中国のある地方政府に過去に上下水道インフラを輸出したことがあったとしよう。その地方政府がその上下水道インフラのシステムについて改良版であるとしてベトナムで特許を出したとすると、新幹線問題と全く同じ構図となる。

■教　育

私学の充実や学習塾の普及など、教育分野では民の役割が非常に大きくなっている。しかし、義務教育の分野を中心として自治体などの公的部門の役割の重要性は依然として高い。学力レベルの向上など、国家レベルで取り組むべき課題も多い。

例えば、公立小学校の先生が小学生の学力レベルを飛躍的に向上できるカリキュラムを考案したとする。このカリキュラムは、ある電子機器を利用したツールを使用するもので、この先生はそのツールのコンセプトも考えついたとする。文科省は、このカリキュラムを全国レベルで採用し、各学校で実施したところ、小学生の学力レベルが飛躍的に向上し、他の国を抜いてトップになったとしよう。

このツールを、海外で特許出願しなくて良いのか。このツールに用いたカリキュラムの効果を見た中国の教育機関が、同様のものを開発して自国の小学校に導入したところ、たちどころに効果が上がり、日本を抜いてしまったとしよう。中国で特許出願して特許を取っておくべきではなかったのか。

子供は成長してその国の企業で働くのであり、子供の学力レベルは、結局は、その国の企業の国際競争力ということになるのだが。

■社会保障

福祉や医療などの社会保障関連費は、国の歳出全体の二五％程度に達する。医療制度改革などを進めてはいるが、本格的な高齢化社会を迎え、大幅削減は非常に困難な状況である。

厚労省の役人が、民間活力を大幅に取り入れた医療制度を考案し、試験的に実施してみたところ、医療費削減に大きな効果があることがわかったとしよう。この制度には、大規模なネットワークシステムが使われるのだが、その点について他国で特許を取っておく必要はないだろうか。

国の医療費支出が抑えられるということは、その分だけ法人税を安くするとか、国際競争力を高めるための基礎研究費にその分だけ多く割けることになる。中国も急速に高齢化社会に入っているという。日本の成功を見て真似をすることはないだろうか。

■公共事業

公共事業の分野で近年実施されているイノベーションに、ＰＦＩ（Private Finance Initiative）がある。

ＰＦＩは、イギリスで生まれた公共事業の手法であり、民を官に対して対等に巻き込むことで公共事業に市場原理を導入し、低コストで良質なサービスを提供しようというものである。

ＰＦＩは、一九九九年の法律施行により活用され始めたが、民へのリスク移転が不十分で結局は官が高いコストを支払う羽目になるとか、ＰＦＩ事業が独立採算型でなく施設の維持管理料を官がＰＦＩ事業者に支払っているとかいった問題が指摘されている。

仮に、ＰＦＩの色々な問題を解決し、公共事業における官の負担を劇的に削減できる手法を、とある自治体の職員が考え出したとしよう。この手法には、公共事業におけるリスクを数値的に解析し、最適なリスク分担を算出するコンピュータプログラムが使用されるとする。このプログラムについて特許を取り、システムを外販する収益事業を行えば、自治体財政改善の一助となることは間違いない。外販は、当然ながら、海外の自治体も含まれるから、海外でも特許を取るべきということになる（注４－１）。

（注４－１）コンピュータプログラムの特許性は、国によって多少異なる。資料編で説明しているように、欧州や中国ではプログラム自体の特許性が認められていないので、著作権によって収益を上げるなどの工夫が必要になる。

■環境分野

環境意識の高まりを受け、エコビジネスの隆盛が地球規模で進展している。今後に生み出される多くのイノベーションが環境対応になってくることは間違いない。要素技術の開発については民間企業も大きな役割を担っているが、大規模な展開となると公的部門の役割が大きい。

例えばゴミ処理について考えてみよう。

以前に、イタリアのナポリでゴミ処理場が満杯となり、路上にゴミが溢れる事態となったことが世界中で報道されて話題となった。

多くの国で、ゴミ問題は深刻な問題であり、今後は、新興国で問題が顕著になってくることは間違いない。

ゴミ処理については、地方公共団体の役割となるが、住民意識も重要である。例えば、ある日本の自治体が、ある企業の技術協力により、生ゴミを利用したバイオマス発電に成功し、ゴミ処分場の周辺住民に電力を無料で提供することができるようになったとしよう。そして、これにより新規のゴミ処分場の用地確保がスムーズにできるようになったとしよう。この際、特許出願については、技術協力をした企業が国内の特許出願をしていたのみで、外国では全く特許出願していなかったとしよう。このような状況下、この自治体は、ゴミ処理場のインフラ技術や、ゴミ処理場で発電された電力を分配するインフラ技術について、中国に供与した。その後、他の周辺国にも技術を輸出しようとしたところ、中国が独自技術であるとして国際特許出願したことが後でわかった。そういった事態にはならないであろうか。

第2節 国及び地方公共団体

前節では、公的サービスに独占性を与えられている場合でも、その独占性は時間的な面で、または空間的な面で限界があり、独占性の上にあぐらをかかずに特許を取ることを考えるべきだと説明した。

公的サービスの独占性は、端的には、行政機関そのものに存在する。国や地方公共段団体の政策自体である。

そして、行政機関の競争とは、行政機関同士の競争であり、それには国際的な競争もある。

本節では、これらの点について説明していく。

1 地方自治体

各地方自治体は、国内的には、他の地方自治体と激しい競争状態にある。工場用地を整備し、税制面などでの優遇措置を講じて企業の誘致合戦をすることが盛んに行われてきた。無理な用地開発をして財政を悪化させてしまった例も少なくない。

各地方公共団体同士が激しい競争を行っているとすれば、当然、競争戦略が必要になる。つまり、ポーターの教示に従い、差別化をするか、コストリーダーシップを目指すかである。差別化は、他の地方自治体と同じようなやり方で企業誘致をするのではなく、その地方でしかできない独自の企業誘致策を展開することである。

コストリーダーシップを目指す場合、他の地方自治体に比べて低コストで操業できることをアピールすることになる。より安い事業税を提示するとか、電気や水道といったインフラの使用料金をより安く設定することになる。

従来、各地方自治体は、コストリーダーシップ的な観点での企業誘致策に力にばかり目がいく傾向があったように思う。今後は、差別化の観点をもっと重視すべきであろう。つまり、この地方で操業することで可能になるユニークなビジネスとか商品とかを、誘致する企業と一緒に考えていく。そういう姿勢が必要となろう。

コストリーダーシップという競争戦略を取る場合、その地方自治体の本来の業務におけるコストとの関係が最も重要となる。即ち、住民へのサービス提供においてコスト優位に立っている自治体ほど、企業誘致においてもコスト優位を発揮しやすい。この点において、前節で述べた公的サービスの特許戦略が重要になってくる。

例えば、ある地方自治体の水道局の職員が、水道事業のコストを飛躍的に低減できるモデルを考えたとしよう。このモデルについて、その地方自治体が特許を取り、他の地方自治体が真似できないようにすれば、その地方自治体だけが低コストの水道事業という恩恵にあずかれることになる。そして、水道事業の予算を企業誘致の方に回し、事業税の優遇策を講じるなどすれば、企業誘致においても他の地方自治体より優位な立場に立てる。

特許を取って他の自治体にやらせないようにするなんて、世知辛いではないか、との異論があるかもしれない。であれば、他の自治体にライセンスを有償許諾し、ロイヤリティ収入を他の事業の予算に活かしていけば良い。

地方公共団体は、国内の他の地方公共団体との競争だけではなく、海外の地方公共団体とも競争している。グローバル企業を誘致するため、税制面での優遇策を講じたり、電力などのエネルギーコストの面の有利性を強調したりする。この他、港湾設備や地方空港といったインフラ整備を進め、積極的に企業を誘致する。超円高により海外に生産拠点を移そうという日本企業に対し、何とか国内に残ってもらおうとすることも、ある意味、海外の地方自治体との誘致競争であるともいえる。いずれにしても、財政的な負担が増えることは避けられない。

国内での他の地方自治体との競争の場合も同様であるが、海外の他の地方公共団体との競争関係にあるということは、各行政サービスのオペレーションの合理性や効率性の点で海外の他の地方公共団体と競争しているということである。何らかの行政サービスにおいて無駄があれば、競争に簡単に負けてしまう。超円高を考えれば、海外の地方自治体に比べて何倍も効率的に無駄なく行っていなければ、負けてしまうだろう。

逆に、既存の行政サービスを無駄なく効率良く提供できるシステムとかツールとかが創出されたのであれば、積極的に特許を取り、同じことがされないようにすべきである。この場合の特許の出額国は、海外の地方自治体との競争であるから、競争相手となりそうな地方自治体が存在している国である。例えばあるグローバル企業の誘致において韓国のある地方都市が手強い競争相手になるのであれば、韓国で特許を取るべきということになる。

2 国

地方自治体が海外の地方自治体と競争関係にあるということは、そのまま、国にも当てはまる。即ち、行政組織が国家レベルで直接ぶつかり合う状況である。

ポーターは、一九九二年に「国の競争優位（上）（下）」を書き、国ごとの競争力がどのように導き出され、どのように競争力を高めていくかを論じた。国の競争優位とはいっても、実際にはその国に属する個々の企業の国際競争力であり、国の競争優位は個々の企業の国際競争力の集合体として論じられている。国の役割は、各企業の国際競争力を高める政策をいかに打ち出せるかということである。

しかし、最近の状況は、そのような悠長なことを許さない状況となっている。国に属する各企業を通じて国同士がぶつかり合うのではなく、国の行政組織同士が、国の政策同士が直接的にぶつかり合っている。

先進国を中心にして、企業の成功モデルは似通ってきてしまっている。したがって、政府による国際競争力強化策も似通ったものになってきている。法人税を低く維持し、自国通貨を安めに誘導し、ハブ空港などのインフラ面での整備を進める。研究開発力を高めるため、基礎研究に対する財政的な支援や、研究者を呼び込むための政策を進める。つまり、自国企業の成功のために各国は同じような制度を持ち、同じような政策を実行している。

言い換えれば、現代の競争は、国家間の法人税の値下げ競争であり、自国通貨の安め誘導競争である。スイスは、自国通貨の安め誘導のため、無制限為替介入をするという。そういう時代なのである。政府組織同士が、そのパフォーマンスの優劣を巡って直接的にぶつかり合っている。これが現代の状況である。勝負の分かれ目は、政府組織がどれだけ合理的で効率的かということである。この意味で、政府による税金の無駄遣いは、国を敗北させる決定的な要因となるのである。

企業の成功モデルが似通ってきており、国による国際競争力強化策も似通ってきてしまっており、互いに消耗戦を繰り広げているとすると、逆に、ある国だけが優れた国際競争力強化策を考案し、それをその国だけが実施できれば、非常に有利な状況となることは明らかである。国による政策自体の差別化である。ポーターが教示した差別化戦略を国家レベルで遂行するのである。

つまり、グローバル競争では、企業に対して競争戦略として差別化が求められるそれ以上に、国の政策自体に差別化が求められるということである。国の最終的な目標が他国との法人税値下げ競争に勝つということであるとすると、法人税を安くすることができるユニークな政策とか制度とかを考案し実施し、かつ同じことを他国の政府にはやらせないようにすれば良いのである。

あることを他にはやらせないようにすること。これは即ち特許の役割である。そう、国の制度や政策についての特許を他国で取るのである。

制度や政策自体は、発明ではないとして他国でも特許はされないから、間接的独占戦略を駆使し、制度や政策を展開する上で必須となるツールの部分で特許を取っていくことになる。つまり、日本国政府が自国の競争優位を可能にする制度や政策に必須となるツールの特許をアメリカや中国で取っていくのである。このような発想の柔軟性と大胆さが、求められる。

幾つか例を示そう。

例えば、為替介入のタイミングや規模について、費用対効果との関係を分析し、最適なモデルを日銀が考案したとしよう。そして、このモデルの実施にはあるコンピュータプログラムが使用されるとしよう。もしこのモデルの秘匿が難しいということであれば、このモデルを実施するシステムの特許を取るのである。資料編第1節で説明するように、中国や欧州においては、ビジネスモデルにしか特徴点がない発明の特許性について厳しい見方がされるので難しい面があるが、米国や韓国などでは特許になり得る。

このような為替介入の最適モデルの特許を取得し、日本だけが実施できるようにしておけば、日本だけが通貨の安め誘導を少ない予算で実行することができる。そうなれば、それができない他国に対して有利となることは明らかである。

別の例として、例えば、日本のある空港の職員が、航空会社が支払う発着料金を大幅に削減できる空港の構造とかオペレーションの方法とかを考案したとしよう。そして、主要空港をこのような構造に造り変え、オペレーションを変更することで、実際に大幅に発着料金を安くできたとする。これにより、海外の航空会社の呼び込みに成功し、シンガポールなどとの競争に勝ってハブ空港化に成功したとする。

しかし、日本のこの巻き返しをシンガポールなどもただで見ているわけではないだろう。日本の成功を研究し、真似をしてくるに違いない。オペレーションなどは秘匿できたとしても、空港の構造は丸見えである。

仮に、空港の構造とかオペレーションに関する特許出願をシンガポールなどのハブ空港のある国で行い、特許を取っておけば、真似を防止し、巻き返しを阻止することができるだろう。

浜野保樹氏は、「模倣される日本」という本を書き、日本が模倣する側ではなく模倣される側に完全になってしまったことを強調している。模倣されるのは、技術開発や商品のコンセプトだけではない。政府や自治体の政策、やり方もまた模倣されているのである。

無論、模倣には色々な意味があろう。良いところを取り入れるだけではなく、日本の失敗を見て参考にし、やり方を変えていくという反面教師的な模倣もある。今回の欧州通貨危機でも、恐らくは、日本がバブル崩壊後の不良債権処理で取った政策を参考にしているに違いない。

日本は、既にフロントランナーなのである。私たちの前には参考にすべき前例はない。前例がない中で、知恵を絞り、汗を流し、問題を解決していかなければならない。

日本のロケット開発の父である故糸川英夫博士は、「前例がないからやってみよう」といわれた。成功されている多くのベンチャー企業経営者も、「他社がやらないことをやる」というようないい方をする。

このようなフロンティアスピリッツが求められているのは、企業経営だけではなく、実は、国や自治体も同じなのだ。

しかし、国や自治体といった行政組織は、得てして前例のないことをやるのは苦手である。前例のないことはやりたがらない。他の国でやっていないことはやりたがらない。

しかし、明治維新や戦後の復興期においては、参考にすべき前例（成功モデル）が全くない中で国をリードし、政策を展開してきたはずである。

超円高、産業空洞化の加速といった危機的状況の中で大震災からの復興を遂げていかなければならない日本の行政組織に求められるのは、現状を打開する創造性であり、「自分たちの前には道はない。自分たちの後に道ができるのだ」というフロントランナーの気概である。そういったフロントランナーの気概と創造性の片隅に、発想の柔軟性、そして特許というキーワードを是非置いて欲しい。そう願うばかりである。

コラム４

――サービス業のイノベーションをいかに保護するか――

第1章（総論編）第４節で、製造業は特許制度の恩恵をあずかれるのに対し、サービス業は、「発明の壁」限界のため、ほとんどの場合、特許制度の恩恵をあずかれないと説明した。

この点について、同様の批判的見解がないわけではない。

例えば、文教大学情報学部の幡鎌博教授は、「日本知財学会誌 Vol.6 No.1 2009 pp.83-102」において、アートコーポレーションの社長が自社のサービスの特許化を特許庁に訴えたという逸話などを交えながら、革新的なサービスを創出してもすぐにフォロワーに模倣されてしまう現状を指摘している。そして、イノベーションの促進のためには新たな知的財産権制度の創設が必要であると力説している。

私も、二〇〇七年に日本弁理士会の知的財産政策推進本部の委員長をしていた際、産業構造審議会産業技術分科会に対し、非技術系のイノベーションを保護する新しい制度が必要であるとの意見を提出したことがある。

幡鎌教授は、新しい知的財産権として、元祖権という権利の創設を提案されている。この権利は、全く新しい優れたサービスを始めた事業者に対し、「元祖」という表示をそのサービスについて独占的に使用できるようにする制度である。

一方、私が考えている新しい制度とは、他人を排除する独占性はないが、模倣に対する金銭的補償は認める制度である。つまり、新規性及び進歩性はあるが自然法則を利用していないビジネスモデルについて、他人が模倣したら一定のロイヤリティを受け取る権利を一定期間認める制度である。

元祖権も優れたアイデアであるとは思うのだが、起業家が新しいサービスを開始し、事業を軌道に乗せていくには莫大なエネルギーと資金がいる。苦労して事業を軌道に乗せていっても、ビジネスモデルが特許されないため、多くのフォロワーの参入によってあっという間に過当競争になってしまう事例が多々ある。例えば、第3部（起業編）で紹介したコインパーキングの事業も、多くのフォロワーが参入しており、激しい競争となっている。

他人を排除する独占性は認められないとしても、せめて、フォロワーから金銭的補償が受けられるようにすべきではなかろうか。そして、その資金で「死の谷」を乗り越えるとか、さらなる事業展開に活かすといったことができるようにすべきである。その程度の見返りは、フロントランナーに対して認めるべきだ。

フロントランナーは、考えたビジネスモデルが妥当するかどうかが不確定な状態で世の中にチャレンジしていくのである。フォロワーたちは、フロントランナーが成功したのを見てから（ニーズがあるのを確認してから）参入するのであり、何らリスクを負っていない。フロントランナーの利益を与えなければ、新しいビジネスモデルを世に問おうとする者がいなくなってしまうだろう。

サービス業のイノベーションをどう保護すべきかという問題は、フロントランナーの利益をどのように保護すべきかという問題なのである。フロントランナーの利益が保護されなければ、新しいイノベーションは生まれてこないだろう。これは、製造業であれサービス業であれ、同じなのだ。新しい優れたサービスを創出し、それを海外に輸出していこうという国策があるのなら、サービス業におけるフロントランナーをどのように保護するのか、真剣に考えなければならない。

なお、ある知的財産を法律で保護しようとするのは、その知的財産の創出においてその国の産業が他国に比べて有利な地位にあるからである。自国の産業が弱い段階でその分野について知的財産権を認めてしまうと、外国の事業体に権利を独占される結果となってしまう。だから、自国の産業が外国並みに強くなるのを待ってから、その分野について知的財産権の保護制度を設けるのである。

古い話でいえば、物質特許制度が始まる以前は、日本は、化学物質自体については特許を認めてこなかった。この分野で日本企業の研究開発力が欧米に追いついてきた一九七六年にようやく物質特許制度が始まったのである。また、一九七〇年代、米国がソフトウェアを権利期間五〇年という著作権で保護しようという動きに出たのは、巨人ＩＢＭを擁していたからに他ならない。欧州や中国がコンピュータプログラム自体の特許性を現在認めていないのも、自国のソフトウェア産業が米国や日本並みの力はないとの認識からである。ソフトウェア産業の力が付いてきた段階で、方針を大きく変えることもあり得るだろう。

このように、自国の強い産業をより強固にする手段として知的財産制度はその都度ブラッシュアップされてきたのである。サービス業をさらなる経済発展の糧にしようとする国策があるなら、今日本が何をなすべきか、自ずと答えが出るはずである。

第5章

業界別新ビジネスモデルの事例編

前編までで、起業と新規事業開発、そして公的サービスにおけるビジネスモデルと特許との関わりについての説明を終えた。

本編では、業界別のより具体的な事例において、これからの新ビジネスモデルというのを考えてみたい。いうなれば、前編までが過去に生じた変化への対応についての話であったのに対し、本編は、現在起きている変化、将来起きると予想される変化への対応の話である。

なお、本の冒頭で述べた通り、具体的ビジネスモデルについては、私の頭の中にはある程度のものがあるのであるが、それを書くことは意図的に避けている。具体的なビジネスモデルを書いてしまうと、本の出版によって新規性が失われてしまう。同様のことを考えていて特許出願をしようとしている方がいた場合、特許化の障害になってしまうことがあり得るからである。

第1節　現在起きている変化

1　グローバル化

現在起きている最も大きな変化は、経済のグローバル化である。

大企業だけではなく、中小企業や個人の企業も含め、日本のすべてのセクターがグローバル経済の嵐の中を突き進まなければならない。

超円高、電力不足、法人税率の高さなど、日本で事業活動をするにはマイナス要因ばかりである、企業の海外進出、空洞化はもはや止めようがない。日本でデフレが緩やかに進み、周辺国ではインフレと人件費高騰が進んだ結果、周辺国の平均給与水準が日本のそれに近づくまで、現在の状況は続くのかもしれない。

無論、多くの経営者やアナリストが指摘するように、日本にとっては、周辺国の給与水準の向上こそが最大のビジネスチャンスである。欧米先進国に比べると、アジアという最大の成長市場を背後に有する日本が最も有利な立場であるとする見方もある。いかに新興アジア市場を開拓し、新ビジネスモデルを打ち立てていくかということが、大企業のみならず、中小企業、個人起業家にとっても最重要の課題である。

グローバル化＝ローカライゼーションである。

新しい商品やサービスを考えたとき、それを中国に持っていく場合にはどう変えていくべきなのか。インドに持っていった場合にはどう変えていくべきなのかを考えなければならない。そして、変えていくところに新しさがあるのだから、その点を特許にしなければならない。出願する先は、当然、中国特許庁でありインド特許庁である。

個人の起業家とて例外ではない。いや、個人の起業の方がグローバル化が重要な場合があり得る。例えば、自分が考えたビジネスモデルは、日本では受け入れられないが中国では受け入れられるということもあり得る。だから、最初からグローバルな視野の中で起業を考えなければならない。

逆に、中国やインドの起業家たちは、間違いなく日本を見ており、日本に来て起業のネタを探しているだろう。何か良いネタがあったら持ち帰って母国で起業しよう。そう思っている人が多数いるに違いない。無論、ブランドのただ乗り的なものは問題であり、断固として対応しなければならない。しかし、日本の優れた商品やサービスを海外に持っていく際、現地のニーズを最も把握している現地の起業家を通して行った方が良い場合も多いであろう。

本書で何度も紹介させて頂いたマクドナルドは、ご存じの通り、日本には藤田田氏が持ち込んだ。藤田氏は、米国本社の意向に反して郊外型ではなく銀座に一号店を出店するなど、日本で成功するにはどうローカライズすれば良いかを徹底的に考え、実行された方である。

これからは、中国人の藤田田氏、インド人の藤田田氏が出てくるに違いない。いや、もう出てきているのかもしれない。

２ 高齢化

団塊世代の停年退職が一段落し、日本は、本格的な高齢化社会を迎えた。高齢化のピークは、二〇二五年頃といわれている。それまでは、高齢化という変化が続くということだ。

高齢化社会が到来するといわれて久しく、また実際に到来したわけであるが、その変化に十分に対応しているかというと、そうも見えない。

典型的な例は病院である。ちょっとした規模の病院に行くと、待合室は老人で溢れ、一時間待ち、二時間待ちはあたり前である。その一方で、地域の拠点病院が経営難で廃業し、大きな社会問題になることもある。厚労省の政策も含めてであろうが、病院の経営には、何か優れたイノベーションが必要なことは目に見えて明らかである。

高齢者が多い集合住宅の建て替え問題なども、高齢化対応のイノベーションを怠ってきたことによる。

流通業界にも、高齢化に対応できていない。例えば、平日の昼間にスーパーに行くと、客のほとんどが高齢者である。しかし、スーパーの業態は高齢化社会を迎えてもほとんど変わっていない。バリアフリーのために階段にスロープが付いたぐらいか。一部に、配達業務に力を入れているなど、新しい業態も生まれつつあるが、まだまだ不十分である。

高齢化という変化に十分に対応できていない市場。高齢化という変化に伴って形成されたにもかかわらず誰も対応していないニッチ。それらは、探せば他にもいくでもあるだろう。そこにこそ、起業や新規事業開発のチャンスがある。

3　ソフト化

エレクトロニクス業界を中心に、商品や技術のライフサイクルが非常に短くなっている。高機能の最新機種も二〜三年であっという間に陳腐化してしまう。高度な技術を集積したハイテク製品がまたたく間に単なるコモディティ（日用品）になってしまう。厳しい時代である。

ハイテクを集積したハードよりもそこに乗せるソフトを作った方が儲かるという傾向は、今後も続くであろう。

ハードに乗せるソフトというのは、ソフトウェアという狭い捉え方ではなく、「消えてなくなるもの」、「最初から形がないもの」といった広い意味で捉える必要がある。例えばプリンターでいえば、プリンター本体はハードで、インクはソフトである。大手のプリンターメーカーは、かなり前から、プリンター本体よりも消耗品であるインクで稼ぐ戦略を取っている。

ソフト化の傾向は、成功するイノベーションがサービス業界に多いという点にも現れている。狭い日本に、既に多くの高機能商品（モノ）が溢れている。ちょっとぐらい機能がアップしたモノを出しても、部屋は既にモノで溢れているから、買う気にはならない。でも新しいサービスであれば、場所を取るものではないので受け入れられる。

ソフト化の波は、ハードのブラックボックス化に助長する面があろう。ハード本体はブラックボックス化して技術を秘匿し、それを使ったサービスとかそこに乗せるソフトで稼ぐという戦略を取る企業が多くなるだろう。メーカーであっても最初からサービスで稼ぐ戦略を取り、ハード開発はそのための手段に過ぎないという考え方を取る企業も出てくるだろう。

しかし、ブラックボックス化も一長一短あり、技術自体がマイノリティになってしまう危険性がある。技術を公開し、デファクトスタンダードの一翼を担うオープンイノベーションの戦略を取らないと、将来の分け前にあずかれないこともあり得る。マイノリティとデファクトスタンダードの盛衰については、パソコンの歴史においてアップルとマイクロソフトがたどった足跡に端的に表われている。

このように考えると、ハードについては基本的にオープンイノベーションを採りつつも、収益性の高いサービスやソフトに関連した部分についてはブラックボックスにするという戦略を取る企業も出てくるであろう。

4 引き算的イノベーション

最近のイノベーションの特徴の一つに、引き算的イノベーションというのが挙げられると思う。端的な例は、iPad であり、iPhone である。iPad や iPhone の成功は、コンセプト重視型、デザインとマーケティング重視型の商品開発の成功事例と見るべきであるが、技術的には引き算的イノベーションである。

引き算的イノベーションとは、商品が現状有している機能や特徴点の一つを取り払い（引き算し）、その上でその商品を再構築して別な方向に発展させる手法である。iPad や iPhone は、キーボードという情報端末にとって不可欠とも思われた機能を取り払い、新たなコンセプトの商品として登場したからこそヒットしたのである。

ディスプレイがタッチパネルになっていて、スクリーンキーボード（ソフトウェアキーボード）の機能を持つものは、iPad や iPhone が出る以前から存在していた。しかし、それらは、通常のキーボードを備えていて、それにプラスする形でスクリーンキーボードの機能が追加されたものであった。

アップルがやったことは、キーボード機能をスクリーンキーボードに限ることによって、ハードウェアキーボードを端末から取っ払い、それによって大画面ディスプレイの新たな可能性を多く見い出したということである。

キーボードレスのタブレット型コンピュータというのは、iPad 以前にもコンピュータメーカーの開発担当者の頭の中にはコンセプトとしてはあったと思う。しかし、日本企業は、機能を追加して製品を高級化していくイノベーションには長けているものの、機能を取り払うことで新たなコンセプトの商品を作り上げることは苦手である。このため、後れを取ってしまったのだろう。

大震災で売れている石油ストーブも、ある意味、引き算的である。電源コードは使えなくて、電池かマッチでしか点火することができないストーブというのは、ある機能がないことで売れているともいえる。

ただ、これもイノベーションというには、さらなる展開、発展が必要である。例えば、電気は不要であるのに加えて、逆に使っていると電気を作ってくれる、つまり発電機能がある石油ストーブ。それぐらいのことを考えても良いだろう。

サービス業にも、引き算的イノベーションは見られる。一〇分千円でカットのみ行う理容サービスなどはその好例である。忙しいビジネスマン相手に必要なサービスだけ提供し、価格的にも魅力のあるものにしていく手法は、大いに参考になる。

引き算的イノベーションというのは、イメージ的には、足し算的イノベーションという一直線上のイノベーションを少し後戻りし、あるマイルストーン的な地点を見いだし、そこから横道を造っていくようなものである。

タッチパネルとスクリーンキーボードという要素技術が開発された時点で、キーボードレスのタブレット型コンピュータに必要なピースはすべて揃ったのだから、その方向に枝分かれして発展させることを考えるということである。それには、足し算的イノベーションが行き詰まってしまったという認識が必要である。ユーザーにとってそれほど必要ではない機能をあまりにも足し算し過ぎてしまったという認識である。

サービス業も製造業と同様で、イノベーションに熱心な者ほど、色々なサービスを考え、うちに来ればコレもできますよアレもできますよ、次々に積み重ねてしまう。視野の狭い足し算的なイノベーションである。そうではなくて、真に顧客が望んでいるものは何かを考え、必要なところまで後戻りして考えるのである。

三千円の料金の理容室に、本来は一ヵ月おきなのだが、高いので無理して一ヵ月半おきに行っている者がいたとしよう。一ヵ月半おきなので、かなり髪が伸びてから行くことになる。しかし、一〇分千円のカットであれば、半月に一回行けることになる。ということは、長く伸びない状態で常にカットができることになり、自分の髪型をほぼ同じ状態に維持できるのである。一〇分千円カットのみのビジネスモデルは、このあたりを考えているはずで、優れたイノベーションといえるだろう。

いずれにしても、デフレ経済をもうしばらく辛抱しなければならない日本にとって、引き算的イノベーションは、キーワードになってくるはずだ。

これら以外にも変化を考えるキーワードは幾つかあろう。

最も顕著なものは、大震災、原発事故を目の当たりした意識の変化、即ち安全、安心を第一に考える傾向とか、再生可能エネルギーへの転換に見られるようなエコ意識のさらなる高まりである。

現在起こっているすべての変化について言及することは私の能力を超えているし、本編の目的ではない。

本編は、現在起きている変化を例示しながら、将来どのような新ビジネスモデルが考えられるか、ヒントを示すことにある。

第2節　業界別事例

それでは、このような現在起きている変化を前提にして、各業界でどのような新ビジネスモデルが考えられるか、そのヒントを示してみよう。

1　農　業

農業における新ビジネスモデルのチャンスは、やはりグローバル化にあるだろう。即ち、輸出である。

原発事故の風評被害は、農産物の輸出に厳しい状況をもたらしたが、周辺国の所得水準の向上にこそ、農業や水産業の最大のチャンスがあることに変わりはない。必ずやこの危機を乗り越え、農業立国への道を再び歩み始めると信じる。

中国や台湾では、富裕層を中心に高価でも美味しい日本の米を食べる傾向があるという。検疫の問題もあるが、日本の農産物を中国の家庭の消費者がネットで注文するといったことも、今後は一般的になっていくだろう。農業の大規模な集約化を進めて国際競争力を高めるというアプローチも重要であるが、周辺国の所得の向上というこれからの変化を考えれば、「高くても美味しいから日本の農産物を買う」という方向性も見失ってはならない。

とはいえ、日本の農産物がすべて海外で受け入れられるわけではない。嗜好の違いを見極めなければならない。ローカライゼーションである。このためのヒントは、観光業界にあると思う。

現在は震災の影響で苦しい状況であるが、いずれはまた周辺国からたくさんの人が観光で日本にやって来るだろう。いや、そうなるように観光業界も頑張らなければならない。

日本にやってきた多くの外国人は、日本の各観光地を訪れ、日本式旅館に泊まり、日本食を食べるのである。現地のお土産物店を訪れ、試食品を食べるのである。彼らに、ローカライゼーションのための市場調査をやってもらえば良いのである。

彼らは、気に入った食品で果物のように持ち帰れるものがあれば、お土産として持ち帰るであろう。彼らは帰国してお土産を食べるが、その美味しさにまた食べたいと思うだろう。日本の旅館で食べたあの料理がまた食べたいが、住んでいる町の日本料理店にはそのようなメニューはないし、あったとしても日本で食べた味とは全然違うということもあるだろう。

だから、彼らがお土産品として持ち帰りたいと思っているのは何か、彼らが日本の旅館で食べたものでまた食べたいと思っているものは何かを調べ、それを輸出するのである。外国人観光客のバスツアーに便乗し、車内で日本の食品の評価をしてもらった事例が報告されているが、このようなことをより活発に行うべきであろう。

農産物の輸出ということでいうと、輸送面で何らかのイノベーションが必要な場合が出てくるだろう。周辺国ではそうでもないが、ヨーロッパなどは相当長い時間かかって消費者の手に届く。したがって、食材の鮮度を保ち、破損しないようにして短時間に輸送するイノベーションが必要になってくる。

また、外国人のニーズを探ってみると、日本の農産物を食べたいというよりも日本の料理を食べたいということの方が強い。であるとすると、ある日本料理に必要な食材をパッケージにして送るというビジネスモデルが考えられる。

特許の面を解説すると、こういった新ビジネスモデルに付随的に必要になるものを特許にしていくことになる。例えば、…。

2 観光業界

観光業界の話が出たので、観光業界の新ビジネスモデルの可能性について触れておこう。観光というよりも、金融の話に近いのかもしれない。

大震災の影響は大きいが、一時的なものであり、必ずや外国人観光客は戻ってきてくれるだろう。外国人観光客を考える上で一時的ではない問題は、為替レートである。為替レートの変動で一喜一憂するのは、この業界に限らず外国を相手とする限りしかたがないのかもしれない。しかし、観光業は一般的に大きな投資が必要な分野であり、経営を安定化させるには、為替レートによらず安定的に外国人観光客を呼び込める手法がどうしても必要であろう。

外国人観光客と為替レートの問題を考える視点の一つに、リピーターの存在があると思う。例えば、毎年冬になるとやってくる外国人スキーヤーである。一度日本に来て日本が気に入ってしまって、毎年のようにやってくる外国人も多い。

ホテル代などは常に一定であるとすると、彼らは、円安の時にはかなり安く泊まっておいしい思いをして帰るが、円高になるとかなり無理をしてやってくるか、もしくは来るのを諦めるか、ということになる。しかし、円安の時にトクをする分を何とかプールしておいて円高の時にバックするようにできれば、為替レートの変動によらず安定して外国人観光客を呼び込めることになる。

上手い仕組みとして考えられるのは、例えば、…。

3 エネルギー業界

福島原発事故をきっかけとして、再生可能エネルギーへの転換が強く叫ばれている。脱原発の是非はともかくとして、再生可能エネルギー法案が成立し、官民あげて再生可能エネルギーの比率を上げる努力が払われることは確かである。

しかし、再生可能エネルギーで作られた電力を電力会社が高値で買い取ることが義務づけられるために電気料金が大幅にアップするとか、電力会社に拒否権が与えられているとかの問題が指摘されている。再生エネルギー社会の実現には、乗り越えなければならない数々のハードルが待ち構えている。

　ちょっと視点を変えてみよう。

　電気を使うのはわれわれ消費者であり、電力会社が電気を使うわけではない。なのに、なぜ、再生可能エネルギーで作った電力を電力会社に売らなければならないのであろうか。理由は、電力会社が送電網を押さえているからである。電力をエンドユーザーに売るためには、どうしても送電網を使わなければならないからである。

　しかし、果たしてそうであろうか。ここで、一つ、有意義な新ビジネスモデルが思い浮かぶであろう。即ち、…。

4 建設業界

　建設業も多岐に亘るが、高齢化対応の問題に関連して、老朽化マンションの建て替えの問題について触れてみよう。どちらかというと、不動産開発とか税務の話なのかもしれない。

　老朽化マンションの建て替えについては、平成二三年三月に多摩ニュータウンで全面建て替え案が住民らによって可決された。全国で初めてのケースだという。この案では、現状の建物よりも大きくし、増戸分の販売益を建設費に回すという。住民らの負担はないとのことなので、上手くいけば画期的なソリューションといえる。

しかし、不安はあろう。増戸分が売れなかったらどうするのか。建築基準法の規制などによって増戸できない場合はどうするのか。

やはり何らかのイノベーションが必要である。

建て替えは建物を完全に新しくするということであり、建物の資産価値は著しくアップする。しかし、住んでいる高齢者としては、住めれば良いわけである。住めれば良いだけなのだが、建物の老朽化が進み、大規模修繕などでは対応できなくなってしまったので、仕方なく建て替えるのである。建て替えによって資産価値が大幅アップし、固定資産税も増えることになろう。住んでいる高齢者としては、要らぬ資産価値アップで高い固定資産税を払わされることになり、憤懣やるかたなしといったところであろう。

しかも、高齢者が亡くなれば、相続をする者は、大幅アップした資産価値で相続税を払わなければならない。ただ住める状態を維持してもらえば良かったのに、要らぬ資産価値アップをしたために払わなくても良い税金を払う羽目になった。そう感じる方もあるだろう。

実際、増戸の建て替えができない場合や、増戸しても売れなかった場合は、住人らに負担が生じることになる。しかし、年金生活をしている高齢者にそのような負担ができるわけもない。どうするのか。考えるべき視点は、高齢者の法的な立場ということであろう。具合的には、…。

5 介護業界

高齢化対応ということで、福祉分野についてちょっと触れてみよう。

成長産業として注目されているにもかかわらず、収益性の問題を克服できていない介護業界を取り上げてみる。

介護業界の収益性がなぜ悪いのか。理由は明らかで、ほとんどのコストが人件費だからである。介護というのは本質的に人間が行うもので、人件費を下げなければ根本的に収益性は改善しない。今のままのビジネスモデルでは、介護ロボットが実用化されるまで、収益性は改善しないということになろう。

しかし、介護業界の収益性改善を人件費抑制という点で捉えるべきではない。本格的な高齢化社会を迎え、介護業界には多くの優れた人材に入って来てもらい、良質なサービスを十分に提供してもらわねばならない。そのためには、十分な報酬が必要である。

ではどうすれば良いのか。

人件費を抑えるのではなくて売り上げを増やすのである。つまり、介護サービスに加えて何か別の売り上げを立てるのである。無論、その売り上げに比例して人件費が増えて収益性は何ら改善されないから、人件費の上昇を抑えつつ売り上げを伸ばすビジネスモデルがないかを考えるのである。

在宅介護に限られてしまうが、新たなビジネスモデルを考えるため、コスト分析とユーザーサイドの視点を徹底してみよう。

ヘルパーのコストを分析してみると、介護という専門的な作業に対する報酬があり、これは専門的な知識、技術に対する対価であるとともにそれに要した時間に対する対価である。時間に対する対価ということで考えると、介護する場所まで行くコストというのがある。これがミソである。

次に、介護をユーザーサイドの視点で見てみよう。自宅に要介護の親がいて、定期的にヘルパーをお願いしているとする。そういう家には、実は、ヘルパー以外の色々な業者がやってくる。新聞配達は毎日であるし、郵便配達は、宅配便業者はほぼ毎日である。この他、そば屋出前を頼めばそば屋がやってくるし、何か故障したといって修理を依頼すれば修理の業者がやってくる。また、家に子供がいて家庭教師をお願いしていれば家庭教師が週に何日かやってくる。

このように家にやってくる業者は、ヘルパーと同じように移動のコストを負担している。見方を変えれば、重複した無駄なコストをしているともいえる。新聞配達が郵便も配達するというように、統合すればその分だけコストは下がる。この点は、ヘルパーにもいえることであり、何か別の業者と統合できればコストは下げられる。

例えば、家庭教師が介護をするのはどうであろうか。ヘルパーの資格を持っており、家庭教師もできる者を家に派遣する。彼は、家に行っておじいちゃんに介護サービスを提供した後、子供に家庭教師をするのである。このようにすれば、ヘルパーの会社は、介護の売り上げに加え家庭教師の売り上げも上げられることになる。ヘルパーの拘束時間は長くなってしまうが、移動コストは節約できる。

家庭教師を頼んでいるところは多くはないから、一般的なモデルではないという批判があろう。であれば、どうするか。要は、ヘルパーがやってくる頻度と同じ頻度で家を訪問するサービスと統合すれば良いのである。そのような事業が現状はないとしても、訪問介護と統合するのならペイするからできるという事業もあるだろう。例えば、…。

６　出版業界

周知のように、出版業界は今激しい変化の中にある。デジタル化の波である。タブレットＰＣの普及に伴い、月刊誌やマンガなどでは既にネット配信が始まっている。電子ブックについてはまだ規格が統一されていないようであるが、徐々に普及していくことは間違いないであろう。

このようなデジタル化の波にあっても、活字離れといった出版不況の根本的な背景は変わらないから、起爆剤的な効果は期待できない。従来の紙の上の活字が単にディスプレイ上の活字に変わっただけでは、取り立てて大きなイノベーションとはいえない。

さらにいえば、本という世界にはアナログの要素がかなりあり、デジタル化が馴染まない面もある。紙の質感、本の装丁、紙をめくる感覚、読み込んでいくうちに馴染んでくる本全体の感じ。そういったものは、電子ブックでは表現できない。デジタル化全盛の時代になっても、アナログ派が多く残ることが予想される。

電子ブックのようなデジタル出版は、こういったアナログ的な要素が残る分野ではあまり普及しないだろう。普及が期待されるのは、情報そのものに価値がある分野である。例えば、学習参考書とか旅行誌のような情報誌である。

このような分野も、ただ単にデジタル配信したというだけでは普及は加速しないだろう。デジタル配信を活かしたその先のビジネスが必要である。つまり、ソフト化である。例えば、デジタル配信された学習参考書を利用したビジネスとか、デジタル配信された旅行誌を利用したビジネスである。読者の方にはピンとこられた方も多いとは思うが、具体的には、…。

7　ＩＴ業界

ＩＴ業界も高齢化の影響は避けて通れないであろう。影響といっても、良い方の影響である。

ＩＴ革命は、多くのネットビジネスやＳＮＳなどのネットサービスを生み出してきたが、パソコンやスマートフォンといった機器に無縁の高齢者は、多くのサービスが利用できていない。介護や独居老人などへのサービスとしてＩＴを利用したものが数多く考えられるが、老人自身が機器の操作ができないために実現していないものも多いであろう。

しかし、ケータイ世代、スマートフォン世代もいずれは老いるのである。彼らが老人になった時、ＩＴを利用した老人向けのサービスが多く展開されることになろう。例えば、…。

最近、ゲーセンに高齢者が集まっているという。もうそういう時代に入っているのかもしれない。

8　流通業界

流通業界では、高齢化対応が不十分であると述べた。

これに関して、現在進行中のイノベーションとして私が大変注目しているのは、豆腐を引き売りをしている野口屋である。引き売りという古風なビジネスモデルで経営を成り立たせる秘密はどこにあるのだろうかと、いつも気になってしかたがない。ヤクルトのようなスタンダードなビジネスモデルになる可能性も秘めている。

なかなかスーパーまで買い物に行けない高齢者の方には、野口屋のビジネスはかなりのニーズがあるだろう。きまった時間にきまった人がきまった場所に来るというだけで、価値が生じてくる。

前述した統合による移動コストの削減という観点でも、イノベーションの可能性がある。野口屋のビジネスが他のサービスと統合できるか、外野から推測してもしかたがないが、色々と気になってしまうのである。例えば、統合できるビジネスとして、…。

9 エンタメ業界

エンタメ業界では、映画を取り上げてみよう。

日本映画はひと頃の不振を脱却し、洋画を凌ぐ勢いである。映画館サイドでも、シネマコンプレックスなどの優れたイノベーションも成し遂げられており、観客動員増への努力が続けられている。

とはいえ、ＤＶＤなどの二次利用に制作費回収の大きな割合が占められている現状は、危険といえば危険である。昨今の音楽業界の不振は、Winny のようなファイル交換ソフトによる違法コピーが原因であることは目に見えて明らかである。100Gbps のような超高速次世代通信技術が実用化されれば、ハイビジョンや３Ｄの映画も簡単にダウンロードできる時代になってしまうだろう。そうなれば、映画業界も音楽業界の二の舞ということになりかねない。

コンテンツを産業として健全に育成していくには、私的利用を制限していかざるを得ず、著作権法もそのような方向で改正されるべきであろう。

とはいえ、法律ばかりに頼っていては心許ない。業界サイドでも危機に備えた準備はしておくべきである。要は、映画がネットから簡単にダウンロードできる時代になっても、映画館に行って映画を見たいと思わせれば良いわけである。つまり、映画館自体の娯楽性の向上である。これがこれからのテーマであろう。

例えば、ディズニーランドのアトラクションにあるような映像と座席駆動とを組み合わせた臨場感溢れる演出を可能にした映画館とか、３Ｄサラウンドスクリーンを使用し、シーンの中に観客がいるような感覚で見られる映画館とかいったものが考えられる。また、別の方向性としては、…。

以上、業界別に、「変化への対応」ということで将来的にどのようなビジネスモデルが考えられるか、そのヒントを示した。

後は、個々の企業で新規事業開発を担当されている方々、脱サラで起業をしようと思っておられる方々、そういったフロントランナーを志す方々にお任せをしたい。皆様の知恵と創造性、そして汗に、日本の未来を託すのみである。

資料編

第１節　ビジネスモデル特許の現状

本書は、ビジネスモデルと特許との関わりについて述べた本であるので、いわゆるビジネスモデル特許について言及しないわけにはいかないだろう。

法律的、実務的な説明が多くなるが、あまり深くは立ち入らずに、起業や新規事業開発を行う者にとって最小限知っておくべき最新知識として解説しておく。

なお、本節において「ビジネスモデル特許」の語は、ビジネスモデルに関する特許という広い意味ではなく、ＩＴを利用したビジネス手法に関する特許という狭い意味で使用されている点にご留意頂きたい。

ビジネスモデル特許ブーム

ご存じのように、二〇〇〇年頃にいわゆるビジネスモデル特許ブームというのが起こった。

米国で出されたステートストリート事件判決やアマゾンのワンクリック特許を巡る紛争などが日本で報道され、ビジネスモデルそのものに特許がされる時代がやってきたかようなムードがあった。ＩＴバブルが絶頂期を迎えた時期でもあり、現在主流になっている多くのネットビジネスがこの時期に誕生している。そんな時代背景もかなり影響したと思われる。

ブームの中、日本でも多くのビジネスモデル特許の出願がされ、特許庁は対応に追われた。

米国は判例法の国であり、また特許法に「発明」について定義した条項がないため、何をもって発明とし、何をもって特許される得る対象であるとするのかが、その時々の司法の判断で揺れ動いてしまう。この時期、米国の司法当局は、ステートストリート事件で、Useful（有用で）、Concrete（具体的で）、tangible（目に見えるもの）であれば、特許になり得るとの判断を示した。ビジネス手法そのものであっても特許され得るという見解である。いわゆるプロパテント（特許優遇策）である。

しかし、日本では、発明を「自然法則を利用した技術的思想」と定義しているため、終始一貫してビジネス手法そのものは特許しないという扱いがされている。ＩＴという技術的部分を必須要素として含まない形での特許請求については、一貫して特許は認められていない。

ただ、ビジネスモデル特許ブームの頃は、ビジネス手法そのものが特許になり得ると勘違いして出願されたものが多かったことや、技術的要素をどのようにどの程度盛り込めば良いかについて、特許を出す側も出された特許を審査する側も明確ではなく、若干の混乱があったことが否めない。このような事情のため、この頃に出されたビジネスモデル特許の出願は、特許率が10％を切るという惨憺たる状況であった。

このような特許率の低さやその後のＩＴバブルの崩壊などの影響もあって、ビジネスモデル特許の出願件数はかつての三分の一程度に激減している。ＩＴ業界の特許取得熱も、すっかり冷めてしまったといっても良い状況である。

日本のその後の状況

とはいえ、日本の特許庁は、審査基準やガイドラインの整備、公表に努め、申請する側も正しい知識を持つようになってきている。最近では、ビジネスモデル分野の特許率もかなり上がってきている（二〇一〇年のデータでは25％）。

したがって、起業や新規事業開発において新しいビジネスモデルをＩＴを使って実現しようとしているのであれば、特許出願という投資を積極的に行う環境が整ってきているということができるだろう。

ただ、日本の現状の特許審査基準は、技術的な要素（いわゆるハードウェア資源）を特許請求内容にかなり盛り込まないと特許は認めないとしており、取れる特許の範囲がかなり狭いものにならざるを得ない問題が残っている。

また、ビジネスモデル自体の部分と技術的な部分（ＩＴの利用）とを総合した全体的な見方で発明の進歩性を判断するということになっており、この点は知財高裁の判例でも確認されているのだが、実際の審査では、技術的な部分に進歩性がないと、ビジネスモデル自体がいかに進歩していても特許を認めないとされることがある。このため、広い権利範囲のビジネスモデル特許が取りにくい状況ではある。

今後の改善を期待したい。

なお、ビジネスモデル特許関連の日本の状況については、特許庁のウェブサイト

http://www.jpo.go.jp/index/tokkyo.html

でより詳しい情報にアクセスできる。

米国のその後の状況

一方、米国はどうかというと、その後、司法はアンチパテント（特許冷遇策）に振れる傾向を示している。

Useful, Concrete, tangibleというステートストリート事件判決が示した基準はその後の最高裁判決で破棄され、Machine or Transformation（ＭＯＴ）という基準が採用されるに至っている。ＭＯＴは、ビジネス手法が、特定の機械や装置に結びつけられている場合、またはビジネス手法が特定の対象物を異なる状態や物に変換する場合、特許され得るとする基準である。

ＭＯＴ基準により、米国では、ビジネス手法自体の特許は認められなくなったともいえる状況ではあったのだが、二〇一〇年、ビルスキー事件の最高裁判決が出て、多少ではあるが、状況がまた変わってきている。

ビルスキー事件判決で、米国最高裁は、ＭＯＴ基準がすべてではなく、ＭＯＴ基準では特許が与えられないとされる対象であっても特許されるべき場合があることを示した。しかし、最高裁は、どういう場合にＭＯＴ基準を満たさなくても特許され得るかを示さなかった。これを受けて、米国特許商標庁は、暫定的なガイダンスを策定、発表している。

http://www.uspto.gov/patents/law/exam/bilski_guidance_27jul2010.pdf

ガイダンスの詳細については説明は避けるが、ビジネスモデルが抽象的なアイデアであり、あまりにもその適用範囲が広い場合、特許は認められないと考えて良い。

このように、米国では、アンチパテントに振れてきてはいるものの、ビジネスモデルそのものの特許性が完全に否定されたわけではない。この点で、日本に比べると、僅かではあるが、特許になり得る範囲が広い状況が続いているといえるだろう。

欧州の状況

目を転じて欧州はどうかということであるが、ＥＵは、欧州特許庁において特許審査を統合している。欧州特許条約の五二条には、ビジネスを行うためのSchemes, rules and methodsは特許にはならないと明文をもって規定している。したがって、米国のような問題は生じる余地はなく、ビジネスモデルそのものが欧州で特許になる余地はない。

また、五二条には、コンピュータプログラムも特許にはならないとしており、ビジネス手法の特許をコンピュータプログラムとして特許出願してしまうと、欧州では特許にはならない。ではどうするかということであるが、「コンピュータが〇〇のプログラムを実行することにより」というように、ハードウェアを盛り込むことで特許の対象として認められる。この点は、日本の基準とほぼ同様である。

ただ、欧州では、進歩性の判断に際しては非技術的な部分は考慮されないとされており、この点が日本とは一応異なる。つまり、ビジネスモデルそのものに進歩性があっても技術の利用の仕方が一般的なものであれば、欧州では特許されない。つまり、ビジネスモデルにしか新しさがないのであれば、現状では欧州では特許されないと考えて良い。

中国の状況

中国での状況にも触れておこう。

ビジネスモデル特許を巡る中国の状況は、欧州とほぼ同様であると見て良い。

中国の特許法（専利法）二五条は、「知的活動の規則と方法」は特許しないとしている。これを受けて、特許の審査基準（審査指南）は、商業の実施方法や経済の管理方法は特許しないと規定している。したがって、ビジネスモデルそのものは、中国でも特許にはなり得ない。

また、審査基準には、コンピュータプログラムそのものも特許できないと明記されており、コンピュータプログラム自体として出願した場合、中国では特許されない。

その一方、コンピュータプログラムを特許請求内容に含めることは禁じられておらず、プログラムを含む特許が多く成立している。

しかし、単にプログラムによってあるビジネスモデルを実現するというような内容は、中国ではまず特許は成立しない。というのは、中国では、発明が解決する課題は技術的なものでなければならず、ビジネス上の課題をコンピュータによって解決することは発明ではないとされるからである。

欧州では、課題が技術的ではない場合、進歩性に寄与しないとして特許が認められないが、中国ではそもそも発明ではないとして特許が認められない。

このような違いはあるものの、技術的課題を解決する技術的な特徴点を有する場合のみ特許される点で、欧州と同様の状況である。

第2節　参考文献

1　書　籍

競争戦略全般

「競争の戦略」（M・E・ポーター著、土岐坤他訳、一九八二年、ダイヤモンド社）
「競争優位の戦略」（M・E・ポーター著、土岐坤他訳、一九八五年、ダイヤモンド社）
「国の競争優位」（M・E・ポーター著、土岐坤他訳、一九九二年、ダイヤモンド社）
「創造する経営者」（P・F・ドラッカー著、上田惇生訳、一九六四年、ダイヤモンド社）

「イノベーションと起業家精神」（Ｐ・Ｆ・ドラッカー著、小林宏治監訳 上田惇生他訳、一九八五年、ダイヤモンド社）
「最新・戦略経営」（Ｈ・Ｉ・アンゾフ著、中村元一他訳、一九九〇年、産能大学出版部）
「経営戦略の革新」（Ｂ・Ｄ・ヘンダーソン著、土岐坤訳、一九八一年、ダイヤモンド社）
「コア・コンピタンス経営」（Ｇ・ハメル、Ｃ・Ｋ・プラハラード共著、一條和生訳、一九九五年、日本経済新聞社）

新規事業開発関係

「成長への賭け（上）（下）」（アンドリュー・キャンベル、ロバート・パーク共著、鈴木立哉訳、二〇〇六年、ファーストプレス）
「異業種競争戦略」（和田和成著、二〇〇九年、日本経済新聞社）
「なぜ新規事業は成功しないのか」（大江建著、二〇〇二年、日本経済新聞社）
「新規事業の哲学　成功へのマネジメント」（棚橋康郎著、二〇〇五年、ＮＴＴ出版）
「事業投資と資金調達のための「事業戦略計画」のつくり方」（ニューチャーネットワークス著、二〇〇六年、ＰＨＰ研究所）
「図解入門ビジネス最新 事業計画書の読み方と書き方がよーくわかる本」（松本英博著、二〇〇六年、秀和システム）

起業関係

「起業論　アントレプレナーの資質・知識・戦略」（松田修一著、一九九七年、日本経済新聞社）
「起業学の基礎　アントレプレナーシップとは何か」（高橋徳行著、二〇〇五年、勁草書房）
「独立起業バイブル」（社団法人ニュービジネス協議会編著、二〇〇三年、ダイヤモンド社）
「起業に失敗しないための起業家読本　新訂版」（横浜創業支援研究会編著、二〇〇三年、同友館）

その他

「三井高利（人物叢書）」（中田易直著、一九八八年、吉川弘文館）
「成功はゴミ箱の中に」（レイ・クロック、ロバートアンダーソン共著、野崎雅恵訳、二〇〇七年、プレジデント社）
「楽天の研究」（山口敦雄著、二〇〇四年、毎日新聞社）
「100 inc」（E・ロス著、宮本喜一訳、二〇〇七年、株式会社エクスナレッジ）
「模倣される日本」（浜野保樹著、二〇〇五年、祥伝社）

2 文献類

「ビジネス関連方法の特許保護適格性についての米国最高裁判決」（AIPPI(2010)Vol.55　No.9 pp 40-52）

「連邦巡回控訴裁判所（ＣＡＦＣ）判決を覆す連邦最高裁判所の最近の動向」（パテント 2010 Vol.63No.7 pp 44-55）

「コンピュータ・ソフトウェア関連発明の保護適格性に関する付託G3/08に対するＥＰＯ拡大審判部の意見について」（AIPPI(2010)Vol.55 No.9 pp 21-39）

「中国におけるコンピュータ・ソフトウェア及びビジネス方法関連発明の特許性」（AIPPI(2010)Vol.5 No.2 pp 1-14）

「中国における営業秘密保持と技術流出防止」（二〇〇六年ＪＥＴＲＯ北京センター知的財産部、www.jetro-pkip.org/upload_file/2007033033869641.pdf）

「サービスイノベーション促進のための新たな知的財産権の提案」（日本知財学会誌Vol.6 No.1 2009 pp 83-102）

日本弁理士会ウェブサイト「ヒット商品を支えた知的所有権」（http://www.jpaa.or.jp/activity/

publication/hits/）
ＡＧＦ社ウェブサイト（http://www.agf.co.jp/company/history.html）
キーコーヒー株式会社ウェブサイト（http://www.keycoffee.co.jp/company/history.html）
「日本発の世界標準「ノートＰＣ」の二四年史／Ｔｅｃｈ総研」（http://rikunabi-next.yahoo.co.jp/tech/docs/ct_s03600.jsp?p=001253）
株式会社平和ウェブサイト（http://www.heiwanet.co.jp/company/history.html）
アメーバブログ「フィーバーパワフルⅢ（三共）―懐かしのぱちんこ名機列伝」http://ameblo.jp/hi-up/entry-10005687824.html
タイムズ24株式会社ウェブサイト（(http://www.times24.co.jp/company/history.html）
「中国版新幹線　日中の火種に」（日本経済新聞二〇一一年七月一七日）

おわりに

本の冒頭で、「国内生産は理屈の上では成り立たない」との豊田章男・トヨタ自動車社長の発言を紹介した。

豊田社長は、この発言をした会見の中で、こうも述べている。

「トヨタグループは日本で生まれ、育てられたグローバル企業だ。外部環境が厳しいからといって、簡単に日本でのもの作りをあきらめるわけにはいかない。」

豊田社長のこの発言には、経済合理性と雇用の確保という二つの重い命題の間で揺れ動く巨大企業のトップの苦悩が色濃くにじみ出ている。

しかし、このようなトップの発言、トヨタの行動は、多くの欧米人には理解できないだろう。トヨタの行動は、人間が利益極大化のために合理的に行動することを前提とする欧米的な経済理論の枠組みを根本的に越えてしまっている。

しかし、経営は、株主だけのために行うものではなく、株主価値を極大化するためだけに行うものではない。1億円持っている人の現金を1億1千万円にすることだけが事業の目的ではないのだ。経済の根本には人間がいて、その人間には生活があり感情がある。数式や合理性で単純に割り切れるものではない。

欧米流のドライな経営理論や経営手法は、時として「お金の奴隷」ではないかと思えることがある。経済成長や株価といった指標は、人間が考え出したもので、本来は人間に奉仕する筈のものだ。しかし、今や立場が逆転し、人間は経済成長や株価という指標に奉仕している。人間が、成長や株価に仕える奴隷になってしまったようだ。

トヨタの決断や豊田社長の発言には、この意味で、非合理生の中に合理性を見いだす日本人の矜持といったものを強く感じた。

イノベーションも、実は同じであると思う。

イノベーションについて解説した本を紐解けば、必ず最初に出てくるのがシュンペーターであり、均衡理論である。イノベーションによって均衡を破らなければ、利益や利子はゼロになるという理論である。

しかし、本田宗一郎氏がオートバイの開発を志したのは、自転車で買い出しに行く妻の苦労を想ったからであった。松下幸之助氏が二股ソケットの開発をしようと思ったのは、アイロンを使いたい姉と電灯をつけて本を読みたい妹がケンカしたからであった。

イノベーションの原風景には、いつも人間がいる。誰かのために、という想いがあってイノベーションが生まれてくる。人々の生活を想い、社会を想うからこそ、イノベーションは生まれてくるのだ。利益や利子を考えたから生まれてきたのではない。

人間が根本にないものは、経済でも経営でもなく、そしてイノベーションでもない。だからこそ、トヨタの決断と行動は支持されなければならない。

日本のイノベーションを巡る最近の論調には、「ガラパゴス化」とか「過去の成功モデルが通用しない」とかいった否定的なものが多い。

確かに、足し算的なイノベーションばかり積み重ねていく視野の狭さや、組織力や組織性といった従来の日本企業の強みがコンセプト重視の商品開発においてマイナスに作用している面はあると思う。

しかし、イノベーションの根底に「人間」がいる限り、何ら自信をなくす必要はない。

おもてなしの心、相手を想いやる気持ちのその先にイノベーションがある限り、日本の将来は何ら悲観するものではない。

無論、グローバル経済において、「相手」は新興国の人々であり、不断のローカライゼーションが必要なことはいうまでもない。

しかし、過去の日本人が成し遂げてきたイノベーションに自信を持ち、そして、これから将来にわたって成し遂げられるであろうイノベーションに自信を持つべきである。これが、いまの私たちに最も必要なことであると思う。


日本人であることに誇りを持ち、イノベーションを意図し実践するフロントランナーたることを最上の使命であると考える方々に、本書の内容が幾ばくかでも参考になれば、私の想いもそこで成就している。

幸いにも本書を手に取り、最後まで読んで頂いたことに深く感謝申し上げたい。

（ま行）

（や行）

（ら行）

（は行）

（た行）

（な行）

（さ行）

索　　引

（あ行）

（か行）

著者紹介

保立　浩一（ほたて　こういち）

略　歴

1961年、千葉県生まれ。

中央大学法学部政治学科及び東京理科大学工学部電気工学科卒。

ウシオ電機株式会社の特許部門に勤務した後、平成２年に独立。

企業における新規事業開発関連の特許出願や起業家のビジネスモデル特許出願などを数多く手掛ける。

日本弁理士会では、知的財産政策推進本部の委員長や中央知的財産研究所の副所長などを歴任。

現在、中山・保立特許事務所共同代表、日本知財学会会員、ビジネスモデル学会会員。

主な著書

「本当のビジネスモデル特許がわかる本」（2001年、税務経理協会）、「実務家のための知的財産権判例70選　2011年度版」（共著、2011年、発明協会）ほか。

連絡先

中山・保立特許事務所

〒164-0003　東京都中野区東中野２－２－３　ボーグビル３階

電話：03（5389）7112　FAX：03（5389）7135

URL　http://www.nakayama-hotate.com

著者との契約により検印省略

平成24年２月20日　初版第１刷発行

すべてはフロントランナーの成功のために

―新しいビジネスモデルへの戦略とヒント―

著　者　保　立　浩　一
発行者　大　坪　嘉　春
印刷所　税経印刷株式会社
製本所　牧製本印刷株式会社

発行所　〒161-0033　東京都新宿区下落合２丁目５番13号　株式会社　税務経理協会

振　替　00190-2-187408　電話　(03)3953-3301（編集部）
ＦＡＸ　(03)3565-3391　(03)3953-3325（営業部）
URL　http://www.zeikei.co.jp/
乱丁・落丁の場合は，お取替えいたします。

ISBN978-4-419-05774-9　C3034